Horst Steinmann/Albert Löhr

Grundlagen der Unternehmensethik

2., überarbeitete und erweiterte Auflage

1994
Schäffer-Poeschel Verlag Stuttgart

Die Deutsche Bibliothek - CIP-Einheitsaufnahme

Steinmann, Horst:
Grundlagen der Unternehmensethik /
Horst Steinmann ; Albert Löhr. -
2., überarb. und erw. Aufl. -
Stuttgart : Schäffer-Poeschel, 1994
  (Sammlung Poeschel ; 131)

  ISBN 3-7910-9195-6
NE: Löhr, Albert:; GT

ISBN 3-7910-9195-6

© 1994 Schäffer-Poeschel Verlag für Wirtschaft · Steuern · Recht GmbH
Einbandgestaltung: Kurt Heger
Druck: Franz Spiegel Buch GmbH, Ulm-Jungingen
Printed in Germany

Ein Tochterunternehmen der Verlagsgruppe Handelsblatt
und der Spektrum Fachverlage GmbH in Stuttgart

Vorwort

In den letzten Jahren hatte eine Faszinationsvokabel bei Managern und in der Managementliteratur Konjunktur: die Unternehmensethik. Es schien sich so etwas wie ein Konsens darüber anzubahnen, daß das kapitalistische Wirtschaftssystem immer schon - und heute besonders - eines ethischen Fundamentes bedarf, und zwar auf der Ebene der Gesamtwirtschaft ebenso wie auf der Ebene der Unternehmung. Nach dem Zusammenbruch der planwirtschaftlich-sozialistischen Systeme hört man es aber heute hier und dort schon wieder anders. Neue Wanderprediger ziehen durch die Lande, beschwören einen "gesunden kapitalistischen Beißinstinkt" und fordern das Ende des "Ethik-Gesäusels": Wer sich auf Ethik einließe, verspiele seine unternehmerische Zukunft.

Bleibt die Unternehmensethik also doch nur eine Modeerscheinung, wie viele vorhergesagt haben? Wir selbst sind vor Jahren nach einer sorgfältigen Prüfung der Argumentationslage zu der gegenteiligen Einsicht gekommen und haben uns seitdem bemüht, der Unternehmensethik auch in Deutschland zum Durchbruch zu verhelfen[1]. Es geht dabei nach unserer Meinung um einen wichtigen Beitrag zur Legitimation der Sozialen Marktwirtschaft. Diese Legitimation ist nämlich nicht nur eine Ordnungsfrage, sondern wird gerade auch durch das verantwortliche Handeln eines jeden einzelnen Unternehmens allererst mit hergestellt. Nur wenn die unternehmerische Freiheit, die unsere Wirtschaftsordnung verbürgt, nicht mißbraucht wird, wenn also privates Unternehmertum und öffentliches Interesse immer wieder versöhnt werden (können), haben wir eine Chance, die Legitimation und Akzeptanz unserer Wirtschaftsordnung langfristig zu sichern.

---

1   Vgl. insbesondere Steinmann/Oppenrieder (Unternehmensethik), Steinmann/Löhr ("realistische Idee"), dies. (Begründungsleistungen), dies. (Grundfragen), sowie Löhr (Unternehmensethik).

Unser Aufriß einer Unternehmensethik soll in diesem Sinne einen kleinen Beitrag zu einem notwendigen Lernprozeß über die Legitimationsgrundlagen der Marktwirtschaft leisten. Er ist in erster Linie für Studenten gedacht, die sich einen Einstieg in die Problematik verschaffen wollen. Dabei ging es uns darum, die oft etwas nebulösen Vorstellungen, die mit dem Wort Unternehmensethik verbunden werden, begrifflich zu klären, ferner die Argumentationspflichten anzudeuten, die ein Verfechter der Unternehmensethik einzulösen hat, und schließlich die Konsequenzen für die Unternehmensführung einsichtig zu machen.

Der Leser sollte vielleicht noch darauf aufmerksam gemacht werden, daß wir uns nicht bemüht haben, alle möglichen ethischen Theorien und Standpunkte zu präsentieren; insofern erhebt diese Einführung nicht schon den Anspruch, ein spezielles Lehrbuch der Ethik bzw. der Wirtschafts- und Unternehmensethik zu sein. Vielmehr wird versucht, auf der Grundlage der Dialogethik (Diskursethik), wie sie von der konstruktiven Wissenschaftstheorie der "Erlanger Schule" um Paul Lorenzen ebenso verfolgt wird wie von der "Frankfurter Schule" um Karl-Otto Apel und Jürgen Habermas, eine konsequente Argumentationslinie zu entfalten. Die grundsätzliche Einsicht, um die es dabei geht, hat Edzard Reuter von Daimler-Benz vor kurzem formuliert: Unternehmerische Verantwortung kann heute nur noch im Dialog wahrgenommen werden! Die hier von uns vorgeschlagene Unternehmensethik läßt sich als eine Ausarbeitung dieses wichtigen Grundgedankens verstehen. Dialogische Verständigung zielt - so der Kerngedanke - letztlich auf den (inneren und äußeren) Frieden einer Gesellschaft, einen Frieden, der sich sowohl durch ökonomische Effizienz als auch durch Sozialverträglichkeit des Wirtschaftens erweisen muß.

Nürnberg, den 30. August 1991   Die Verfasser

Vorwort zur 2. Auflage

Die erste Auflage der "Grundlagen der Unternehmensethik" war relativ schnell vergriffen. Angesichts der raschen Fortentwicklung auf diesem Gebiet war es gleichwohl notwendig, eine grundlegende Überarbeitung vorzunehmen und einige zusätzliche Kapitel aufzunehmen. Dies betrifft insbesondere die Auseinandersetzung mit den wirtschafts- und unternehmensethischen Positionen von P. Ulrich sowie K. Homann und Mitarbeitern; wir haben hier unser eigenes Verständnis einer "republikanischen" Unternehmensethik zwischen diesen beiden Positionen näher präzisiert. Darüber hinaus wurden einige Überlegungen aufgenommen, die die psychologischen Voraussetzungen für eine diskursive Verständigungsbereitschaft betreffen; hier danken wir Herrn Dr. Blickle, Heidelberg, für seine hilfreichen Ergänzungen zu unseren Ausführungen.

Es bleibt zu hoffen, daß auch die 2. Auflage dazu beiträgt, die Diskussion um die Wirtschafts- und Unternehmensethik zu fördern. Diesem Zweck dient im übrigen auch das Deutsche Netzwerk Wirtschaftsethik e.V. (Sitz: Heuchelheimer Str. 19, 61348 Bad Homburg v.d.H.), das gerade als nationale Sektion des "European Business Ethics Network" (EBEN) gegründet wurde und zum Ziel hat, Personen, Institutionen und Unternehmungen zusammenzuführen, die sich bereits mit der Diskussion über die normativen Grundlagen der sozialen Marktwirtschaft und ihrer Weiterentwicklung befassen. Die Wirtschafts- und Unternehmensethik ist damit - entgegen mancher zeitgenössischer Kritik - über den Status eines reinen Modethemas offensichtlich hinausgekommen.

Nürnberg, den 15. November 1993   Die Verfasser

Inhaltsverzeichnis

I. Aktualität der Wirtschafts- und Unternehmensethik 1

II. Ethik und Moral 8

III. Ethische Problemlagen in der Wirtschaftspraxis:
Drei Beispiele 17

   1. Der erste Arbeitsplatz 17

   2. BART: Drei Sicherheitsingenieure auf der
Verliererbahn 19

   3. Challenger: "Put on your management hat!" 23

IV. Gründe für unethisches Handeln in Unternehmungen:
Allgemeine Befunde...27

   1. Systemzwänge 27

   2. Organisationsbedingte Restriktionen..........................29

     a) Barrieren der Organisationsstruktur 29

     b) Barrieren der Organisationskultur 39

   3. Zur Moral von Managern 46

     a) Die Verbreitung opportunistischer
Grundorientierungen..46

     b) Typische unternehmensethische
Bewußtseinslagen von Managern.....................52

     c) Typische Handlungsweisen von
Managern 58

V. Methodische Weichenstellungen:
Das kritische Potential der Ethik 62

   1. Identifizierung des Begründungsproblems.................62

   2. Rechtfertigung als Fundierung von Normen 70

3. Grundzüge der Dialogethik 76

   a) Dialogethik als Friedensethik 76

   b) Merkmale einer Dialogethik:
     Zusammenfassung 84

4. Praktische Beschränkungen des idealen Dialogs 86

VI. Unternehmensethik als angewandte Ethik:
Systematischer Aufriß und begriffliche Klärungen 94

   1. Die Bedeutung der Unternehmensethik im
     wirtschaftlichen Handlungszusammenhang:
     Ein Rekonstruktionsvorschlag 94

   2. Unternehmensethik - Versuch einer
     begrifflichen Präzisierung 106

   3. Die konzeptionelle Diskussion um die
     Unternehmensethik 121

     a) Der "republikanische" Ansatz einer
       ökonomischen und ethischen Handlungs-
       orientierung der Unternehmung 121

     b) Zur "fundamentalkritischen" Position
       von P. Ulrich 123

     c) Zur "ökonomistischen" Position
       von K. Homann 131

VII. Ethische Sensibilisierung der Unternehmensführung 144

   1. Ansatzpunkte unternehmensethischer
     Orientierungen 144

   2. Die Organisation als Gegenstand ethischer
     Sensibilisierung 146

     a) Organisationsstrukturen 146

     b) Dialogbeförderung durch
       Organisationskultur 158

   3. Zur ethischen Entwicklung des Personals 162

     a) Der Organisationsbürger als Leitbild
       für die Personalentwicklung 162

b) Maßnahmen zur Entwicklung der moralischen Urteilskraft 170

   (1) Ansätze in der Ausbildung 171

   (2) Ansätze in der Weiterbildung 178

c) Individualpsychologische Voraus setzungen der Argumentations bereitschaft (G. Blickle) 182

d) Sozialpsychologische Voraussetzungen 186

   (1) Die Bedeutung des Betriebsklimas (G. Blickle) 186

   (2) Betriebliche Sozialisations bedingungen 189

e) Reaktionsformen gegen unethische Zumutungen 193

4. Ethische Orientierung des Führungshandelns: Führungsethik (Schlußabschnitt: G. Blickle) 199

VIII. Unternehmensethik im Spiegel von Nachbardisziplinen: Offene Probleme 206

1. Unternehmensethik und Betriebswirtschaftslehre 206

2. Unternehmensethik und volkswirt schaftliche Wettbewerbstheorie 213

3. Unternehmensethik und Soziologie 225

4. Zur systemtheoretischen Konjunktur im Recht 230

5. Ökologie und Unternehmensethik 233

IX. Schlußbetrachtung: Inhaltliche versus formale Aspekte der Unternehmensethik 239

Literaturverzeichnis 245

Abildungsverzeichnis

Abb. 1:   Ethik und Moral..11

Abb. 2:   Grundtypen unternehmensethischer Verant-
            wortung nach P. Ulrich/Thielemann.................55

Abb. 3:   Das Problem deduktiver Normenbegründung.......64

Abb. 4:   Die Koordinationsebenen für unternehme-
            risches Handeln...96

Abb. 5:   Die zweistufige Legitimationsproblematik..........104

Abb. 6:   Der Zusammenhang von Markt, Recht und
            Unternehmensethik als Steuerungsgrößen
            für unternehmerisches Handeln..........................119

Abb. 7:   Modell der ethischen und ökonomischen
            Handlungsorientierung der Unternehmung.........122

Abb. 8:   Die republikanische Rolle der Führungskraft......202

I. Aktualität der Wirtschafts- und Unternehmensethik

Wer heute Betriebswirtschaftslehre studiert, wird früher oder später unweigerlich mit dem Problem der ethischen Vertretbarkeit des streng ökonomischen Handelns konfrontiert werden. Das gilt sowohl für die Zeit der theoretischen Ausbildung als auch für die anschließende Berufspraxis. Dabei ist die Frage nach dem Verhältnis von Ökonomie und Ethik keineswegs grundsätzlich neu; zu allen Zeiten wurden Kaufleute auf ihre ethischen Verpflichtungen hingewiesen, etwa von Gratian in seinem Lehrbuch des kanonischen Rechts aus dem 12. Jahrhundert: "Homo mercator numquam aut vix potest Deo placere." (Der Kaufmann kann Gott nicht gefallen oder nur mit Mühe). Auch in unserem Jahrhundert war die Wirtschaftsethik schon mehrfach Gegenstand wissenschaftlicher oder öffentlicher Dispute. Päpstliche Enzykliken gaben hierzu häufig den Anstoß, etwa "Rerum Novarum" (1891) oder "Quadragesimo Anno" (1931). Neu hingegen erscheint uns das nun schon seit einigen Jahren feststellbare Bemühen, die Wirtschafts- und Unternehmensethik im Spannungsfeld von Betriebswirtschaftslehre und Gegenwartsphilosophie konzeptionell zu fundieren. Die Pointe liegt u.E. dabei in der Einsicht, "daß Verantwortung heute nur noch im **Dialog** wahrgenommen werden kann". Auf diese einfache Feststellung brachte E. Reuter[1] von Daimler-Benz die Konsequenz, die die Unternehmensführung aus der "sprachpragmatischen Wende der Philosophie"[2] in den letzten Jahrzehnten ziehen muß.

---

1   Reuter (Verantwortung), in einer Rede vor etwa 1000 Gästen der Industrie- und Handelskammer Mittlerer Neckar am 20. Februar 1990.

2   Vgl. dazu grundlegend etwa Apel (Transformation), Habermas (Theorie), Lorenzen (Lehrbuch).

Daß es sich lohnt, trotz der früher in der deutschen Betriebswirt-schaftslehre gescheiterten Ansätze[3] noch einmal einen Versuch zur Rückbindung des Faches an seine ethischen Grundlagen zu unter-nehmen, zeigt ganz praktisch die US-amerikanische und euro-päische Entwicklung auf diesem Gebiet. In den USA beschäftigt die Debatte um die "Business Ethics" seit vielen Jahren Theorie und Praxis der Unternehmensführung;[4] in Europa formiert sich seit 1987 eine internationale Initiative, das European Business Ethics Network (EBEN), mit dem Ziel, Praktiker und Theoretiker aus Philosophie, Ökonomie und Betriebswirtschaftslehre zu einem fachübergreifenden Gedankenaustausch zusammenzuführen.[5] Und in verschiedenen europäischen Ländern (Deutschland, Spanien, Italien, Niederlande) sind nationale "Netzwerke für Wirtschafts-ethik" ins Leben gerufen worden, die die Vielzahl der schon ent-standenen Einzelinitiativen auf diesem Gebiet wirksam verknüpfen sollen. Damit wird das Thema von vornherein in einen kritischen öffentlichen Dialog gestellt; eine dogmatisierende "Missionsarbeit" oder bloß private Moralvorstellungen, die in besserwisserischer Art dem Publikum aufgezwungen werden sollen, haben dabei mittler-weile an Überzeugungskraft verloren. Es ist eine offene und weit-

---

3   Vgl. dazu insbesondere die Diskussionen um Heinrich Nicklisch, aber auch die Kritik an den Ansätzen von Schär, Dietrich, Findeisen, Schmalenbach und Kalveram, etwa bei Katterle (Betriebswirtschafts-lehre), Keinhorst (Betrachtungsweise), Wöhe (Grundprobleme), sowie Schneider (Geschichte), S. 129 ff.

4   Vgl. de George (Status), S. 491 ff., Freeman (State), Wieland (Institutionalisierung). Eine aktuelle Bilanz der positiven Erfahrungen an der Harvard Business School, wo Kurse in Business Ethics seit fünf Jahren zum obligatorischen Pflichtprogramm gehören, ziehen Piper/Gentile/Parks (Perspectives).

5   Vgl. van Luijk (Developments), S. 537 ff.

reichende Diskussion in Gang gekommen.[6] In diesem Sinne scheint auch für die deutsche Betriebswirtschaftslehre ein kritischer Neuanfang sinnvoll, der sich endlich um eine sinnvolle Verknüpfung mit der "praktischen Philosophie" bemüht. Eine gewisse Zwischenbilanz als Grundlage für die weitere interdisziplinäre Diskussion wurde dabei mit dem Erscheinen des (ersten) "Lexikons der Wirtschaftsethik"[7] geschaffen.

Aus dieser Sicht ist es nur zu begrüßen, daß sich auch bei uns inzwischen die verschiedensten Institutionen, Gruppen und Personen aus der **Wirtschaftspraxis** des Problems angenommen haben. Nachdenkliche Wirtschaftsmanager großer Unternehmen, neben Edzard Reuter z.B. auch Alfred Herrhausen, der ehemalige Vorstandschef der Deutschen Bank,[8] haben massiv in die wirtschaftsethische Debatte eingegriffen und ihrer Auffassung in prominenten Publikationsorganen Gehör verschafft. Von unternehmerischer Seite werden vereinzelt auch konkrete Aktivitäten in Angriff genommen: zu erinnern ist etwa an Initiativen der Arbeitsgemeinschaft Selbständiger Unternehmer oder auch von Nachwuchsorganisationen wie dem Bundesverband Junger Unternehmer, der sich gezielt der Umweltproblematik angenommen hat.[9] Unternehmerverbände aus einer Reihe von Branchen, die in der Vergangenheit im Kreuzfeuer der öffentlichen Kritik standen,

---

6   Einen Überblick über diese Entwicklung geben etwa die Beiträge in Steinmann/Löhr (Unternehmensethik). Hingewiesen sei ferner insbesondere auf die zusammenfassenden Darstellungen von Dahm (Ethikvermittlung), Enderle (Wirtschaftsethik), Hengsbach (Wirtschaftsethik).
     Eine sehr hilfreiche bibliographische Bestandsaufnahme der deutschsprachigen Publikationen haben neuerdings Müller/Diefenbacher (Wirtschaft) vorgelegt.

7   Vgl. Enderle/Homann/Honecker/Kerber/Steinmann (Hrsg.): (Lexikon).

8   Vgl. Herrhausen (Aufbruch).

9   Vgl. Bundesverband Junger Unternehmer BJU (Umweltschutzberater); vgl. ferner Arbeitsgemeinschaft Selbständiger Unternehmer ASU (Ethik).

bemühen sich ferner um die Verabschiedung von Verhaltenskodizes, um auf diese Weise einen Beitrag zur "moralischen Auf-
rüstung" der Wirtschaft zu leisten. Erwähnt sei hier nur die
chemische Industrie, die im Gefolge zahlreicher Umweltskandale
und dubioser Waffenexportaktivitäten einzelner Firmen nun ener-
gisch darum bemüht ist, Standards für das verantwortungsvolle
Handeln der Mitgliedsfirmen durchzusetzen.

Aus dem Bereich der **Wissenschaften** haben sich die traditionellen
Hüter der moralischen Diskussion mittlerweile (wieder) verstärkt
engagiert: Philosophie und Theologie bemühen sich immer nachhaltiger um das Thema der Wirtschafts- und Unternehmensethik
und leisten aus der jeweiligen Tradition ihres Faches heraus Beiträge zur Klärung von Grundlagenfragen der Ethik. Die Kirchen
beider Konfessionen organisierten darüber hinaus eine Reihe
größerer Veranstaltungen zur Wirtschafts- und Unternehmensethik,
wo Theoretiker und Praktiker gemeinsam das Problemfeld bear-
beiteten.[10] Es bedarf schließlich keiner besonderen Erwähnung,
daß auch einige andere Fächer, wie die Nationalökonomie oder die
Soziologie, von dieser Entwicklung betroffen sind und hier versuchen, Stellung zu beziehen.[11] So ist insgesamt eine bemerkenswert breite und nachhaltige Resonanz auf die wirtschaftsethische
Herausforderung festzustellen, die schon für sich genommen

---

10   Eine Tagungsreihe an der Evangelischen Akademie Loccum ist doku-
      mentiert bei Herms et al. (Wirtschaftsethik), Bd. I-VII; die Ergebnisse
      einer zweiten Tagungsreihe, veranstaltet von der Katholischen Akademie
      Rottenburg-Stuttgart, sind nachzulesen bei Wörz/Dingwerth/Öhlschläger
      (Moral), und dies. (Mitgestalten). Dort findet sich auch eine geordnete
      Übersicht über die wichtigsten aktuellen Publikationen zum Thema der
      Wirtschafts- und Unternehmensethik.
11   Vgl. dazu insbesondere die Diskussionen des ständigen Ausschusses
      "Ethik und Wirtschaftswissenschaft" im Verein für Socialpolitik, doku-
      mentiert bei Enderle (Ethik), Hesse (Wirtschaftswissenschaft) und
      Homann (Probleme).

hinreichend Veranlassung für die These ist, daß wir es hier nicht nur mit einer kurzatmigen Modewelle zu tun haben.[12]

Der Student, der wenigstens einige dieser Entwicklungen und Aktivitäten registriert hat, wird sicherlich auch die praktischen Gründe zur Kenntnis genommen haben, die Veranlassung dafür gegeben haben, daß das Thema der Wirtschafts- und Unternehmensethik so aktuell geworden ist. Die verschiedensten Medien berichten ja immer wieder über Ereignisse und Vorkommnisse in der Wirtschaft, die unvermeidlicherweise zu einer moralischen Stellungnahme herausfordern. Da werden z.B.

- große Gewinne im Börsenhandel eingestrichen, indem man sich Insiderinformationen zunutze macht;[13]

- pharmazeutische Produkte in Entwicklungsländern vermarktet, obwohl sie dort durchaus problematische Nebenwirkungen haben;

- riesige Bestechungsgelder an Einkäufer bezahlt, um sich Aufträge zu verschaffen;

- kriegswichtige Technologien unbedenklich in Krisengebiete exportiert;

---

12 Vgl. dazu als weitere Auswahl einschlägiger Sammelveröffentlichungen für den deutschsprachigen Bereich Albach (Unternehmensethik), Biervert/Held (Grundlagen), dies. (Theorie), Dierkes/Zimmermann (Geschäft), Harvard Manager (Unternehmensethik), Koslowski (Entwicklungen), Lenk/Maring (Ethik), Nutzinger (Ethik), Pappi (Wirtschaftsethik), Rahmsdorf/Schäfer (Grundfragen), Seifert/Pfriem (Wirtschaftsethik), Steinmann/Löhr (Unternehmensethik), Ulrich (Suche), Wieland (Wirtschaftsethik).

13 Eine sorgfältige Abwägung von Gründen und Gegengründen zum Insiderrecht findet sich bei Hopt (Insiderrecht).

- Raubbau an Ressourcen forciert, indem Rohstoffquellen der Dritten Welt bedenkenlos ausgebeutet werden;

- problematische Fischfangmethoden angewendet, die die Bestände an wertvollen Meerestieren radikal dezimieren;

- Emissionsschutzinvestitionen unterlassen, obwohl die geeigneten Technologien schon verfügbar sind;

- strategische Umstrukturierungsmaßnahmen in einer Art und Weise durchgeführt, die zu an sich vermeidbaren gravierenden Belastungen der Mitarbeiter führen;

- Maßnahmen zur Privatisierung osteuropäischer Staatswirtschaften geschickt ausgenutzt, um sich auf Kosten des Steuerzahlers zu bereichern oder lästige Konkurrenten zu eliminieren.

Die Liste derartiger Ereignisse ließe sich beliebig verlängern. Sicherlich darf man nicht unterstellen, daß sich alle diese Vorfälle bzw. die ihnen zugrunde liegenden Entscheidungen bewußten kriminellen Praktiken verdanken. Ganz im Gegenteil liegen ihnen regelmäßig nur nüchterne betriebswirtschaftliche Kalkulationen zugrunde. Im Bestreben, Gewinne zu erzielen, sieht mancher Unternehmer und Manager keine Veranlassung, die moralisch bedenklichen Nebenwirkungen des eigenen Tuns in seinen Entscheidungen besonders mit zu berücksichtigen. Man beruft sich dabei auf die angeblichen Spielregeln der freien Marktwirtschaft, die die Aufforderung zur Gewinnerzielung doch ausdrücklich festgeschrieben habe, und hebt hervor, daß darüber hinaus die Unternehmungen von jeder weiteren Verantwortung frei seien. Erinnert sei nur an das immer wieder zitierte Diktum des berühmten amerikanischen Nationalökonomen Milton Friedman aus dem Jahre 1970, daß die einzige gesellschaftliche Verantwortung des Unternehmers in der Marktwirtschaft darin bestehe, innerhalb der geltenden Spielregeln seine Gewinne zu erhöhen.[14] Für die gesellschaftlich unerwünschten Nebenwirkungen und Auswüchse des Handelns seien schließlich Recht und Gerichte verantwortlich. Das Recht schafft aus dieser Sicht die Voraussetzungen und Restriktionen für eine freie unternehmerische Betätigung. Im Gefolge dieser Denktradition wird es dann auch selbstverständlich, daß man Wirtschaft und Ethik sehr häufig als Bereiche des menschlichen Lebens begreift, die nichts, aber auch gar nichts miteinander zu tun haben.[15] Ethische Reflektionen haben ihren legitimen Ort ausschließlich im Privatleben und (vielleicht noch) in der Politik, wo es letztlich um das Wohl des Ganzen geht.

Es ist das Ziel aller nachfolgenden Überlegungen, derartige Positionen kritisch in Frage zu stellen und deutlich zu machen, daß auch die Wirtschaft, und hier speziell die Unternehmungen, Orte eigenständiger ethischer Reflektion sein können und sollten. Die Unternehmung wird hier also prinzipiell ebenso als ein ethisches Aktionszentrum im marktwirtschaftlichen Wettbewerbsprozeß angesehen wie es potentiell alle anderen seiner Teilnehmer sein können, etwa Konsumenten und deren Verbände, Arbeitnehmer und Gewerkschaften - oder auch die Politik, soweit sie die Spielregeln des Wirtschaftsprozesses festlegt.[16]

---

14   Vgl. Friedman (Profits).

15   Erinnert sei in diesem Zusammenhang an ein derzeit vielzitiertes Bonmot des Wiener Zynikers Karl Kraus. Auf die Frage eines jungen Mannes, wo er denn Wirtschaftsethik studieren könne, soll er geantwortet haben: "Sie wollen Wirtschaftsethik studieren? Dann entscheiden Sie sich für das eine oder das andere"!

16   In dieser Sichtweise ist die Unternehmung also weder ein Ort, der theoretisch von ethischer Reflektion freigesprochen werden kann - noch wird die Unternehmung hier zum alleinigen Ort hochstilisiert, der die ganze Last wirtschaftsethischer Reflektionen tragen soll.

II. Ethik und Moral

Die Absicht einer kritischen Infragestellung herrschender Auffassungen über die Moral in der Wirtschaft macht eine erste wichtige **begriffliche Unterscheidung** zum Verständnis unseres Themas schon an dieser Stelle erforderlich: die Unterscheidung von "Ethik" und "Moral". In der aktuellen Diskussion wird diese der Sache nach notwendige Unterscheidung oft nicht beachtet, was dann zu Mißverständnissen Anlaß gibt. Solche Mißverständnisse findet man z.B. regelmäßig in der Diskussion um die sog. Unternehmenskultur.

Die Worte "Moral" (aus dem Lateinischen) und "Ethik" (aus dem Griechischen) repräsentieren zunächst nur ein sprachliches Erbe der abendländischen Kulturtradition. Ihre differenzierte Verwendung in der öffentlichen Diskussion läßt sich zwar nicht zwingend vorschreiben. Dennoch hat es sich weitgehend eingebürgert, mit ihnen eine begriffliche Unterscheidung in Verbindung zu bringen, die von der Sache her notwendig ist. Mit "Moral" soll danach der Bestand an **faktisch herrschenden Normen** eines abgegrenzten Kulturkreises gemeint sein; mit "Ethik" soll demgegenüber das **methodisch disziplinierte Nachdenken** über diese faktisch herrschenden Moralen bezeichnet werden.[17]

Die Ethik ist in dieser Unterscheidung also mit einem wissenschaftlichen Anspruch versehen; sie soll als Moralphilosophie eine Lehre sein, die sich mit der Rechtfertigung von Normen befaßt. So verstanden ist es zunächst selbstverständlich noch völlig offen, zu welchen konkreten Ergebnissen das methodisch disziplinierte Nachdenken führt. Hier gibt es - wie später noch zu zeigen sein

---

17   Vgl. Lorenzen (Fundierungsprobleme), S. 27.

wird - die unterschiedlichsten Antworten.[18] Hervorzuheben ist an dieser Stelle nur die Einsicht, daß eine begriffliche Unterscheidung zwischen einem bloß faktischen Bestand an Normen (Moral) und seiner methodisch disziplinierten, also kritischen, Hinterfragung (Ethik) **notwendigerweise** getroffen werden muß. Andernfalls müßte man ja die puren moralischen Faktizitäten, so wie man sie in bestimmten historischen Situation vorfindet, schon als das letzte Wort in der Sache ansehen. Die im allgemeinen durchaus als relevant anerkannte Differenz zwischen "Sein" und "Sollen" würde man dann schlicht negieren. Erst mit der Anerkennung dieser Differenz kann man überhaupt eine kritische Distanz zu den bestehenden Moralvorstellungen gewinnen; umgekehrt können ohne diese Distanz Anleitungen zur **Verbesserung** des Status Quo nicht formuliert werden.

Ob aber eine methodisch disziplinierte Hinterfragung bestehender Moralen auch sinnvoll **möglich** ist, das ist mit der bloßen Unterscheidung zwischen Ethik und Moral allerdings noch nicht ausgemacht und bedarf einer späteren Erörterung.[19] Dies ist wichtig hervorzuheben; denn es geht ja nicht darum, irgendeine **beliebige** Norm als ethische Sollensforderung zu proklamieren, sondern um die Auszeichnung von gerechtfertigten Normen.

Der Leser sollte auch beachten, daß mit der Unterscheidung von Moral und Ethik schon vorausgesetzt ist, daß eine (bestimmte) Moral in jeder Kultur zwangsläufig gelebt wird. In jedem Land gibt es z.B. eine "Geschäftsmoral", die besagt, welche Spielregeln im Wirtschaftsverkehr üblicherweise beachtet werden. Es geht also

---

18   Eine profunde Quelle der Orientierung in der allgemeinen Ethik-Debatte stellt die jüngst von Becker/Becker (Encyclopedia) herausgegebene zweibändige "Encyclopedia of Ethics" dar. Einen knappen Überblick liefert z. B. Krupinski (Ethik).

19   Vgl. dazu unten S. 62 ff.

niemals um die Frage, **ob** in einem Kulturkreis überhaupt Moralvorstellungen relevant sind, sondern immer nur darum, **welche** Moral herrscht und ob diese gegebenenfalls verändert werden sollte. Daraus folgt dann auch schon, daß jeder kritische Verbesserungsvorschlag auf eine genaue Kenntnis der beschriebenen Moralvorstellungen angewiesen ist. Ohne ein solches Anknüpfen an den Status Quo bestehender Moralvorstellungen geraten ethische Prinzipien leicht in die Gefahr, die Menschen mit rigorosen normativen Ansprüchen zu überfordern; das Ergebnis wären "schlechte Utopien".

Richtigerweise muß man das Verhältnis von Ethik und Moral deshalb im Sinne einer **"regulativen Idee"** verstehen:[20] ethische Normen stellen Aufforderungen zur Verbesserung der Moral dar, die schrittweise und der historischen Situation angemessen in Gang zu bringen sind. Die Unterscheidung von "Ethik" und "Moral" bedeutet also nicht ein "Alles-oder-Nichts", sondern impliziert die **realistische** Einsicht, daß Moralen überall wirksam, aber auch grundsätzlich verbesserungsfähig sind. Wohin diese Verbesserung führen soll, das läßt sich dann allerdings nicht mehr schlicht den Faktizitäten entnehmen, sondern muß diese "transzendieren" in Richtung auf einen als Verbesserung beurteilten Zustand. Hier geht es um die **idealistische** Einsicht in die Vorzugswürdigkeit einer bestimmten ethischen Orientierung. Abbildung 1 gibt einen zusammenfassenden Überblick über das Gesagte.

---

20   Zum Gedanken der "regulativen Idee" vgl. Kant (Reine Vernunft), S. 508 ff.

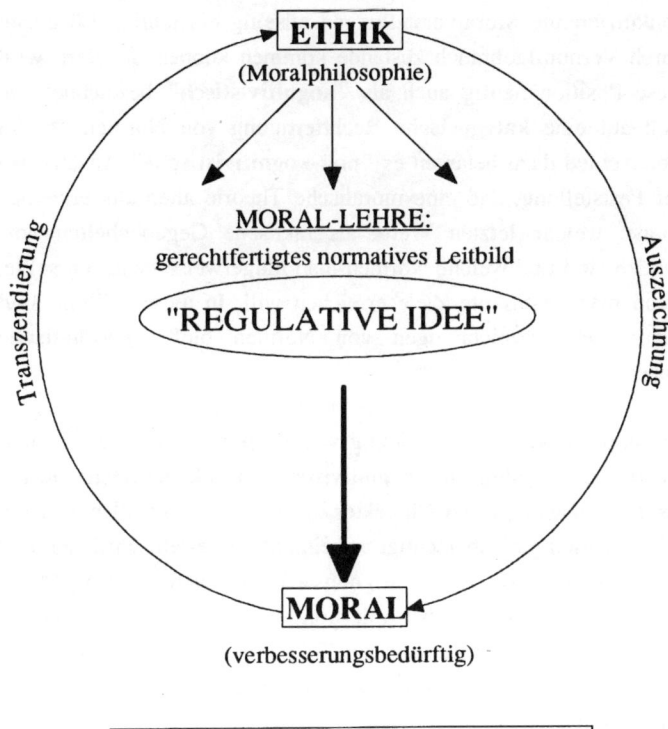

Abb. 1: Ethik und Moral

Das Verständnis von Ethik, das weiter unten zur Unterscheidung von Moral vorgeschlagen wird, soll im Ergebnis auf die **Auszeichnung** eines ganz bestimmten ethischen Prinzips hinauslaufen, nämlich den rationalen Dialog zur Rechtfertigung von Normen. Eine solche Auszeichnung unterstellt, daß bei Streitigkeiten über konkurrierende Moralvorstellungen allseitig einsichtige Lösungen durch Vernunftgebrauch zustande kommen können. Insofern wird diese Position häufig auch als **"kognitivistisch"** bezeichnet; sie zielt auf eine **kategorische** Rechtfertigung von Normen ab. Im Unterschied dazu belassen es **"non-kognitivistische"** Ansätze bei der Feststellung, daß eine moralische Theorie allenfalls erkennen könne, welche letzten Werte als faktische Gegebenheiten vorhanden sind und welche Normen man klugerweise beachten sollte, wenn man bestimmte Ziele erreichen will. In diesem Sinne sind dann alle Auszeichnungen von Normen bloß **hypothetische** Imperative.[21]

Im Sinne dieser Unterscheidung werden wir im weiteren Verlauf mit der Dialogethik eine kognitivistische Ethik vertreten; sie hat insofern **präskriptiven** Charakter, als sie nicht mit allen anderen Ethiktheorien gleichberechtigt auf eine Stufe gestellt wird, sondern einen universellen Rechtfertigungsanspruch vertritt. Der Pluralismus, der demgegenüber mit non-kognitivistischen Positionen einhergeht, hätte andererseits zur Folge, daß sich der Leser selbst eine beliebige Morallehre als sein persönliches "Bekenntnis" aussuchen muß.

Als Grundlage für diesen Auswahlprozeß dient regelmäßig eine **deskriptive** Behandlung des Themas, wie sie vor allem im angelsächsischen Sprachraum von der sogenannten "Analytischen Ethik"

---

21   Vgl. dazu Kliemt (Ethik), S. 113.

gepflegt wird.[22] Dort geht es um die Beschreibung (Deskription) vorliegender Morallehren (Ethiken) und ihrer Systematisierung nach Inhalten und Verfahrensweisen (**Meta-Ethik**). Man entwirft dabei letztlich (nur) eine Geschichte ethischer Lehrmeinungen, indem man etwa die gängige Unterscheidung von teleologischen (tò télos = der Zweck) und deontologischen (tò déon = die Pflicht) Positionen und ihre Vertreter näher erläutert.

In der **deontologischen Ethik**[23] gibt es zwei Lehrtraditionen, die Handlungsdeontologie und die Regeldeontologie. **Handlungsdeontologische** Theorien behaupten, alle ethischen Urteile seien letztlich reine Einzelurteile von der Form: "In dieser Situation sollte ich so und so handeln". Allgemein verpflichtende Regeln seien - wenn überhaupt - nur nachrangig von Bedeutung; in jeder konkreten Situation müsse man von neuem sehen, was richtig oder pflichtgemäß ist. Woher das Vertrauen in die moralische Urteilskraft des Individuums dabei kommen soll, ohne allgemeine Regeln (als Orientierungshilfe) das Richtige zu finden, bleibt in der Handlungsdeontologie allerdings weitgehend ungeklärt. Man verweist z.B. darauf, daß jeder aufrechte und anständige Mensch in einer bestimmten Situation schon herausfinden würde, was eine richtige oder falsche Handlung sei.[24]

Regeldeontologische Ansätze vertreten demgegenüber allgemeine Regeln von mehr oder weniger hohem Abstraktionsgrad, die jedem gegenüber unbedingte Gültigkeit beanspruchen; sie sollen unabhängig von den Folgen, die mit der Einhaltung der Regeln verbunden sind, angewendet werden. Solche Regeln können als konkrete Kataloge von Imperativen formuliert werden, wie etwa die 10

---

22   Vgl. dazu u.a. Frankena (Ethik).
23   Vgl. zum folgenden ebd., S. 35 f.
24   Vgl. dazu ebd., S. 35 f.

Gebote der Bibel; sie können aber auch als abstrakte Prinzipien bloße Verfahrensregeln angeben, **wie** man zu einem Urteil über richtiges Handeln kommen kann. Ein prominenter Vertreter einer Prinzipienethik ist Immanuel Kant. Er formulierte bekanntlich ein oberstes ethisches Prinzip in Form des "Kategorischen Imperativs": "Handle so, daß die Maxime Deines Willens jederzeit zugleich als Prinzip einer allgemeinen Gesetzgebung gelten könne."[25] Aus diesem Kategorischen Imperativ sollen durch Nachdenken Maximen gefunden werden, die über alle Situationen hinweg einzuhalten sind. Das bedeutet aber eben, daß aus der konkreten Handlungssituation selber keine Gründe mehr zur Rechtfertigung einer Handlungsnorm gewonnen werden können. Eine Handlung trägt - so gesehen - ihre ethische Qualität als "richtig" oder "falsch" in sich selbst, unabhängig von ihren Folgen. Die Maxime: "Du sollst nicht lügen!" ist damit - um ein in der einschlägigen Literatur oft zitiertes Beispiel zu nennen - auch dann verpflichtend, wenn es darum ginge, durch eine Lüge einen unschuldig Verfolgten zu retten. Ersichtlich kann es also zu Konflikten zwischen verschiedenen Maximen führen - eine Situation, aus der die regeldeontologischen Ansätze keinen Ausweg mehr weisen können, so sie nicht auf einem einzigen universellen obersten Grundsatz aufgebaut sind.

Demgegenüber gilt in der **Teleologie** jede Handlung als gut, die geeignet ist, ein bestimmtes Ziel zu erreichen. Welches dieses Ziel ist, bleibt offen. Es kommt im Prinzip nur darauf an, daß der Teleologe **irgendeine** Auffassung davon hat, was gut ist, und daß er ausschließlich im Einklang mit dieser Auffassung bestimmt, was richtiges oder pflichtgemäßes Handeln ist.[26] Man kann z.B. der Auffassung sein, daß es bei der Bewertung der (positiven und

---

25   Vgl. Kant (Praktische Vernunft), S. 54.
26   Vgl. Frankena (Ethik), S. 33.

negativen) Handlungsfolgen allein darauf ankommt, was für **einen selbst** am besten ist (ethischer **Egoismus**). Epikur, Hobbes und Nietzsche waren dieser Ansicht. Der Utilitarismus dagegen hängt der Lehre an, daß das letzte Ziel im größten **allgemeinen** Wohl besteht (ethischer **Universalismus**). Eine Handlung ist danach z.b. pflichtgemäß, wenn sie (tatsächlich oder wahrscheinlich) das **größtmögliche** Übergewicht von guten gegenüber schlechten Folgen **für alle** herbeiführt. Hier wird dann häufig auf das Ziel des größtmöglichen Glücks (Happiness) für alle Bezug genommen, etwa in der bekannten Forderung von J. Bentham nach dem "größten Glück der größten Zahl".[27] Die meisten Utilitaristen waren in ihrer Auffassung dessen, was Glück erzeugt, Hedonisten: sie sahen die Richtigkeit einer Handlung oder Handlungsregel im größten Übergewicht von angenehmen Empfindungen (Vergnügen, Freude, Lust) gegenüber unangenehmen Empfindungen (Schmerz, Unlust).

Trotz solcher Konkretisierungsversuche des "Glücks" darf allerdings nicht übersehen werden, daß der Utilitarismus als teleologische Theorie mit keiner **bestimmten** Wertlehre zwingend in Verbindung zu bringen ist. Ein Utilitarist muß sich lediglich **irgendeine** Wertlehre zu eigen machen.[28] An dieser Stelle wird deutlich, daß der Utilitarismus wie die teleologische Theorie überhaupt die entscheidende Frage offen läßt, die uns später ausführlich beschäftigen wird, nämlich die Frage nach der Rechtfertigung der gewählten Wertbasis.[29]

Der Sache nach wird die Unterscheidung zwischen deontologischer und teleologischer Ethik seit einigen Jahrzehnten unter einem

---

27 Vgl. Bentham (Introduction).
28 Vgl. Frankena (Ethik), S. 35.
29 Vgl. dazu unten S. 62 ff.

Begriffspaar diskutiert, das von Max Weber eingeführt wurde: "Gesinnungsethik" und "Verantwortungsethik". Der Gesinnungsethiker richtet sich ausschließlich nach seinen (persönlichen) Prinzipien und stellt den Erfolg Gott anheim; der Verantwortungsethiker hingegen fragt nach den Konsequenzen seines Tuns und ob er diese für vertretbar hält. Eine Beurteilung des Handelns ist jedoch in beiden Fällen nach Weber nur auf der Grundlage eines privaten Werturteils möglich; denn im Bereich der Werte gibt es keine begründeten Urteile, hier streiten eben auch die Götter vergebens.[30]

Es scheint in der öffentlichen Diskussion heute so zu sein, daß die Verantwortungsethik gegenüber dem Rigorismus der Gesinnungsethik deutlich präferiert wird. Insbesondere Hans Jonas hat in seinem Buch "Das Prinzip Verantwortung",[31] das in der gegenwärtigen Situation einen hohen Stellenwert genießt, ausführlich die Probleme der Verantwortung des Handelns in unserer technologischen Zivilisation für die gegenwärtige und für zukünftige Generationen herausgearbeitet. Offen bleibt dabei allerdings, an Hand welcher Kriterien bzw. Interessen die Folgen des Handelns schlußendlich ethisch bewertet werden sollen.

Nach diesen notwendigen begrifflichen Vororientierungen steigen wir nachfolgend nun in die Sache selbst ein. Wir beginnen mit drei Beispielen aus der Wirtschaftspraxis, die geeignet erscheinen, in einem ersten Zugriff das **Problemfeld** zu veranschaulichen, um das es bei der Unternehmensethik geht.

---

30   Vgl. Weber (Wissenschaft), S. 329.
31   Vgl. Jonas (Verantwortung).

III. Ethische Problemlagen in der Wirtschafts-
praxis: Drei Beispiele

1. Der erste Arbeitsplatz

Wilfried L. hat nach seinem erfolgreich abgeschlossenen Examen in Betriebswirtschaftslehre eine Position als Assistent des Einkaufsleiters in einer größeren Firma angenommen, die in einem wettbewerbsintensiven Umfeld operiert. Er merkt sehr schnell, daß im Einkauf zwei Dinge immer wieder diskutiert werden: Wie können wir die Kosten für die riesigen Mengen an Verpackungs- materialien in Schach halten? Und: Inwieweit wird uns die Diskussion um die Umweltverträglichkeit von Verpackungsmaterialien betreffen? Nach einigen Monaten bekommt L. einen kleineren eigenständigen Einkaufsbereich zugewiesen. Er versucht, seine Arbeit bestmöglich zu erledigen, indem er die Lieferanten nach betriebswirtschaftlichen Kriterien wie Kosten, Qualität, Lieferzuverlässigkeit, etc. sorgfältig auswählt und seine Aufträge entsprechend streut. Er hofft so, durch gute Arbeit in der Firma relativ schnell Karriere zu machen.

Eines Tages ruft ihn sein Chef an und lädt ihn zu einem gemeinsamen abendlichen Arbeitstreffen mit einem wichtigen Lieferanten ein. Im Verlaufe des Abends wird - nachdem man gut gegessen und getrunken hat - immer deutlicher, daß dieser Lieferant S. bereit ist, den Einkäufern gewisse persönliche Vorteile zu gewähren, wenn sie sich auf eine langfristige Lieferbeziehung mit ihm einlassen würden. Es wird allerdings auch klar, daß dieser Lieferant nicht zu den fortschrittlichsten Firmen in der Branche zählt, insbesondere was die Umweltverträglichkeit der Produktionstechnologie und die Zusammensetzung der Produkte anbetrifft. In der Branche ist der Lieferant auch als eine Firma bekannt, die wegen ihrer miserablen Arbeitsbedingungen dauernd Konflikte mit ihren Arbeitnehmern auszutragen hat. Die Löhne sind bekanntermaßen niedrig, ständig herrscht Fluktuation unter den Beschäftigten. Einige zaghafte kritische Bemerkungen von L. in dieser Richtung werden mit dem Hinweis vom Tisch gewischt: "Wer kostengünstig produzieren will, muß derartige Bedingungen in Kauf nehmen!" Nach dieser - auch emotional - etwas heiklen Gesprächssituation wendet man sich wieder den "Stories aus der Branche" zu und geht nach einiger Zeit im Gefühl auseinander, nicht nur gut gegessen und getrunken sondern auch ein Einverständnis über die zukünftige Gestaltung der Geschäftsbedingungen erzielt zu haben.

Wenige Tage später ruft der fragliche Lieferant bei L. an und unterbreitet ein Angebot über eine größere Partie Kartons. L. stellt sofort fest, daß dieses Angebot im Hinblick auf Qualität und Preis keineswegs zu den Besten zählt. Er setzt sich deshalb mit seinem Chef in Verbindung und hört von diesem: "Wir hatten doch neulich eine gewisse Übereinstimmung darüber erzielt, daß der Lieferant S. für uns durchaus von Nutzen sein könnte! Also orientieren Sie sich doch bitte an dieser Vereinbarung". L. ist etwas verdutzt, hatte er doch die Verbindlichkeit des abendlichen Arbeitsessens keineswegs so deutlich wahrgenommen, wie es sich jetzt im Gespräch mit seinem Chef darstellt. L. geht an seinen Arbeitsplatz zurück und denkt noch einmal über den fraglichen Abend und alles das nach, was dort gesprochen worden ist. Wie er es aber auch dreht und wendet: er kann nicht finden, daß dort so etwas wie eine verbindliche Entscheidung über die zukünftigen Geschäftsbeziehungen getroffen worden sei.

Gleichzeitig kommt ihm allerdings auch der Gedanke in den Kopf, daß er mit seinem Chef in Konflikt geraten könnte, wenn er seine alte Einkaufspraxis beibehalten würde. Nach langem Hin und Her unterschreibt er den kritischen Einkaufskontrakt. In der Zukunft wiederholen sich die Anrufe des Geschäftspartners und mit der Zeit bildet sich eine selbstverständliche Praxis heraus, daß Lieferant S.

immer häufiger und mit immer größeren Lieferpartien zum Zuge kommt.

Nach einigen Wochen wird L. wieder zu seinem Chef gerufen. In einem Bewertungsgespräch nach der Probezeit signalisiert ihm dieser, daß er mit L. sehr zufrieden ist. Man habe ja innerhalb kurzer Zeit relativ schnell eine gemeinsame Basis für die erfolgreiche Kooperation gefunden. Das solle auch in Zukunft so bleiben und L. nicht zum Schaden gereichen. L. darf sich sogar Hoffnungen machen, innerhalb des nächsten halben Jahres die frei werdende Stelle eines Unterabteilungsleiters zu bekommen. Sein Chef lädt ihn außerdem auf ein Wochenende zur Jagd im Bayerischen Wald ein. Alles scheint also auf diese Weise zum Besten bestellt. L. blickt mit Stolz auf seine ersten Arbeitsmonate in der neuen Firma zurück. Gleichwohl bleibt bei ihm - tief im Inneren - ein etwas ungutes Gefühl zurück, das sich nur schwer verdrängen läßt.

2. BART: Drei Sicherheitsingenieure auf der Verliererbahn[32]

Am 06.11.1962 erhielt ein Konsortium aus drei Konstruktionsfirmen den Zuschlag für den Bau eines vollautomatischen Nahverkehr-Zugsystems von 71 Meilen Länge an der San Francisco Bay. Das Konsortium versprach, bis zum Jahre 1970 ein hochmodernes, computergesteuertes und technisch ausgereiftes Zugsystem zu entwickeln, das die Bucht von San Francisco mit zahlreichen Untertunnelungen erschließen sollte. Die Kosten für dieses groß angelegte Projekt sollten sich auf etwa 1 Mrd. US-Dollar belaufen.

---

32   Vgl. zum folgenden insbesondere Stewart (Incident), S. 293 ff.

Die Entwicklung des Zugsystems verzögerte sich allerdings aufgrund zahlreicher technischer Probleme, wodurch die Kosten in die Höhe getrieben wurden. Offensichtlich hatten die Projektmanager übereilte Versprechungen gemacht, als sie der Öffentlichkeit das Zugsystem als das weltbeste und sicherste Nahverkehrsmittel ankündigten. Um die Entwicklungsziele auch nur einigermaßen halten zu können, mußte das Konsortium unausgereifte technische Details einkalkulieren und in das System übernehmen.

Diese technischen Probleme bildeten den Hintergrund für einen Vorfall in den Jahren 1971 und 1972, der als einer der bestdokumentierten Fälle der neueren Ingenieurgeschichte für ethisch fragwürdige Praktiken gilt. Leidtragende dieses Falles waren die drei Ingenieure Holger Hjortsvang, Robert Bruder und Max Blankenzee, die im Zuge ihrer Tätigkeit für das Konsortium immer wieder auf problematische technische Komponenten des Zugsystems aufmerksam machten. Ihre kritischen Bemerkungen fanden allerdings keinen Widerhall im Management. Bewegung kam in die ganze Angelegenheit erst auf der Grundlage einiger schriftlicher Dossiers. Insbesondere Hjortsvang hatte zwischen April 1969 und Dezember 1971 eine ganze Reihe von Memoranden verfaßt, die auf die technischen Probleme des Zugkontrollsystems hinwiesen. Ein unsigniertes Memorandum aus seiner Feder mit dem Titel "BART-System Engineering" vom 18. November 1971 spielte dabei schließlich eine Schlüsselrolle in der Auseinandersetzung. Zu diesem Zeitpunkt hatten die drei Ingenieure allerdings schon erkannt, daß es notwendig sein würde, ihre Kritik durch einen neutralen Gutachter absichern zu lassen. Dabei nahmen die Ingenieure nach einem Kontaktversuch mit der Geschäftsleitung an, daß diese auch an einem neutralen Bericht interessiert sei. Sie vergaben deshalb einen Gutachterauftrag an einen Berater namens Edward Burfine, der seinen Untersuchungsbericht ebenfalls im November 1971 an die Ingenieure und die Leitung des Konsortiums schickte.

In dieser Geschäftsleitung befand sich seit Oktober 1971 ein neuer Direktor namens Daniel Helix, der zur Überraschung der Ingenieure erstmals eine ernsthafte Verständigungsbereitschaft signalisierte. Anfang Januar 1971 kam es zu einer Unterredung, während der sich Helix von den vorgetragenen Bedenken offensichtlich überzeugen ließ. Hjortsvang übergab ihm eine Kopie seines Memorandums vom 18. November und wies auch auf die gutachterliche Äußerung von Burfine hin. Man vereinbarte, die Dossiers nur als Unterlagen für die Geschäftsleitung zu verwenden, nicht dagegen in die Öffentlichkeit zu tragen.

Überraschenderweise erschien dann doch am 09. Januar 1972 das Memorandum von Hjortsvang in der Lokalzeitung "Contra Costa Times", ohne diesen allerdings beim Namen zu nennen. Ein Reporter dieser Zeitung ging der Sache nach und entlockte Helix (der zugleich Bürgermeister eines Ortes dieser Gegend war) schließlich auch den "Burfine-Report", von dem mittlerweile der gesamte Vorstand des Konsortiums Kenntnis hatte.

Der Burfine-Report erschien schließlich in der "Contra Costa Times" am 20. Januar 1972 und versetzte das Management des BART in Aufregung. Man wollte die bis dahin offenbar unbekannt gebliebenen Drahtzieher der Verschwörung gegen das Projekt im eigenen Unternehmen herausfinden und zur Rechenschaft ziehen. In einer Direktoriumssitzung am 24. Februar bestärkte man sich gegenseitig in der Auffassung, daß ein öffentliches "Verpfeifen" der Sicherheitsmängel nicht notwendig gewesen wäre und kam überein, die mißliebigen Verräter fristlos zu entlassen.

Der Geschäftsleitung namentlich bekannt wurden die drei Ingenieure allerdings erst, als sich Robert Bruder Ende Februar an seinen Vorgesetzten, F.H. Wagner, wandte und seine Beteiligung an den kritischen Äußerungen zugab. Von da an nahmen die Dinge schnell ihren Gang. Wagner informierte seinen Vorgesetzten, der die Geschichte seinerseits nach oben weiterleitete. So wurden die drei Ingenieure zügig enttarnt und innerhalb von nur einer Woche bis zum 03. März 1972 entlassen. BART-Manager behinderten sogar die folgende Stellensuche der Betroffenen, indem sie sie öffentlich als "Troublemaker" verunglimpften und dadurch zu Außenseitern stempelten, mit denen niemand mehr etwas zu tun haben wollte.

Alle späteren unabhängigen Studien bestätigten die Warnungen der drei Ingenieure. Auch nach den Ethik-Kodizes der Ingenieur-vereinigung gab es keinerlei Anzeichen dafür, daß sie irgendwo unangemessen gehandelt hätten. Im Gegenteil: Es wurde immer wieder betont, daß sie die Verantwortung des Ingenieurs gegenüber der Öffentlichkeit im Dienste des Allgemeinwohls sehr ernst genommen hätten. Doch auch das Eintreten der Ingenieurverei-nigung für die drei Betroffenen nutzte nichts: Ihr Ruf war durch die Vorkommnisse ruiniert. Ein Gerichtsverfahren über Schadens-ersatzansprüche, das die drei angestrengt hatten, wurde nur schlep-pend behandelt; man räumte ihnen wenig Chancen ein, da sie den Gutachter Edward Burfine zu eigenmächtig bestellt hätten. So mußten sie im Jahre 1975 im Zuge eines außergerichtlichen Vergleichs eine äußerst ungünstige Abfindung akzeptieren.

Angesichts der tragischen privaten und beruflichen Konsequenzen, die die Ingenieure zu tragen hatten, entbehrt das Nachspiel zu dieser Geschichte nicht eines gewissen Zynismus. Sechs Jahre nach den Ereignissen erhielten Hjortsvang, Blankenzee und Bruder der ersten Preis der Vereinigung der Elektroingenieure für ihren hervorragenden Dienst im öffentlichen Interesse: Als Auszeich-nung wurde jedem eine Urkunde und 750 Dollar überreicht.

3. Challenger: "Put on your management hat!"[33]

Ein drittes Beispiel dürfte vielen Lesern noch lebhaft in Erinnerung sein, da es als spektakuläres Medienereignis weltweit verbreitet wurde: Am 28. Januar 1986 endete der 25. Raumflug eines bemannten Raumgleiters vom Typ "Space Shuttle" kurz nach dem Abheben in einer gigantischen Explosion, die sieben Astronauten das Leben kostete. Ein Symbol von nationaler Bedeutung hatte damit Schiffbruch erlitten, der Ruf der amerikanischen Raumfahrt ist bis heute nicht wieder völlig hergestellt.

Der Ablauf dieses Desasters der "Challenger" kann mittlerweile auf praktisch tausendstel Sekunden genau rekonstruiert werden; der Abschlußbericht der mit der Untersuchung betrauten "Rogers-Kommission" umfaßt rund 170.000 Seiten. Auch in diesem Falle bestand die Unglücksursache vordergründig in einer technischen Schwachstelle des Systems, deren Sicherheitsmängel seit vielen Jahren bekannt waren. Bei der ungewöhnlichen Kälte während der Startvorbereitungen kam es zu einer Versprödung von Gummidichtungen ("O-Rings") zwischen den einzelnen Bauteilen der Hauptraketen ("Booster"). Diese Dichtungen konnten dann dem gewaltigen Druck während der Startphase nicht mehr standhalten. Es entstand ein Leck, durch das Treibstoff austrat und in den Feuerstrahl geriet, was nach exakt 73,628 Sekunden zur Explosion führte.

Es konnte minutiös nachgewiesen werden, daß dieses technische Problem sowohl der NASA als auch dem Booster-Hersteller Morton Thiokol seit vielen Jahren bekannt und Gegenstand von Verbesserungsbemühungen war. Noch 11 Tage vor dem Unglück berieten die Ingenieure über mögliche Lösungen des "O-Ring-

---

33   Vgl. zum folgenden genauer auch Löhr (Unternehmensethik), S. 9 ff.

Problems"; denn ein Booster-Versagen galt unter den 14 theoretisch wichtigsten Unglücksursachen bei einem Shuttle-Start immerhin als das größte Risiko. Es wäre deshalb sicherlich eine eigene Diskussion wert, ob und inwieweit die Verantwortlichen für die Entwicklung der technischen Komponenten des Raumgleiters selbst wirklich verantwortlich gehandelt haben.

Im Vordergrund sollen hier jedoch die Ereignisse unmittelbar vor dem Start des Raumgleiters stehen. Die mittlerweile mögliche Rekonstruktion der Startfreigabe für den Raumgleiter legt ein fatales Zeugnis für die Praktiken der Entscheidungsfindung des beteiligten Managements ab. Der Prozeß der Startfreigabe selbst war hierarchisch von unten her aufgebaut: von der Detailverantwortung für Einzelkomponenten wurde "grünes Licht" gegeben bis hinauf zur Freigabe des Gesamtsystems. Dabei lag das Kriterium für die Entscheidung zum Abbruch des Starts durch das Top-Management bei einer Außentemperatur von 31°F (0°C).

Die beiden Ingenieure Roger Boisjoly und Arnold Thompson von Morton Thiokol, dem Booster-Hersteller, hatten sich schon seit längerem kritisch mit dem Problem der Kälteversprödung der Dichtungsringe beschäftigt. Noch 15 Stunden vor dem Start wiesen sie in einer Telekonferenz zwischen der NASA und Thiokol darauf hin, daß bei einer Temperatur unter 53°F erhebliche Bedenken im Hinblick auf die Funktionstüchtigkeit des Boosters bestünden. Bei weniger als 53°F wäre ein Abschuß des Raumgleiters wegen der Versteifung der Dichtungsringe nicht zu empfehlen. Der NASA-Projektmanager für die Booster, Lawrence Mulloy, überging die Ingenieure jedoch und fragte den Verantwortlichen von Thiokol, Joe Kilminster, direkt nach seiner Meinung. Kilminster deckte seine Ingenieure jedoch zunächst vorbehaltlos und meinte, er könne bei der vorherrschenden Kälte ebenfalls einen Abschuß nicht empfehlen.

Die NASA-Manager waren entsetzt. Mulloy verwies darauf, daß es keine verbindlichen Standards über kritische Abschußtemperaturen für den Booster gäbe. Erzürnt rief er: "The eve of a launch is a hell of a time to be inventing new criteria."

Auf Bitten von Kilminster wurde daraufhin die Telekonferenz für 30 Minuten unterbrochen, um eine nochmalige interne Beratung bei Thiokol zu ermöglichen. Diese Debatte begann mit einer Bemerkung des Generalmanagers für das Booster-Projekt Calvin Wiggins: "We have to make a management decision." In der folgenden Diskussion wurde den kritischen Einwänden der Ingenieure Boisjoly und Thompson schließlich keine Aufmerksamkeit mehr zuteil. Eine Entscheidung in der Debatte wurde vielmehr herbeigeführt durch eine provokative Aufforderung von Jerald Mason, dem ranghöchsten Manager in der Runde: "Take off your engineering hat and put on your management hat." Nach einem kurzen formalen Beschluß teilten die Thiokol-Manager schließlich der NASA per Telekonferenz mit, daß man seine Auffassung revidiert habe und einer Startfreigabe zustimme.

Eine halbe Stunde später teilte Mulloy dem zuständigen Programmdirektor der NASA für das Shuttle-System, Arnold Aldrich, mit, daß Thiokol dem Start vorbehaltlos zugestimmt hätte. Auf der Entscheidungsebene von Aldrich waren somit schon keinerlei Bedenken mehr gegen eine Startfreigabe ersichtlich, so daß dem Abschuß des Raumgleiters letztlich keine formalen Abbruchkriterien mehr im Wege standen. So gesehen wurde die kritische Information auf dem Weg durch die Entscheidungshierarchie regelrecht ausgefiltert. 2 1/2 Stunden vor dem Start - die Besatzung war schon in ihren Sitzen festgeschnallt - dachte niemand mehr an die kälteempfindlichen Dichtungsringe; es wurde beschlossen, den Start wie geplant durchzuführen. Man wollte sogar auf das übliche Minimum von 31°F verzichten, da keine weiteren außergewöhnlichen Vorkommnisse mehr verzeichnet wurden. Ein Meßtrupp stellte noch 8°F in der Nähe des später defekten Boostersegments fest, ohne dies extra zu vermerken - das Minimumkriterium war ja aufgehoben worden.

Die Raketen der Challenger wurden schließlich wie geplant um 11.38 Uhr gezündet. Die Außentemperatur betrug zu diesem Zeitpunkt 36°F. Roger Boisjoly beobachtete den Start und glaubte nach den scheinbar reibungslos verlaufenen ersten 60 Sekunden der Mission schon, daß seine Befürchtungen glücklicherweise grundlos gewesen seien. 13 Sekunden später wurde die nach einem erfolgreichen Abschuß üblicherweise aufkommende Euphorie jedoch durch die Katastrophe jäh unterbrochen.

Ähnlich wie im Falle des BART-Zugsystems wurden die Ingenieure Boisjoly und Thompson im weiteren Verlauf keineswegs ausgezeichnet, sondern beruflichen Repressalien ausgesetzt. Sie hatten vor der Rogers-Kommission ihre Bedenken gegen einen Start öffentlich rekonstruiert und wurden deshalb nicht mehr als loyale Mitarbeiter erachtet. Sie wurden vielmehr daraufhin immer wieder versetzt und kündigten schließlich. Bemerkenswert: Einer der beiden Ingenieure strengte gegen das Unternehmen angeblich eine Verleumdungsklage mit einer Forderung über 1 Mrd. US-Dollar an. Über den Ausgang dieses Prozesses ist leider nichts bekannt.

IV. Gründe für unethisches Handeln in Unternehmungen: Allgemeine Befunde

1. Systemzwänge

Wenn man nach Erklärungen für die aufgeführten Beispiele ethisch problematischen Handelns in der Wirtschaft sucht, stößt man sehr schnell auf das Argument, daß die Systemzwänge in einer Wettbewerbswirtschaft so durchgreifend seien, daß ausschließlich scharfe gewinnorientierte Kalkulationen das langfristige Überleben der Unternehmung sicherstellen würden. Deshalb wird häufig relativ pauschal behauptet, daß für ethische Überlegungen im harten Geschäftsleben grundsätzlich überhaupt kein Raum bleibe. Demgegenüber hat schon A. Smith[34] richtigerweise darauf hingewiesen, daß jede Marktwirtschaft nur auf der Grundlage gemeinsam geteilter Moralvorstellungen (Vertragstreue, Zahlungsmoral, Respekt für den Marktpartner etc.) funktionsfähig ist.[35] Auch M. Friedman, bekanntlich einer der härtesten Verfechter einer liberalen Wirtschaftspolitik, hat nie in Abrede gestellt, daß marktwirtschaftliches Gewinnstreben nur bei Beachtung gewisser moralischer Wertorientierungen zur erhofften Effizienz führt.[36]

---

34 Vgl. dazu Recktenwald (Würdigung), wo auf den Zusammenhang von Smiths Theorie zum "Wohlstand der Nationen" mit ihrer sozialethischen Grundlegung in der "Theorie der ethischen Gefühle" hingewiesen wird; vgl. Smith (Wealth) und ders. (Sentiments).

35 vgl. dazu eingehend Werhane (Smith) sowie die Beiträge in Meyer-Faje/Ulrich (Smith).

36 Vgl. Friedman (Profits), S.126, wo er seine berühmte These "The social responsibility of business is to increase its profits" bereits dahingehend relativiert, daß das Management die Aufgabe hätte, "... to make as much money as possible while conforming to the basic rules of society, both these embodied in the law and those embodied in ethical customs."

Das Argument der Systemzwänge muß deshalb anders gedeutet werden, nämlich daß der Wettbewerb tendenziell dazu verleitet, sich Wettbewerbsvorteile durch Hintanstellung moralischer Prinzipien zu verschaffen. Das führt dann zur "negativen Grenzmoral" im Sinne von G. Briefs:[37] Wenn alle anderen Konkurrenten sich strikt an einen bestimmten Moralstandard halten, erhält derjenige Vorteile im Wettbewerb, der ein bißchen (marginal) unmoralischer als die anderen handelt, ohne daß diese schon Sanktionen ergreifen. Auf diese Weise entsteht durch die Konkurrenz dann aber ein Zwang, sich aus Wettbewerbsgründen den niedrigeren Moralstandards langsam anzupassen. Wenn und soweit das Recht oder gegebenenfalls auch bestimmte sanktionsbewehrte Verbandsregelungen diesen Prozeß nicht aufhalten können, wäre der Zusammenbruch der Wirtschaftsmoral vorprogrammiert.

Die Horrorvision, die in diesem Argument steckt, braucht man natürlich nicht zu teilen. Gleichwohl wird damit auf die einer Geld- und Wettbewerbswirtschaft inhärente Tendenz aufmerksam gemacht, moralische Aufforderungen jedenfalls dann zu vernachlässigen, wenn es um die Grenzsituation des Überlebens eines Unternehmens geht. Gleichzeitig verweist das Argument auf die Notwendigkeit, dem Prozeß der sukzessiven Aushöhlung der Geschäftsmoral - im Verein mit dem Recht - durch wirtschaftsimmanente ethische Anstrengungen entgegenzutreten.

Jeder Wettbewerbswirtschaft ist also qua Funktionsmechanismus die Gefahr der **Erosion von Moralstandards** inhärent. Sofern es nicht gelingt, dieser Gefahr entgegenzuwirken, mag man bereits darin gewisse Erklärungen für unethisches Handeln von und in Unternehmungen finden.

---

37   Vgl. Briefs (Grenzmoral).

28

Der Hinweis auf die systemimmanenten Tendenzen zur Vernachlässigung moralischer Grundsätze in der Wettbewerbswirtschaft ist ein **genereller** Erklärungsgrund in dem Sinne, daß er potentiell für alle Unternehmungen gilt, unabhängig z.B. vom Wirtschaftszweig, von ihrer Größe, von ihrer Strategie etc. Darüber hinaus lassen sich aber - und darauf haben unsere drei Beispiele bereits hingewiesen - auch **spezifischere** Gründe für unethisches Handeln festmachen, wenn man den Blick **in** die Unternehmungen richtet. Hier stößt man auf die moralischen Standards von Personen oder die spezifischen organisatorisch-strukturellen Bedingungen, unter denen sie operieren. Empirische Untersuchungen machen nachdrücklich darauf aufmerksam, daß hier - ganz unabhängig von Zwängen des Wirtschaftssystems - weitere Gründe für unethisches Handeln zu suchen sind. In dem Maße, wie neuerdings verstärkt auf die Bedeutung organisatorischer Strukturen für ethisches Fehlverhalten aufmerksam gemacht wird, wird die klassische Vorstellung relativiert, daß allein Personen für ethisches Fehlverhalten in Organisationen verantwortlich sind. In dieser Sichtweise läge nämlich eine vorschnelle Verkürzung des Problems; denn die Gründe für unethisches Handeln können sowohl in den institutionellen Strukturen als auch in den beteiligten Personen liegen.

2. Organisationsbedingte Restriktionen

a) Barrieren der Organisationsstruktur

Für die zielgerichtete Bewältigung des auf längere Dauer angelegten arbeitsteiligen Handelns sind Organisationsstrukturen unerläßlich. Sie sollen die einzelnen Organisationsmitglieder immer wieder zu Handlungen veranlassen, die für das Erreichen des jeweiligen Unternehmenszwecks funktional sind. Die Organisationsstruktur wird dabei als die Gesamtheit aller geltenden generellen Regelungen zur Differenzierung (Arbeitsteilung) und Integration (Arbeitssynthese) der Unternehmensgesamtaufgabe betrachtet.[38]

Ihren konkreten Niederschlag finden die generellen Regelungen dabei u.a. regelmäßig in einem Gerüst von mehr oder weniger detaillierten Stellenbeschreibungen, die als Handlungsaufforderungen an das einzelne Organisationsmitglied verstanden werden können. Diese Stellenbeschreibungen sind letztlich der konkrete Ausdruck der allgemeinen **Selektivität** organisatorischer Regelungen, die - und das ist hier wichtig - in doppelter Hinsicht ethisch relevant ist: Einerseits können Handlungsaufforderungen aufgrund dessen, was sie zu tun vorschreiben, natürlich selbst bestimmte unethische Zumutungen darstellen; andererseits behindern sie auch ethische Reflektionen, weil sie vom Prinzip her ja nur erfüllt, nicht jedoch in Frage gestellt werden sollen. Anders ausgedrückt: Organisationsstrukturen sind in einem doppelten Sinne (ethisch) selektiv - sie schreiben einerseits vor, was **gemacht** werden soll und blenden damit andererseits zugleich aus, was ein Stelleninhaber **nicht tun** soll. Da diese **doppelte Selektionsproblematik** konstitutiv für das organisierte, zweckgerichtete soziale Handeln in Unternehmungen ist, scheint die klassische arbeitsteilige Organisation von vornherein ethisch problematisch zu sein. Jede Form der Organisation stellt sich systematisch als eine Barriere für ethisches Handeln dar, weil jeder Mensch ja nicht als ganze Person, sondern nur als **Rollenträger** fungieren soll.

Diese prinzipielle Aussage muß allerdings graduell relativiert werden; denn die klassische **mechanistische** Organisationsstruktur mit hoher Arbeitsteilung und ausgeprägter hierarchischer Koor-

---

38   Vgl. dazu grundlegend Gutenberg (Produktion), S. 232 ff., und Kosiol (Organisation).

dination weist einen höheren Selektionsgrad auf als etwa eine **organische** Organisationsstruktur, die auf dem Gruppenprinzip basiert und die hierarchischen Strukturen aufzulockern trachtet.[39] Ohne eine solche graduelle Differenzierung der Betrachtungsweise bestünde von vornherein keine Möglichkeit, die Frage nach einer ethischen Sensibilisierung von Organisationsstrukturen überhaupt zu stellen, wie wir das später tun werden.

Diese **analytischen**, aus dem Begriff der Organisation selbst abgeleiteten Überlegungen über die restriktive Wirkung von Organisationsstrukturen für ethisches Handeln finden ihre **empirische** Bestätigung in einer Reihe von einschlägigen Untersuchungen. Eine herausragende Bedeutung nimmt hier sicherlich die Studie von Waters aus dem Jahre 1978 ein, in der Zeugenaussagen vor Untersuchungskomitees des US-Kongresses im Zusammenhang mit Preisabsprachen in der amerikanischen Elektroindustrie untersucht wurden.[40] Waters identifizierte anhand dieser Aussagen sieben von ihm als "organizational blocks" (organisatorische Barrieren) bezeichnete Problemfelder "... that may get in the way of the natural tendency of people to react against illegal and unethical practices".[41] Damit hat Waters schon relativ frühzeitig auf die organisatorische Dimension des hier interessierenden Problems aufmerksam gemacht. Anstatt nur die Frage nach der persönlichen Verantwortung zu stellen im Sinne: "What was going on with those **people** to make them act that way?" warf er die Frage auf: "What was going on in that **organization** that made people act that way?".[42]

---

39 Vgl. zu dieser grundlegenden Unterscheidung die Studie von Burns/ Stalker (Management).

40 Vgl. Waters (Catch 20.5).

41 Ebd., S. 5.

42 Ebd., S. 5.

Von den sieben organisatorischen Barrieren, die Waters in seiner Arbeit diskutiert hat, sind für den hier zunächst zu betrachtenden Bereich der **formalen Organisationsstrukturen** folgende drei Problembereiche relevant:[43]

(1)   die Arbeitsteiligkeit ("division of work");

(2)   die Diffusion der Entscheidungskompetenzen ("separation of decision");

(3)   die klassische Befehlshierarchie ("strict line of command").

(**Zu 1**): Als erste wichtige Barriere für ethische Reflektionen läßt sich die hochgradige **Arbeitsteiligkeit** der Produktionsprozesse hervorheben, so wie sie charakteristisch für alle hochentwickelten Industriegesellschaften ist.[44] Diese arbeitsteilige Ausdifferenzierung des organisierten Handelns bedingt, daß der einzelne Mitarbeiter nur noch mit der Wahrnehmung einer hochgradig spezialisierten Teilaufgabe betraut wird, während der Gesamtzusammenhang für ihn nahezu unüberschaubar geworden ist. Wo aber die Konsequenzen des eigenen Tuns nur noch in beschränktem Ausmaß überschaubar sind, entfällt eine entscheidende Voraussetzung für verantwortungsbewußtes Handeln und ethische Reflektionen.

In diesem Zusammenhang führt insbesondere das weit verbreitete **Ressortdenken** zu hochwirksamen Barrieren für ethisches Handeln. Dabei werden unethische Praktiken, obwohl erkannt, nicht moniert oder verändert, weil sie (vermeintlich oder tat-

---

43   Vgl. zum folgenden auch Oppenrieder (Implementationsprobleme), S. 25 ff.

44   Vgl. Waters (Catch 20.5), S. 10 f.

sächlich) nicht in den eigenen Zuständigkeits- oder Verantwortungsbereich fallen. Begründen läßt sich eine solche Passivität einerseits mit fehlender Motivation zur Änderung, andererseits aber auch mit der abschreckenden Wirkung der antizipierten Schwierigkeiten, die mit einer Überwindung von organisatorischen Barrieren verbunden wären; man denke nur an die Konflikte über festgeschriebene und autorisierte Zuständigkeiten.

Eine weitere wichtige organisatorische Barriere, die durch das Prinzip der Arbeitsteilung verursacht wird, sieht Waters in der Möglichkeit, **Bearbeitungswege** präventiv oder nachträglich so zu verändern, daß solche Mitarbeiter einfach umgangen werden, die ethische Bedenken möglicherweise geltend machen würden. Ethische Problemfälle werden in einer arbeitsteiligen Organisation auf diese Weise häufig gar nicht thematisiert, sondern wirksam ausgefiltert.

Die in Form arbeitsteiliger Prozesse organisierten selektiven Handlungsaufforderungen an die Mitglieder in Organisationen wirken jedoch nicht nur als Filter für ethisches Handeln. Sie können ihrerseits auch selbst ein **Auslöser** für unethische Praktiken sein, der sich z.B. auf eine mangelhafte **Koordination** der fraktionierten Teilprozesse zurückführen läßt. In diesem Zusammenhang ist insbesondere die stetig voranschreitende **Professionalisierung** der meisten Berufe zu beachten. Betriebliche Gesamtaufgaben werden in immer kleinere und spezialisiertere Teilbereiche zergliedert, für deren Bearbeitung sich häufig nur noch hochgradige Experten mit immer engeren Wissensgebieten eignen. Diese Entwicklung erhöht nicht nur wegen ihrer **quantitativen** Verbreitung die Wahrscheinlichkeit für Koordinationsdefizite, durch die unethische Praktiken befördert werden. Die These, daß sich das Expertentum (ethisch) nur schwer disziplinieren lasse, läßt sich auch durch einige **qualitative** Überlegungen stützen.[45] So wird bemerkt, daß Experten z.B.

-   eigene, nur schwer nachvollziehbare Sprachspiele entwickeln;[46]

-   Gefahren verniedlichen, mit denen sie alltäglich umgehen;[47]

-   die extreme Selektivität ihres Blickwinkels übersehen[48] und

-   ihre Spezialkompetenz generalisieren.[49]

Ein bereits unter dem Stichwort **"Expertenmacht"** vieldiskutiertes Problem sind diese Auswirkungen einer hochgradigen Spezialisierung schon seit langem in der Auseinandersetzung um die traditionelle Stab-Linie-Organisation.[50] Hier sind die Experten zwar nicht selbst die formalen Entscheidungsträger, sie beeinflussen jedoch im Vorfeld von Entscheidungen vielfach maßgeblich die Sichtweise von Linienmanagern. Dadurch wird eine ethisch problematische Situation geschaffen, da sich auf der einen Seite die Spezialisten wegen ihrer mangelnden Kompetenzen keiner Verantwortung bewußt sind (oder diese leichtfertig abschieben), während auf der anderen Seite die (formalen) Entscheidungsträger kein kritisches Verantwortungsbewußtsein entwickeln, weil sie unter Zeitdruck und mangelhaftem Fachwissen die Vorschläge der Stäbe oft unreflektiert übernehmen.

---

45 Zum Problemkreis der "Expertokratie" vgl. etwa Illich (Entmündigung) und ders. (Fortschrittsmythen).
46 Vgl. Sorg (Informationspathologien), S. 355.
47 Vgl. Kerner Maissen (Verantwortungslosigkeit), S. 44.
48 Vgl. Sorg (Informationspathologien), S. 355.
49 Vgl. Wilensky (Intelligence), S. 43 f.
50 Vgl. dazu Irle (Macht), S. 166 ff.

(**Zu 2**): In Ergänzung und Überlagerung zu der auf Fachwissen beruhenden **horizontalen** Arbeitsteilung in Organisationen wirkt des weiteren die Diffusion der Entscheidungskompetenzen im Sinne einer **vertikalen** Arbeitsteilung als wichtige Barriere für ethisches Handeln.[51] Die Entfaltung hierarchisch abgestufter Entscheidungsstrukturen ist für das Management moderner Großunternehmen zweifelsohne notwendig, um die binnenorganisatorische Komplexität bei der Steuerung der Unternehmensaktivitäten zu beherrschen. Unter ethischen Gesichtspunkten kann diese Ausdifferenzierung des Managementprozesses allerdings insofern problematisch werden, als durch vorgelagerte Entscheidungsinstanzen regelmäßig gewisse Rahmenbedingungen geschaffen werden, die bei der Umsetzung in den nachgeordneten Managementebenen zu spezifischen Handlungsweisen zwingen.

In diesem Zusammenhang ist insbesondere die recht verbreitete Tendenz zu **ergebnisorientierten** Managementtechniken zu beachten. Da diese in aller Regel quantitativ ausgerichtet sind (wie z.B. das MbO-Verfahren) und dabei meistens sogar auf monetäre Bezugsgrößen abstellen (wie etwa im Profitcenter-System oder bei der ROI-Kontrolle im Zuge von Divisionalisierungen), sind ethisch bedenkliche Entscheidungspraktiken in Organisationen fast vorprogrammiert.[52] Quantitative Zielvorgaben für nachgeordnete Entscheidungsebenen lassen den betroffenen Managern nur noch die Kompetenz zur sachgerechten (zweckgerichteten) Mittelwahl offen. Sie orientieren sich an den vorgegebenen Rahmenbedingungen ihrer Entscheidungen als einer Art Datum, das - weil es gleichsam "von oben" kommt - relativ vorbehaltlos als **schon richtig** unhinterfragt akzeptiert wird. Die Handlungsmaxime des

---

51   Vgl. Waters (Catch 20.5), S. 9 f.
52   Vgl. dazu Hosmer (Institutionalization), S. 439 ff.

Mittelmanagement ist deshalb häufig ganz unbewußt: "Der gute Zweck heiligt die Mittel."

Diese Institutionalisierung ergebnisorientierter Steuerungs-techniken ist insbesondere deshalb mit einem gefährlichen Schein "ethischer Neutralität" verbunden, weil es sich meist um rein **formale** Leistungsvorgaben handelt. Hinreichend geläufig ist dabei die Praxis, die Dezentralisierung der Entscheidungsbefugnisse mit Zielvorgaben in Bezug auf den Gewinn, die Rentabilität oder Marktanteile zu verbinden. Solche leistungsstimulierenden Ziel-vorgaben können jedoch trotz aller Anstrengungen häufig nur durch den Einsatz ethisch nicht vertretbarer Mittelwahlen erreicht werden.[53] Man denke etwa daran, daß wichtige Aufträge unter bestimmten Umständen nur durch massiven Einsatz von Schmier-geldern aquiriert werden können. Es gehört mit zu den Eigenarten des herkömmlichen betriebswirtschaftlichen Steuerungssystems, daß solche zweifelhaften Praktiken so lange gerade nicht zur Sprache gebracht werden müssen, wie die vereinbarten Zielvor-gaben (legal) erreicht werden: nach einer stehenden Redewendung sind es nämlich alleine "die Fakten", die zählen.

Ein recht bekanntes Phänomen sind des weiteren auch die Informa-tionsverzerrungen und -blockaden bei den komplizierten Kommu-nikationsprozessen innerhalb hierarchischer Entscheidungsstruk-turen. Es ist dabei schon im Hinblick auf ökonomisch relevante Sachverhalte eine weit verbreitete Tendenz, daß kritische Informa-tionen nur beschönigt weitergegeben oder gar unterschlagen werden.[54] Dieser **Filterwirkung** muß man bei ethisch motivierten Argumentationen eine noch weitaus größere Relevanz zu-

---

53 Vgl. ebd., S. 441 ff.
54 Vgl. dazu Wilensky (Intelligence), S. 43 f., Sorg (Informations-pathologien), S. 202 f. und 350 f.

schreiben.[55] Bei dieser Form von "unangenehmen Nachrichten" werden sich Vorgesetzte - nach allen praktischen Erfahrungen - häufig nicht bloß auf ein schlichtes "Überhören" oder "Abdiskontieren" von Argumenten beschränken. Gerade bei ethischen Einwänden wird vielfach eher und auch nachhaltiger direkt mit unangenehmen Sanktionen gedroht. Häufig wird es darüber hinaus auch so sein, daß nicht-ökonomische Einwände von den Vorgesetzten überhaupt nicht verstanden werden. Das standardisierte und eingeschliffene Vokabular der erfolgsorientierten Unternehmensführung ist nämlich so weitgehend von einer spezifisch ökonomischen Terminologie geprägt, daß "moralisches Argumentieren" meist schon von der Grundintention und der verwendeten Begrifflichkeit her auf völlige Verständnislosigkeit stößt.[56] Einem Ökonomen ist beispielsweise der Unterschied zwischen Gewinn und Rentabilität geläufig und einsichtig; eine Differenz zwischen Moral und Ethik weiß er demgegenüber schon weniger häufig zu machen. Dies führt im Ergebnis dazu, daß den Entscheidungsträgern ethisch motivierte Anliegen nur sehr selten ernsthaft nahegebracht werden können.

(**Zu 3**): Mit dem Hinweis auf die klassische **Befehlshierarchie** greift die Untersuchung von Waters sicher die praktisch bedeutsamste und bekannteste organisatorische Barriere auf.[57] Welche gravierenden Behinderungen dieser organisationsbedingte Mechanismus von Befehl und Gehorsam für ethische Reflektionsprozesse darstellen kann, ist spätestens seit der Herrschaft des Nationalsozialismus in seinen ganzen schrecklichen Ausmaßen bekannt. Dabei ist nach allen einschlägigen Untersuchungen davon auszugehen, daß Befehlsgläubigkeit keineswegs bloß ein patho-

---

55   Vgl. etwa Stone (Law), S. 44 ff., sowie Jackall (Moral Mazes), S. 28 ff.
56   Vgl. Waters (Catch 20.5), S. 10.
57   Vgl. ebd., S. 6 f.

logischer Zug weniger Menschen ist; wie insbesondere Hannah Arendt eindringlich vor Augen geführt hat, zeichnet sich das gehorsame Organisationsmitglied vielmehr meistens durch eine völlige "Normalität" aus und verkörpert geradezu den Prototyp des angepaßten Durchschnittsbürgers.[58]

Hierarchische Abhängigkeitsverhältnisse nach dem Organisationsprinzip "one man, one boss" unterminieren also im weitesten Sinne die Motivation von Untergebenen, unethische Praktiken in der Organisation zur Sprache zu bringen. Im Wissen darum, daß der Vorgesetzte seine Weisungen nötigenfalls auch mit Zwangsmitteln durchsetzen kann, wird von vornherein auf einen Widerspruch gegen befohlene Anordnungen verzichtet - insbesondere dann, wenn dieser Widerspruch ethisch motiviert sein sollte. Betrachtet man vor diesem Hintergrund die **gesamte** Befehlshierarchie einer Organisation, so verliert sich bei näherem Hinsehen die Verantwortung des Einzelnen in unüberschaubaren Befehlsketten. Die klassische Ein-Linien-Organisation, so wie sie Max Weber noch als Inbegriff der institutionalisierten Rationalität vorschwebte, entpuppt sich also bei näherem Hinsehen als höchst gefährlich, da sie systematisch ethische Reflektionen ausblendet und unterdrückt. Das lebenspraktische Ergebnis ist dann eine "organisierte Unverantwortlichkeit".[59]

Schon diese wenigen empirischen Befunde geben einen nachhaltigen Eindruck davon, wie die Strukturbedingungen des organisierten Handelns im Unternehmen eine ethisch relevante Problemstellung aufwerfen. Sie treten den organisatorisch eingebundenen Menschen als **Zumutungen** gegenüber, die zu ungerechtfertigtem

---

58   Vgl. Arendt (Eichmann); in dieselbe Richtung gehen auch die bemerkenswerten Ergebnisse der Milgram-Experimente in Milgram (Autorität).

59   Vgl. Beck (Gegengifte), S. 103 ff., sowie Schünemann (Unternehmenskriminalität), S. 34 f.

Handeln aufrufen können und dabei - dem betriebswirtschaftlichen Selbstverständnis gemäß - auch noch unzulässigerweise gegen ethische Reflektionen geschützt sind. Diese Zumutungen bilden den konkreten Ansatzpunkt für eine ethische Sensibilisierung von Organisationen. Wie später noch zu zeigen sein wird, geht es darum, sie nicht schlicht unhinterfragt hinnehmen zu müssen, sondern nötigenfalls in kritischer Absicht zur Sprache bringen und verändern zu können.

b) Barrieren der Organisationskultur

Die übrigen vier von Waters identifizierten Barrieren gehören nicht dem Bereich der Organisationsstruktur, sondern der **Organisationskultur** an. Die betriebswirtschaftliche Diskussion dieses Phänomens ist bis heute von einer eindeutigen ökonomischen Zielsetzung geprägt: Manager sollen herausfinden, welche kulturelle Identität (in Form gemeinsamer Wertvorstellungen der Organisationsmitglieder) den vermeintlich höchsten ökonomischen Vorteil mit sich bringt.[60] Solche gemeinsam geteilten Wertvorstellungen wären dann durch ein geschicktes "Kulturmanagement" herbeizuführen, die Organisationsmitglieder also auf erfolgsrelevante Orientierungen im Sinne eines "Wertedrills" einzuschwören.[61]

Im Unterschied zu Organistionsstrukturen dringen organisationskulturelle Regelungen also nicht bis zu genau spezifizierten aufgabenbezogenen Stellenbeschreibungen (Rollen) vor, sondern bleiben auf einer höheren Abstraktionsebene stehen in der Erwar-

---

60 Vgl. in diesem Sinne die Arbeiten von Peters/Waterman (Search), Deal/Kennedy (Cultures), Pascale/Athos (Management), Ouchi (Theory Z).

61 Vgl. dazu kritisch etwa Schreyögg (Mythen).

tung, daß die gemeinsamen Wertorientierungen die Mitarbeiter dazu veranlassen, im Einzelfall selbst richtig zu entscheiden, was die Situation erfordert und zugleich im Interesse des durch die Organisationskultur definierten Ganzen liegt.

Einer ethischen Orientierung des Handelns in Unternehmungen stehen also neben den strukturellen Hindernissen auch unternehmenskulturbedingte Barrieren entgegen. Waters hat hier - ohne selbst auf die Organisationskultur Bezug zu nehmen - vier Barrieren identifiziert:[62]

(1) strenge Verhaltenserwartungen, die an Rollen in Organisationen herangetragen werden ("strong role models");

(2) eine hohe Gruppenkohäsion ("task group cohesiveness");

(3) unklare Prioritäten ("ambiguity about priorities"); und

(4) Abschottung gegen Interventionen von außen durch eine zurückhaltende Öffentlichkeitsarbeit ("protection from outside intervention").

(**Zu 1**): Die prägende Kraft organisationskultureller Normen und Werte kommt besonders deutlich bei der Eingliederung neuer Mitarbeiter zum Ausdruck,[63] wie es bei unserem ersten Beispiel

---

62 Vgl. Waters (Catch 20.5), S. 3 ff.; vgl. zum folgenden auch Oppenrieder (Implementationsprobleme), S. 37 ff.

63 Vgl. Waters (Catch 20.5), S. 6.

bereits sinnfällig wurde.[64] Die herrschenden **Sozialisations-bedingungen** werden dabei häufig durch einige exponierte oder dominante Personen verkörpert, insbesondere den Vorgesetzten, der einen Neuling in die Usancen des jeweiligen Organisations-lebens einführt. Eine Übernahme dieser herrschenden Handlungs-orientierungen ist für neue Organistionsmitglieder meistens unaus-weichlich, wollen sie sich nicht ins soziale Abseits stellen oder berufliche Sanktionen in Kauf nehmen. Auf diese Weise werden dann gerade auch jene Normen und Wertvorstellungen aufgebaut und weiter eingeübt, die als unethisch oder sogar illegal bezeichnet werden müssen. Diesen von Waters beschriebenen Sozialisations-prozeß bestätigen sinngemäß auch Untersuchungen von Baumhart und Brenner/Molander, wo auf die Frage, welche Faktoren unethische Handlungen begünstigen, insbesondere die spezifischen Erwartungshaltungen von Vorgesetzten genannt wurden.[65]

Diese negative Sozialisationswirkung durch Anpassung an die-jenigen Personen, von denen man als Untergebener abhängig ist, wird in großen Organisationen oft noch überlagert durch bedenk-liche normative Kräfte der **gesamten** Organisationskultur. Die allgemeinen Wirkungszusammenhänge der beruflichen Soziali-sation in Organisationen sind dabei hinreichend bekannt und werden seit langem diskutiert.[66] In unserem Zusammenhang kommt es nur darauf an zu sehen, daß dieses erzwungene Einschleifen bestimmter Praktiken im Berufsleben gerade auch unter ethischen Gesichtspunkten problematisch ist. Besonders bemerkenswert dürfte dabei die Erfahrung sein, daß über die Organisationskultur häufig solche berufsspezifischen Normen und

---

64   Vgl. oben S. 17 ff.

65   Vgl. Baumhart (Businessmen), S. 156, sowie Brenner/Molander (Ethics), S. 66.

66   Vgl. etwa Presthus (Organisation), S. 177 ff., oder Bosetzky/Heinrich (Organisation).

Werthaltungen aufgebaut werden, die zu den im Privatleben gültigen Maßstäben der betroffenen Personen in geradezu diametralem Gegensatz stehen.[67] Organisationen lösen insoweit gewissermaßen "kollektive Neutralisierungseffekte" aus, durch die bei den einzelnen Mitgliedern moralische Hemmschwellen abgebaut werden, die eine gleichartige Handlung im Privatleben oftmals verhindert hätten.[68]

(Zu 2): Über solche negativen Sozialisationswirkungen hinaus entfalten sich insbesondere in stark **kohäsiven Arbeitsgruppen** weitere spezifische Dysfunktionen.[69] Ein strenger Zusammenhalt innerhalb einer Gruppe führt nämlich regelmäßig dazu, daß die organisationsweiten Beziehungen zwischen Gruppen deutlich geschwächt werden. Im Mittelpunkt stehen dabei Kooperations- und Kommunikationsdefizite, die sich aus den vielfach sogar tradierten Rivalitäten, Feindschaften oder Kontaktschwierigkeiten zwischen den einzelnen Arbeitsgruppen ergeben. Dadurch werden einerseits die eingeschliffenen Praktiken in bestimmten Gruppen verfestigt und gegen moralische Einwände jeglicher Art (von außen oder von innen) immunisiert; andererseits werden angesichts der antizipierbaren Dialogschwierigkeiten mit anderen Gruppen die erkannten Probleme vielfach ohnehin erst gar nicht zur Sprache gebracht. Eine ausgeprägte Gruppenkohäsion ("Wagenburgmentalität") stellt deshalb eine nur schwer aufzubrechende Barriere für die Beseitigung unethischer Handlungsorientierungen dar.

(Zu 3): Eine besondere Quelle unethischer Handlungsweisen stellt das Problem vieler Manager dar, bei Entscheidungen regelmäßig auf **widersprüchliche Kriterien** Rücksicht nehmen zu müssen.[70]

---

67   Vgl. Pestalozzi (Zukunft), S. 68 ff.
68   Vgl. Schünemann (Unternehmenskriminalität), S. 22.
69   Vgl. Waters (Catch 20.5), S. 7 f.
70   Vgl. ebd., S. 8 f.

Über die Prioritätenregelung in solchen Situationen wird der Entscheidungsträger offiziell meistens im Zwielicht gelassen; unter der Hand wird jedoch erwartet, daß er sich auf die ökonomisch-quantitativen Ziele der Organisation verpflichtet. Quantitative Leistungsvorgaben, wie z.B. die Aufforderung zur Umsatzausweitung, lassen dabei die weniger präzise gehaltenen ethischen Handlungsanforderungen, wie sie z.B. in Führungsgrundsätzen fixiert sind, deutlich in den Hintergrund treten. Eine Orientierung an ethischen Prinzipien ist so gesehen zwar durchaus erwünscht, darf aber die ökonomischen Zielsetzungen nicht gefährden: "Do this, but make sure that doing it doesn't keep you from meeting your profit objectives".[71] Genau dieses Problem verbirgt sich auch hinter dem Titel der Untersuchung von Waters: Die Firma General Electric hatte eine klare Antitrust-Direktive unter dem Titel "Policy 20.5." ausgegeben. Allerdings mußte exakt diese Direktive umgangen werden, um die gesteckten Erfolgsziele zu erreichen. Die herrschende Unternehmensmoral stellt sich dann als ein relativ aussichtsloser Versuch dar, der Regel 20.5. gerecht zu werden - "Catch 20.5." wurde zum zentralen unternehmensethischen Problem.[72]

(Zu 4): Eine mittlerweile besonders bedeutsam gewordene organisatorische Blockade, die als Ausdruck einer generellen kulturellen Grundhaltung von Unternehmungen verstanden werden kann, identifizierte Waters in Form der außerordentlich **zurückhaltenden Informationspolitik** vieler Unternehmen.[73]

Kritische und damit ethisch relevante Informationen werden nicht nur nach innen, sondern auch nach außen nur ungern weiterge-

---

71   Ebd., S. 9.
72   Vgl. ebd., S. 8 f.
73   Vgl. ebd., S. 11 f.

geben, so daß eine kritische Beurteilung bestimmter Tatbestände weder in Gang kommen noch an irgendwelchen inhaltlichen Problemen festgemacht werden kann. Diese Abschirmung gegen ethische Interventionen durch Mitarbeiter oder die Öffentlichkeit macht die moralische Dimension der Unternehmensführung zu einer geheimnisvollen Angelegenheit, um die sich außer einigen Insidern tunlichst niemand kümmern sollte. Diese wenigen Insider sind jedoch einerseits überfordert, die ethisch relevanten Wirkungen des unternehmerischen Handelns richtig und umfassend einzuschätzen; andererseits verhindern sie aber auch die dringend notwendigen allgemeinen Lernprozesse über unternehmensethische Fragestellungen im Rahmen einer Aus- und Weiterbildung aller Mitarbeiter.

Neben diesen Hinweisen von Waters auf spezifische Aspekte der Organisationskultur, die als ethische Barrieren fungieren, sollte nicht übersehen werden, daß es in der Psychologie schon eine lange Tradition der **Organisationsklimaforschung** gibt.[74] In dieser Forschung wird versucht, ein generelles Bild darüber zu zeichnen, wie Mitarbeiter die formellen und informellen Regelungen in ihrer Unternehmung wahrnehmen. In dieser Tradition steht eine wichtige Untersuchung von Victor und Cullen.[75] Sie fanden bei ihren empirischen Untersuchungen in vier Firmen verschiedener Branchen (Druck, Telefon, Bank, Produktion) durch Befragung von 1.183 Mitarbeitern fünf voneinander unterscheidbare **"Klimatypen"** heraus. Nach der jeweils vorherrschen Orientierung der Mitglieder in den untersuchten Arbeitsgruppen wurden diese Typen bezeichnet als:[76]

---

74   Vgl. zum Überblick etwa Conrad/Sydow (Organisationsklima).
75   Vgl. Victor/Cullen (Work Climates).
76   Vgl. ebd., S. 111 ff.

(1) **fürsorglich** (caring type: "The most important concern here is the good of all the people in the company");

(2) **gesetzesorientiert** (law and code: "In this company, the first consideration is whether a decision violates any law");

(3) **vorschriftsbeachtend** (rule type: "It is very important to follow strictly the company procedures here");

(4) **instrumentell** (instrumental: "People are expected to do anything to further the company's interests, regardless of the consequences");

(5) **unabhängig** (independence type: "In this company, people are expected to follow their own personal moral and ethical beliefs").

Aus den zitierten Statements, die exemplarisch einen Indikator für das jeweils herrschende Arbeitsklima abgeben sollen, ließe sich recht gut die Distanz der vorherrschenden Orientierungen von einem als ethisch zu bezeichnenden Arbeitsklima erkennen. Solche Distanzen genauerhin zu diagnostizieren und damit ethische Defizite des vorherrschenden Arbeitsklimas in den Organisationen aufzuzeigen, muß vorläufig allerdings noch weiteren Forschungsarbeiten überlassen bleiben. Victor und Cullen betrachteten ihre Ausführungen nur als eine empirisch-analytische Bestandsaufnahme, ohne einen Präferenzmaßstab anzulegen, anhand dessen die Vorzugswürdigkeit des einen oder anderen Klimatyps in ethischer Hinsicht zu bestimmen wäre.

Zusammengenommen weisen diese beiden empirischen Untersuchungen darauf hin, daß auch die aufgabenunspezifischen

kulturellen Wertorientierungen, die in einem Unternehmen formal institutionalisiert oder schlicht informal gelebt werden, eine gewichtige Barriere für ethisches Handeln darstellen können. Auch auf diese Einsicht ist später im Zusammenhang mit der Frage der ethischen Sensibilisierung von Organisationen noch einmal zurückzukommen.

3. Zur Moral von Managern

a) Die Verbreitung opportunistischer Grundorientierungen

Neben organisationsbedingten Restriktionen können - wie schon erwähnt - Erklärungen für unethisches Handeln in Unternehmungen auch an persönlichen Werthaltungen von Führungskräften festgemacht werden, und hier insbesondere an den Grundhaltungen von Managern der höheren und höchsten Führungsebenen, die die Richtung der Unternehmenspolitik bestimmen und deren Verhalten für die übrigen Organisationsmitglieder häufig Vorbildcharakter hat. An dieser Stelle setzen regelmäßig auch empirische Untersuchungen an. Bei allen methodischen Vorbehalten, die man der einen oder anderen Untersuchung gegenüber machen muß,[77] ist das Bild, das sie von den ethischen Standards der Führungskräfte vermitteln, im großen und ganzen eher negativ. Die moralischen Standards der Führungskräfte, so wie sie sich der grundsätzlichen Tendenz nach aus diesen Erhebungen rekonstruieren lassen, weisen

---

77 Solche Vorbehalte an den nachfolgend referierten quantitativen Untersuchungen haben neuerdings auch Ulrich/Thielemann (Manager) geäußert. Vgl. dazu weiter unten S. 52 ff.

eher auf eine allmähliche Erosion ethischer Standards denn auf ihre Verbesserung hin.

Als eine wegbereitende Untersuchung gilt die Studie des Jesuiten- paters Raimond Baumhart aus dem Jahre 1961,[78] die von Brenner und Molander 1977 repliziert[79] und teilweise nochmals von Becker und Fritzsche 1987 wiederholt wurde.[80] Die Ergebnisse dieser Befragungen lassen im Zeitablauf zwar auf keine dramatischen Veränderungen im Sinne eines moralischen Verfalls des Geschäfts- lebens schließen, bezeugen aber doch relativ hartnäckig eine Viel- zahl bedenklicher Grundorientierungen. Nach Becker und Fritzsche sind in diesem Zusammenhang insbesondere moralische Diffe- renzen zwischen verschiedenen Kulturkreisen relevant.[81] Speziell die Vereinigten Staaten scheinen dabei ein Kulturkreis zu sein, in dem unethische Geschäftspraktiken zwar gängig, wenngleich auch nicht die Regel sind. So erntete beispielsweise Baumhart auf seine Frage an Manager, ob ihr Unternehmen unlautere Geschäftsprak- tiken anwende, zwar in 59 % der Fälle als Antwort: "Ja, einige"; er sah im Hinblick auf seine Forschungsfrage "How ethical are businessmen?" aber dennoch Grund für optimistische Zukunfts- prognosen.[82] Dies schien sich in der Replik von Brenner und Molander zu bestätigen, wo nur noch 49 % der befragten Manager angaben, daß "einige" unlautere Praktiken in ihrem Unternehmen angewandt werden.[83]

In der Nachfolgestudie von Becker und Fritzsche wurde dann allerdings darauf hingewiesen, daß eine Abnahme unlauterer

---

78   Vgl. Baumhart (Businessmen).
79   Vgl. Brenner/Molander (Ethics).
80   Vgl. Becker/Fritzsche (Attitudes).
81   Vgl. ebd., S. 292.
82   Vgl. Baumhart (Businessmen), S. 160.
83   Vgl. Brenner/Molander (Ethics), S. 61.

Geschäftspraktiken möglicherweise etwas mit der Einführung von handlungsregulierenden Kodizes zu tun haben könnte; gleichwohl wurden aber keine signifikanten Verbesserungen in den moralischen Orientierungen von Führungskräften gegenüber Baumhart und Brenner/Molander ersichtlich.[84] Im Endeffekt scheinen diese Ergebnisse darauf hinzudeuten, daß sich weniger die moralischen Einstellungen der Manager selbst zum Guten hingewendet haben, sondern vielmehr gewisse Verbesserungen der institutionellen Rahmenbedingungen (in Form von Unternehmens- oder Branchenkodizes) vorgenommen wurden, die nicht ohne positive Auswirkung auf die persönliche Entscheidungspraxis von Führungskräften geblieben sind. Sie halten offensichtlich jene Manager von unlauteren Geschäftspraktiken ab, die sich ohne die wettbewerbsneutralisierende Wirkung von Kodizes dem ökonomischen Entscheidungsdruck gebeugt und dabei zu unlauteren Mitteln gegriffen hätten.

Auf vergleichbare Erhebungen über moralische Orientierungen und Konflikte von Managern kann im deutschsprachigen Raum erst seit kurzem zurückgegriffen werden.[85] Zwar hat man in Studien zur empirischen Entscheidungsforschung auch die Werthaltungen von Führungskräften erhoben; dabei hatte man jedoch nicht ihre ethische Qualität im Auge sondern wollte eher die Konsequenzen verschiedener Werthaltungen für betriebswirtschaftliche Entscheidungen aufzeigen.[86]

Erst im Jahre 1986 wurde eine Studie von Kaufmann, Kerber und Zulehner über "Ethos und Religion bei Führungskräften" im Raum

---

84   Vgl. Becker/Fritzsche (Attitudes), S. 292.

85   Vgl. neuerdings aber P. Ulrich (Ethik); Untersuchungen ohne expliziten Bezug zur Wirtschafts- und Unternehmensethik lieferten etwa Gabele/Kirsch/Treffert (Werte) oder H. Ulrich/Probst (Werthaltungen).

86   Vgl. etwa den aktuellen Überblick bei Silberer (Werteforschung).

München und Nürnberg publiziert, die eine empirische Bestandsaufnahme erstmals dezidiert mit ethischen Ansprüchen in Verbindung brachte.[87] Auf der Basis von 42 qualitativen Intensivinter-
views wurde ein Fragebogen entworfen, mit dessen Hilfe 530
Führungskräfte in einer Repräsentativerhebung nach ihren religiösen und moralischen Einstellungen befragt wurden. Die Befunde
lassen sich im Kern zu der Aussage verdichten, daß die aktuelle
Geschäftsmoral - vor allem bei jüngeren Führungskräften - durch
eine deutlich "opportunistische Grundeinstellung" geprägt wird,
während positive ethische Orientierungen nur recht wenig ange-
troffen werden.[88] Die Autoren interpretieren ihre Feststellung eines
zunehmenden Opportunismus überdies im Sinne eines ausdrück-
lichen Verzichts auf ethische Anstrengungen seitens der Führungskräfte.

Zum Ausdruck kommt dieses opportunistische Orientierungsmuster
in vier thematischen Bausteinen, die allesamt verdeutlichen, daß bei
den befragten Managern die ethisch bedeutsame Orientierung an
gemeinsam geteilten Normen zugunsten egoistischer Präferenzen
völlig in den Hintergrund rückt:[89]

(1) Kennzeichnend ist für den Opportunisten typischerweise eine
deutliche "Ich-Zentrierung", die Leitsprüchen folgt wie: "Es
schenkt einem keiner etwas, jeder ist sich selbst der Nächste."
Oder: "Mein Nutzen - dein Nutzen: eine Hand wäscht die andere."

(2) Gesucht wird darüber hinaus der Erfolg um jeden Preis. Das
Motto lautet in diesem Zusammenhang insbesondere: "Man muß
fünf gerade sein lassen, wenn man vorankommen will." - "Um ein

---

87   Vgl. Kaufmann/Kerber/Zulehner (Ethos) und den kurzen Überblick in
      Kerber (Ethos).
88   Vgl. Kaufmann/Kerber/Zulehner (Ethos), S. 257 ff.
89   Vgl. ebd., S. 281.

höheres Ziel zu erreichen, läßt sich manchmal Unrecht nicht umgehen."

(3) Der Opportunist ist ferner nachhaltig durch einen materiell-hedonistischen Grundzug gekennzeichnet. Zu einem erfolgreichen Leben gehört - vor allem nach der Auffassung jüngerer Führungskräfte - Freizeit und materieller Wohlstand nach dem Grundsatz: "Man muß sich das Leben so angenehm wie möglich machen."

(4) Mit diesem egozentrischen Lebenswandel korrespondiert die Ansicht des Opportunisten, daß Moral reine Gefühlssache sei. Das "Ich" steht im Mittelpunkt, und so liegt es auch nahe, dieses Ich zur alleinigen Instanz für Gut und Böse zu machen. Folglich gibt es für den Opportunisten keine allgemein gültigen Maßstäbe, Verantwortung trägt er nur vor sich selbst. Anders formuliert: Ethik wird von vielen befragten Führungskräften als ein subjektives, privates, monologisches Problem begriffen. Verantwortung heißt nicht mehr - wie das Wort "Ver-Antworten" meint - Antwort geben, Antworten gegenüber anderen, die Rechenschaft fordern, sondern sie wird als ein **persönliches Gewissensproblem** begriffen, das jeder mit sich selber abmachen muß.

Aus der Tatsache, daß diese opportunistische Grundeinstellung tendenziell eher bei jüngeren Führungskräften anzutreffen ist, schließen die Verfasser der Studie: "Was im Kommen ist, ist die stärkere Ich-Zentrierung und innerhalb dieser Ich-Zentrierung noch einmal eine eingeengte Aufmerksamkeit auf Erfolg, Güter und Genuß. Zumindest bei der gesellschaftlichen Elite entpuppt sich somit der vielgepriesene Wertewandel eher als ein geschickt verschleierter Egotrip."[90]

---

90   Ebd., S. 283.

Bindungsloser Egoismus - wenn diese Situationsdiagnose eine zutreffende Beschreibung moralischer Einstellungen der Führungskräfte von heute und morgen abgeben sollte, wäre es um eine Ethik in der Unternehmenspraxis natürlich schlecht bestellt. Und in der Tat ergeben amerikanische Untersuchungen über Studenten der Betriebswirtschaftslehre tendenziell eher eine Bestätigung der referierten Befunde von Kaufmann, Kerber und Zulehner.[91] Unter den befragten Studenten bestand ein eher noch größerer Hang zu Individualismus und Egoismus als unter Führungskräften in der Unternehmenspraxis.[92] Dies belegen u.a. auch Wood et al., die neben 205 Studenten auch 2.267 Praktiker in einer gleichlautenden Fragenserie mit ethisch problematischen Entscheidungssituationen konfrontierten.[93] Sie stellten dabei fest, daß im Gegensatz zum "idealistischen" Studenten der 60er Jahre heute im Endeffekt der "egoistische" Student, der reine Karrierist, den Campus beherrscht: In 7 von 16 Situationen waren die Studenten signifikant bereitwilliger, sich auf fragwürdige Aktivitäten einzulassen, als die Manager aus der Praxis; nur in einer Entscheidungssituation waren es die Geschäftsleute, die deutlich eher bereit waren, ein unmoralisches Handeln in Kauf zu nehmen.[94]

Auf der anderen Seite gibt es jedoch auch Erhebungen, die den zukünftigen Managern beträchtliche ethische Sensibilität zugestehen, insbesondere dem weiblichen Nachwuchs. So wurden z.B. in einer Untersuchung von Jones und Gautschi 455 MBA-Studenten von 12 verschiedenen US-Hochschulen mit acht

---

91 Einen systematischen Überblick über US-amerikanische Untersuchungen zur Entwicklung moralischer Urteilskraft von Wirtschaftsstudenten geben Löhr/Kilian (Urteilskraft).

92 Vgl. etwa Zinkhan/Bisesi/Saxton (Attitudes).

93 Vgl. Wood/Longenecker/McKinney/Moore (Attitudes).

94 Vgl. ebd., S. 252; ähnlich neuerdings Kraft/Singhapakdi (Social Responsibility), S. 682 f.

ethischen Problemsituationen konfrontiert, die es zu beurteilen galt.[95] Die Ergebnisse stimmten die Autoren optimistisch; insbesondere weisen sie darauf hin, daß sie auf die Bereitschaft zu unabhängigem Denken und Urteilen gestoßen waren, daß die Studenten ferner bereit waren, fragwürdige Vorbilder abzulehnen, und daß sie dem Gemeinwohl eine hohe Bedeutung für ihr späteres Handeln beimaßen.[96]

Nimmt man nun alle diese empirischen Befunde zusammen, so ergibt sich gleichwohl doch ein eher pessimistisches Gesamtbild über die moralische Qualifikation der befragten Manager. Eingelagert in die Hauptströmung einer opportunistischen Grundorientierung findet sich zwar hin und wieder ein gewisses Bewußtsein für die ethische Konfliktträchtigkeit des eigenen Handelns; dieses vermag sich jedoch im harten Führungsalltag offenbar regelmäßig kaum durchzusetzen.

b) Typische unternehmensethische Bewußtseinslagen von Managern

Die vorstehenden empirischen Befunde zur Opportunismusthese wurden von Ulrich und Thielemann u.a. mit dem Einwand kritisiert, daß die Forscher über die moralischen Wertvorstellungen von Führungskräften einfach anhand ihrer eigenen Wertmaßstäbe geurteilt hätten. Über zustimmende oder ablehnende Äußerungen zu Statements wie "Whatever is good business is good ethics!" im Rahmen standardisierter Fragebögen seien aus der Sicht der außenstehenden Forscher ethische Werturteile gefällt worden, ohne die Begründungsversuche näher zu kennen, die die befragten Manager

---

95   Vgl. Jones/Gautschi (Future Executives).
96   Vgl. ebd., S. 245.

zu der jeweiligen Äußerung motivierten. Die Zustimmung zu dem erwähnten Statement sei ja nicht per se unethisch, sondern könne sich auch einer wohlüberlegten Begründung verdanken, etwa unter Hinweis auf die spezifischen Funktionsbedingungen des marktwirtschaftlichen Wettbewerbsystems, das dem Manager keinen eigenständigen moralischen Handlungsspielraum zukommen lasse.

Aus methodologischer Sicht müsse von daher ein anderer Weg beschritten werden: entsprechend dem Konzept qualitativer Sozialforschung wären zunächst die differenzierten Motivationslagen für das jeweilige Urteil zu rekonstruieren und von den Forschern zu "verstehen". Es gelte, die Befragten von vorneherein ernst zu nehmen und ihnen **Gutwilligkeit** im Bemühen um eine Rechtfertigung ihres Tuns zuzugestehen, nicht jedoch vorschnell eine moralische Verurteilung vorzunehmen. Im Interview mit den Führungskräften mögen sich dann die vermeintlichen Opportunisten als Personen herausstellen, die keineswegs wider besseres Wissen handeln, sondern von ihrer Position durchaus moralisch überzeugt sind. Im Wissen um diese Bewußtseinslagen könne man dann nötigenfalls aufklärerische moralpädagogische Bemühungen in Gang setzen. Diese wohlmeinende Anknüpfung an die moralischen Vororientierungen von Führungskräften erhöhen dann die Chancen einer ethischen Sensibilisierung - Chancen, die man vergeben würde, wenn man die Führungskräfte lediglich mit moralischen Vorhalten konfrontiert und so eher ihren Widerstand provoziert.

Um diese methodologische Grundeinsicht in ein konkretes Forschungsprogramm zu übersetzen, entwickeln die Autoren theoretisch eine Reihe möglicher unternehmensethischer Orientierungsmuster von Führungskräften, die sich nach zwei Dimensionen in ein Vier-Felder-Schema einordnen lassen.[97]

---

97   Vgl. P. Ulrich/Thielemann (Ethik), S. 24 ff.

(1)   Bei der **ersten** Dimension geht es um die **Wahrnehmung der Wirtschaftsprozesse** durch die Führungskraft. Sie kann einerseits davon ausgehen, daß das wirtschaftliche Geschehen im wesentlichen seiner eigenen Sachlogik folgt, also von einem überpersönlich wirkenden anonymen Marktmechanismus geprägt wird. Dem einzelnen Entscheidungsträger bleibt dann nur die Anpassung an die Wettbewerbsbedingungen des Marktes (**"Systemorientierung"**). Auf der anderen Seite kann man die Wirtschaft aber auch als einen Bereich wie jeden anderen Teil der Lebenswelt ansehen, so daß von der Existenz ökonomisch eigensinniger Sachzwänge abgesehen werden kann. Es stellt sich dann kein besonderes unternehmensethisches Problem, denn Ethik hat in der Wirtschaft genau den selben Stellenwert wie in der Kultur ganz allgemein (**"Kulturorientierung"**).[98]

(2)   Bei der **zweiten** Dimension geht es um das Problembewußtsein im Verhältnis von Ethik und unternehmerischem Erfolgsstreben. Entweder wird davon ausgegangen, daß zwischen unternehmerischem Erfolgsstreben und ethischen Gesichtspunkten im Regelfall (aber nicht unbedingt in jedem einzelnen Fall) Harmonie besteht (**"Harmonieorientierung"**) - oder aber die Führungskraft geht davon aus, daß Ethik und Erfolgsstreben normalerweise in Widerspruch zueinander stehen (**"Konfliktorientierung"**).

Aus der Kombination beider Dimensionen ergeben sich dann die folgenden vier Grundtypen unternehmensethischen Verantwortungsbewußtseins (vgl. Abb. 2).

---

98   Diese Unterscheidung zwischen System- und Kulturorientierung ließe sich auch mit der Unterscheidung von System und Lebenswelt nach Habermas (Theorie) begründen, wobei es darauf ankäme, in welchem Bereich man - als Führungskraft - die Wirtschaft verortet sieht.

	Systemorientierte 43%	Kulturorientierte 57%
Harmonisten 88%	Ökonomisten 33%	Konventionalisten 55%
Konfliktbewusste 12%	Reformer 10%	Idealisten 2%

Abb. 2: Grundtypen unternehmensethischer Verantwortung nach P. Ulrich / Thielemann

In einer empirischen Untersuchung wurden schließlich 60 schweizerische Führungskräfte interviewt und den vier Grundtypen entsprechend der vorherrschenden Rechtfertigungsstrategie wie folgt zugeordnet:

1. Der **Ökonomist** (33 %) argumentiert, daß ethische Orientierungen letztlich nur über den Markt (Konsumenten) oder die Rahmenordnung an das Unternehmen herangetragen werden können. Er hält sich deshalb von eigenständigen ethischen Erwägungen für entlastet, vertraut aber gleichzeitig darauf, daß ethisch richtiges Handeln über den Konkurrenzmechanismus verbürgt werden kann (immanente systemische Harmonie: Moral des Marktes).

2. Für den **Konventionalisten** (55 %) entsprechen ethische Orientierungen den traditionellen "guten Sitten", an die man sich tunlich auch im Wirtschaftsleben halten sollte, ohne daß noch besondere Anstrengungen ethischer Art unternommen werden müßten (immanente kulturelle Harmonie: überlieferte Moral und Sitte).

3. Der **Idealist** (20 %) ist demgegenüber gerade von der Notwendigkeit besonderer ethischer Bemühungen überzeugt. Unternehmerisches Erfolgsstreben und Ethik könnten nur durch persönliches Engagement für einen allgemeinen gesellschaftlichen Bewußtseinswandel miteinander in Einklang gebracht werden, weniger durch eine Veränderung des Wirtschaftssystems (kulturell harmonisierbarer Konflikt: persönliche Herausforderung).

4. Der **Reformer** (10 %) befürchtet dagegen im persönlichen Engagement eine Überforderung des Einzelnen und setzt deswegen an der Veränderung, Weiterentwicklung oder Revision der unternehmerischen Rahmenbedingungen an; dies jedenfalls insoweit, wie die vorgefundenen Handlungsspielräume ein verantwortungsbewußtes Handeln nicht zulassen (institutionell harmonisierbarer Konflikt: ordnungspolitische Herausforderung).

Sollten die Rekonstruktionen der Forscher zutreffend sein,[99] geben die Ergebnisse dieser Untersuchung natürlich einen interessanten Einblick in die empirische Verteilung der Vorstellungen von Führungskräften über das Verhältnis von Erfolg und Ethik in der Wirtschaft. Von diesen Vorstellungen wird allerdings nach Voraussetzung (bis zum empirischen Beweis des Gegenteils) auch unterstellt, daß sie tatsächlich handlungsleitend sind; es besteht - so die Annahme der "Gutwilligkeit" - zunächst also kein Grund, von Opportunismus, Zynismus, unwahrhaftigen Äußerungen der Befragten, etc. auszugehen. Gründe für unethisches Handeln

---

99   Im Rahmen sozialwissenschaftlicher Erhebungen ist ja bekanntlich nach Giddens (Soziologie) immer das Problem der "doppelten Hermeneutik" zu beachten: Es sind einerseits die Forscher, die die Aussagen von Befragten im Lichte von Theorien interpretieren, andererseits aber vorgängig bereits schon die Befragten selbst, die sich eine Interpretation der sozialen Wirklichkeit zurechtgelegt haben.

können unter dieser Voraussetzung dann aber immer nur darin liegen, daß die konzeptionellen Vorstellungen der Befragten über ihre Rolle am Wirtschaftsprozeß falsch - oder zumindest unzweckmäßig - sind und insoweit ein Aufklärungsbedarf besteht.[100] Die Untersuchung von Ulrich/Thielemann öffnet damit den Blick auf einen weiteren potentiellen Grund für unethisches Handeln in Unternehmungen, nämlich ein defizitäres unternehmensethisches Konzeptbewußtsein.

Es bleibt allerdings zu beachten - worauf die Autoren auch selber hinweisen[101] - daß die methodische Voraussetzung dieser empirischen Untersuchung im konkreten Einzelfall auch falsch sein kann, nämlich dann, wenn der Befragte doch ein Opportunist oder Zyniker ist. Genau zu diesem Ergebnis kommen ja gerade die von Ulrich/Thielemann kritisierten Untersuchungen ziemlich einhellig. Das eigentliche Problem bleibt also weiterhin offen: Wenn Opportunismus und/oder Zynismus in einer Population **empirisch** in großem Umfang verbreitet sein sollten, müßte man auch damit rechnen, daß die befragten Manager bloß ein bestimmtes unternehmensethisches Konzeptbewußtsein aus ihrem Gedächtnis hervorgeholt hätten (etwa über die disziplinierende Rolle des Marktes, die jedem Wirtschaftsstudenten beigebracht wird). Typisiert würde von den Forschern dann aber in mehr oder weniger großem Ausmaß nur ein bestimmtes Wissen in Form floskelhafter Äußerungen, ohne daß dieses in den täglichen Entscheidungen der Manager tatsächlich handlungsleitend wäre. Streng genommen wären die empirischen Ergebnisse der Untersuchung von Ulrich/Thielemann dann allerdings praktisch irrelevant.

---

100 Vgl. Ulrich/Thielemann (Ethik),S. 172.
101 Vgl. Ulrich/Thielemann (Manager), S. 2.

Pointiert formuliert kann man deshalb im Vergleich der bisherigen empirischen Untersuchungen über die Wertvorstellungen von Führungskräften als Quelle unethischen Handelns feststellen: Je nach angewendeter Untersuchungsmethode kann man sich über die "wahren" Motive der Befragten täuschen. Bei vielen der durchgeführten quantitativen Untersuchungen liegt eine vorschnelle moralische Verurteilung der Führungskräfte nahe; beim qualitativen oder interpretativen Vorgehen besteht dagegen die Gefahr, daß man sich über die tatsächliche moralische Motivation der Befragten Illusionen macht und die (notwendige) **methodische** Voraussetzung der Wahrhaftigkeit der Befragten **empirisch** nicht triftig ist.

c) Typische Handlungsweisen von Managern

Vor diesem Hintergrund mag ein Versuch zur Typisierung von Managern von Nielsen interessieren, der stärker auf die konkreten Handlungsmuster von Managern Bezug nimmt. Nielsen hat den Vorschlag gemacht, unter Bezugnahme auf die Handlungsphilosophie von Hannah Arendt und Paul Tillich vier Idealtypen von Managern mit unterschiedlicher moralischer Ausrichtung des Handelns zu unterscheiden.[102] Dabei stellt er dem positiven Leitbild des Managers als "Organisationsbürger" drei ethisch defizitäre Managertypen gegenüber, die er in allegorischer Anspielung als "Eichmann", "Richard III." und "Faust" bezeichnet.

(1) In ihrer Auseinandersetzung mit dem Nationalsozialismus hat Hannah Arendt bekanntlich am Beispiel von **Eichmann** die Formel von der "Banalität des Bösen" entwickelt.[103] Sie kennzeichnete

---

102   Vgl. Nielsen (Citizen), S. 194 ff.
103   Vgl. Arendt (Eichmann).

Eichmann als einen Durchschnittsbürger, der nur seine auferlegten Pflichten zu erfüllen trachtete, ohne nach deren moralischen Konsequenzen zu fragen. Sein einziges Streben galt der technischen Bewältigung seiner Aufgabenstellung, über deren Berechtigung er sich keinerlei Gedanken machte. Der Eichmann-Typ repräsentiert einen Manager, der die Frage nach der moralischen Qualität seines Handelns überhaupt nicht stellt. Es geht ihm um eine unreflektierte Sachlichkeit, eine technische Effizienz in der Aufgabenerfüllung, bei vollständiger Ausblendung aller Fragen nach der ethischen Qualität seines Tuns. Eichmann als Manager handelt technisch effizient und moralisch gedankenlos.

(2) Im Gegensatz dazu erkennt der zweite Manager-Typ, **"Richard III."**, sehr wohl den Unterschied zwischen Gut und Böse. Er unternimmt jedoch auch bewußt unethische Handlungen, um dadurch für sich persönliche Vorteile zu erlangen. Dementsprechend läßt sich die Grundhaltung dieses Typs auf die Formel von der "kalkulierten Bosheit" bringen; unethische Zumutungen gegen andere entspringen seinem individuellem Vorteilskalkül. Um der eigenen Karriere willen wird z.B. die Sicherheit am Arbeitsplatz oder von Produkten vernachlässigt, damit Kosten gespart werden; dies kann dann als persönlicher Erfolgsausweis gelten und dem Manager besondere Aufstiegschancen verschaffen.

(3) Den dritten moralisch defizitären Managertyp repräsentiert **"Faust"**. Faust wählt verwerfliche Mittel, um Güter zu erreichen, die er für höherwertig einschätzt. Diese Güter waren für Faust das Wissen und die Liebe eines anderen Menschen. Sie wurden von ihm so hoch eingeschätzt, daß er dafür auch den Pakt mit dem Teufel einging. Die moralische Regel lautete für ihn: "Der gute Zweck heiligt die - manchmal auch schlechten - Mittel." Genau in diesem Sinne identifizieren sich Manager häufig so vorbehaltlos mit ihren Aufgaben, daß ihnen die negativen Wirkungen des eigenen Handelns als nebensächlich erscheinen. Wo die vorge-

gebenen Ziele bei Freistellung von Mittelwahlen erreicht werden müssen, wird auf diese Weise die Gefahr unethischen Handelns von Führungskräften nahezu vorprogrammiert.

Der Faust-Typ findet sich in der Wirklichkeit wahrscheinlich häufiger als der Typ "Richard III". In der zitierten deutschen Untersuchung über "Ethos und Religion bei Führungskräften" haben immerhin ein Drittel der Befragten einer Äußerung zugestimmt, die tendenziell die moralische Einstellung des Faust-Managers widerspiegelt, nämlich: "Um ein höheres Ziel zu erreichen, läßt sich manchmal Unrecht nicht umgehen." Demgegenüber stimmten nur 19 % einer Äußerung zu, die sich eher mit dem Managertypus "Richard III" in Verbindung bringen läßt, nämlich: "Man muß fünf gerade sein lassen, wenn man vorankommen will."[104]

(4) Diesen drei defizitären Managerfiguren stellt Nielsen das idealtypische Leitbild eines Managers als **"Organisationsbürger"** gegenüber. Der Organisationsbürger ist nach Nielsen eine Führungskraft, die weder gedankenlos allen Anordnungen nachkommt noch ihre Tätigkeiten alleine von klugen Vorteilskalkülen abhängig macht. Sie hat sich vielmehr eine moralische Urteilsfähigkeit erworben und bringt diese durch eigenes Nachdenken in konkreten Handlungssituationen sowie gegebenenfalls durch kritische Stellungnahmen in Entscheidungsprozessen zur Geltung. Sie zeichnet sich damit auch durch den Mut aus, in Organisationen gegen unethische Zumutungen anzugehen.

Nielsen sieht deutlich, daß eine solche Zivilcourage, ein solcher "Männermut vor Königsthronen", den Einzelnen allerdings sehr schnell überfordern kann, wenn ihm nicht ein entsprechendes

---

104   Vgl. Kaufmann/Kerber/Zulehner (Ethos), S. 325.

organisatorisches "Außengeländer" zur Seite steht. Deshalb fordert er mit Blick auf den einzelnen Organisationsbürger einen gezielten Schutz durch **"Bürgerrechte"** in Organisationen, wozu insbesondere das Recht auf freie Meinungsäußerung und der Schutz vor negativen Sanktionen zählen sollen.[105] Diese Notwendigkeit institutionalisierter Rechte läßt noch einmal erkennen - und hier schließt sich der Kreis - wie sehr der einzelne Organisationsbürger auf die gesamte Organisationskultur eines Unternehmens verwiesen und angewiesen ist.

---

105   Vgl. zu dieser Forderung insbesondere auch Ewing (Freedom).

V. Methodische Weichenstellungen: das kritische Potential der Ethik

1. Identifizierung des Begründungsproblems

Die referierten empirischen Befunde über ethische Defizite im Wirtschaftsleben mögen unterschiedliche Reaktionen auslösen. Diese finden sich denn in der Tat auch in der öffentlichen Diskussion. Die Spannweite der Meinungen reicht von resignativer Kenntnisnahme über Aufforderungen an die Kirchen, ihre moralische Autorität wieder stärker auch in der Wirtschaft zur Geltung zu bringen, bis hin zu Versuchen, den Weg der Vernunft zu gehen und ein methodisch diszipliniertes Nachdenken über die herrschende Moral in Gang zu bringen, also Moralphilosophie zu betreiben.

Um in diesem Meinungsstreit Stellung beziehen zu können, muß zunächst das **Problem**, um das es geht, genauer verortet werden. Die Frage lautet: Lassen sich Normen, die unser Handeln leiten sollen, noch einmal in einem vernünftigen Sinne **begründen**?[106] Sollte das nämlich nicht der Fall sein, so bleibt entweder nur die Möglichkeit, sich mit der Pluralität von Moralen, so wie sie sich herausgebildet hat, abzufinden, oder man muß auf bestimmte Glaubenssätze zurückgreifen; dann wäre eine Ethik darauf angewiesen, daß sich möglichst viele Menschen zu einem spezifischen Glauben an letzte Werte "bekennen", aus denen dann ethische Orientierungen abgeleitet werden.

---

106   Vgl. dazu eingehend neben Mittelstraß (Eule) neuerdings Lueken (Inkommensurabilität), S. 243 ff.

Die heutzutage vielbeschworene "pluralistische Gesellschaft" wäre dann allerdings das letzte Wort in der Sache, die **Toleranz** von unterschiedlichen Lebensformen und Interessen ihr oberstes Prinzip. Ohne diese Toleranz würden Machtkämpfe bis hin zum offenen Bürgerkrieg ausbrechen. Um trotz der Pluralität ein **gemeinsames** Handeln zu ermöglichen, müssen dann jedoch bestimmte Entscheidungsregeln etabliert werden, wie etwa das Mehrheitsprinzip (Abstimmung nach Köpfen) in parlamentarischen Demokratien. Wie eine derartige "Diktatur der Mehrheit" über die Minderheit dann aber einsichtig gemacht werden kann, das muß zwangsläufig offen bleiben, da eine Begründung dafür nicht mehr weiter erbracht werden kann (und muß).

Ob der Pluralismus "vorletzter" Werte nun aber wirklich das letzte Wort in der Sache ist oder ob die Aufgabe nach wie vor sinnvoll bleibt, nach einer Orientierung zu suchen, die es ermöglicht, pluralistische Lebensformen untereinander **verträglich** zu machen und damit die individuelle Freiheit und die gesellschaftliche Einheit zu versöhnen,[107] die Klärung dieser Frage führt ersichtlich auf das Begründungsproblem zurück. Dieses Begründungsproblem ist in Abbildung 3 dargestellt. Es geht letztlich darum, Begründungen für (situationsunabhängige und personenübergreifende) Normen zu finden, die gegenüber jedermann zurecht Gültigkeit beanspruchen können. Solche Normen sind implizite oder explizite **Aufforderungen**, in bestimmten Situationen etwas Bestimmtes zu tun (oder zu unterlassen). Solche Aufforderungen unterscheiden sich von bloßen **Beschreibungen**, die nur wiedergeben, was in der Realität der Fall ist. Die Unterscheidung von **Aufforderungssätzen** und **Beschreibungssätzen** vollzieht so gesehen also die Unterscheidung von "Sollen" und "Sein" nach. Die vorne bereits vorgenom-

---

107 Vgl. dazu Steinmann/Zerfaß (Unternehmertum).

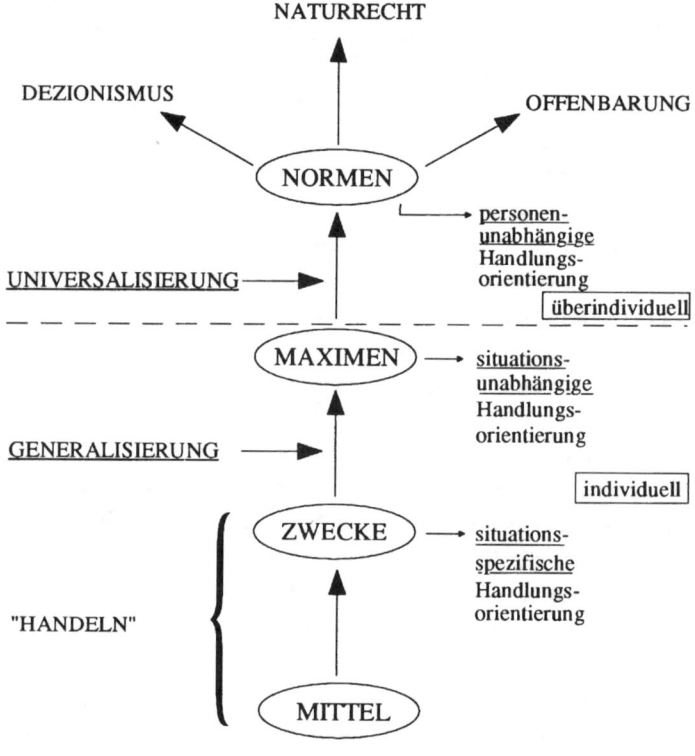

Abb. 3: Das Problem deduktiver Normenbegründung

mene Unterscheidung zwischen Moral und Ethik[108] differenziert dann noch einmal zwischen solchen Aufforderungssätzen, die bloß faktisch in Geltung sind (Moral) und solchen Aufforderungssätzen, die mit dem Anspruch auf **Begründung** verbunden werden, um sie als gerechtfertigt ausweisen zu können (Ethik).

Ersichtlich hängt die weitere Argumentation nun vom Begründungsbegriff ab. Abbildung 2 macht deutlich, daß der Anspruch einer Begründung von Aufforderungssätzen dann uneinlösbar ist, wenn man Begründung **deduktiv** versteht in dem Sinne, daß Untersätze aus Obersätzen logisch abgeleitet werden. Das würde nämlich heißen, daß man - unter der (methodischen) Annahme, daß der Handelnde wirklich zweckrational (und nicht bloß beliebig) vorgeht - die Wahl bestimmter Mittel dadurch begründen müßte, daß man zeigt, daß ihre Wirkungen in der Lage sind, den beabsichtigten Zweck zu erreichen (und die Nebenwirkungen unbeachtlich sind).[109] Bei dieser Begründungsleistung ist der Zweck aber vorausgesetzt worden. Ein Zweck müßte dann durch den nächsten Schritt der **Generalisierung** begründet werden: Man müßte zeigen, daß die gewählten Zwecke mit Maximen übereinstimmen, die man sich für das eigene Leben situationsübergreifend gesetzt hat. Bis zu diesem Punkt würde die Begründungsleistung also **individuellen** Überlegungen überlassen bleiben.

In dem Augenblick jedoch, wo es um die soziale Koordination von Handlungen geht, stellt sich in der Regel (nämlich bei konfligierenden Maximen) die Frage der **Universalisierung** (Verallgemeinerung) von Maximen. Die Frage lautet also: Sollen bzw. können die Maximen **meines** Handelns auch für **andere** Personen gelten,

---

108   Vgl. oben S. 8 ff.
109   Vgl. zu den Problemen dieser Schlußfigur des sog. "Praktischen Syllogismus" Stegmüller (Hauptströmungen), Bd. II, S. 103 ff., insbes. S. 109 ff.

mit denen ich zusammen handeln muß? Offensichtlich hängt diese Universalisierungsleistung und damit die deduktive Begründung von Maximen durch Rückgriff auf Normen davon ab, daß die Normen selber begründet werden können. Lassen sich für Normen als universalisierte Aufforderungssätze keine stichhaltigen Begründungen mehr angeben, so ist es eine Frage der Willkür oder Macht, ob bestimmte Maximen einzelner Personen sich für die Koordination von konfliktträchtigen menschlichen Handlungen durchsetzen lassen oder nicht.

Die Ausschaltung bloßer Beliebigkeit oder Willkür hängt an dieser Stelle dann entscheidend davon ab, **ob man Normen überhaupt begründen** kann. Dies ist aber nun ganz offensichtlich im Rahmen eines deduktiven Begründungsverständnisses nicht möglich: Man müßte ja zur Begründung von Normen auf schon begründete übergeordnete und "un-bedingte" Aufforderungssätze zurückgreifen. Dann stellt sich aber wieder die Frage, wie diese Sätze zu begründen sind, und so fort. Man kommt also zwangsläufig in eine Situation, die sich mit Albert als **"Münchhausen-Trilemma"** charakterisieren läßt.[110] Danach hat man bei deduktiven Begründungsbemühungen nur die Wahl zwischen folgenden drei Alternativen, die allesamt gerade keine hinreichende Begründung darstellen:

1. einem **infiniten Regreß**, der durch die Notwendigkeit gegeben erscheint, bei der Suche nach Gründen immer weiter zurückzugehen;

2. einem **logischen Zirkel**, der dadurch entsteht, daß man im Begründungsverfahren auf Aussagen zurückgreift, die vorher schon als begründungsbedürftig aufgetreten waren; und

---

110 Vgl. Albert (Traktat), S. 11 ff., insbes. S. 13, und ders. (Erkenntnis), insbes. S. 91 ff.

3. einem **Abbruch des Begründungsverfahrens** an einem bestimmten Punkt, der zwar prinzipiell durchgeführt werden könnte, aber eine willkürliche oder dogmatische Suspendierung des eigentlich angestrebten Begründungsprinzips darstellt, weil man ja noch nach einem weiteren Grund für diesen Abbruch fragen könnte.

In diesem Trilemma zeigt sich also das zentrale **Problem**: Auf der Grundlage eines deduktiven Begründungsverständnisses kann es keine methodisch gesicherte Antwort auf die Frage nach der Ethik geben. Als Ausflucht greift man dann häufig auf die in Abbildung 3 angedeuteten Möglichkeiten des Begründungsabbruchs zurück:[111]

- Normen treten durch schlichte **Dezision** (Entscheidung) aus dem Nichts in die Welt;

- Normen verdanken sich religiös motivierten Einsichten, die auf einem **Offenbarungsakt** beruhen (Glaubensgewißheit);

- oberste Normen sind der **Natur** des Menschen inhärent und lassen sich als natürliche Rechte identifizieren (Naturrecht).

Man kann diese Rückgriffe auf das Naturrecht, die Offenbarung oder die Entscheidung also allesamt als Versuche interpretieren, innerhalb deduktiver Begründungszusammenhänge einen "sicheren" Halt zu finden, bei dem man dann doch mit der Ableitung von Normen beginnen kann. Unsere These ist jedoch (in Übereinstimmung mit Albert), daß keine dieser drei Möglichkeiten geeignet ist, das Problem der Handlungskoordination bei strittigen Handlungszielen in allgemeinverbindlicher Weise zu lösen. Denn in post-traditionalen Gesellschaften wird ja auch in normativen Angelegenheiten nachgefragt, **warum** man bestimmte Aufforde-

---

111   Vgl. dazu auch Küng (Gottesfrage), S. 490 ff.

rungen befolgen sollte. Weder der Verweis auf traditionelle Glaubenssätze oder natürliche Rechte noch derjenige auf bloß faktische Entscheidungen können in post-traditionalen Gesellschaften als eine befriedigende Antwort auf solche Warum-Fragen gelten. Sie werden im Gegenteil gerade kritisch in Frage gestellt - dies ist ja das konstitutive Merkmal der post-traditionalen Gesellschaften.

Dabei mag es durchaus so sein, daß einzelne dieser traditionalen Normenbestände oder getroffenen Entscheidungen auf Akzeptanz stoßen, weil sie in der **aktuellen historischen Situation** gerade nicht konfliktträchtig sind; dann ist allerdings auch das Münchhausen-Trilemma bedeutungslos, weil ja keiner nach Begründungen fragt. Eine solche augenblickliche Akzeptanz schließt jedoch nicht aus, daß unter veränderten Situationsbedingungen die Warum-Frage zur Bereinigung eines normativen Konfliktes doch wieder gestellt wird. Treten derartige normative Konflikte auf, so bleibt auf der Grundlage der genannten drei Möglichkeiten nichts anderes übrig, als **Entscheidungen** zur Regelung eines Konflikts zu treffen und mit technischen Mitteln durchzusetzen, indem man diejenigen, die nicht zuzustimmen bereit sind, nötigenfalls mit Zwang zum gewünschten Tun veranlaßt.

Diese Denktradition erfährt ihre höchste Übersteigerung dort, wo sie ganz eindeutig gegen jede Form demokratischer Verständigungsprozesse ins Feld geführt wird. Der Staatsrechtler Carl Schmitt, einer der einflußreichsten Interpreten des Nationalsozialismus, ist hier ein abschreckendes Beispiel. Bei ihm wird der Staat auf das Moment der Entscheidung reduziert: "Konsequent, auf eine reine, nicht räsonierende und nicht diskutierende, sich nicht rechtfertigende, also aus dem Nichts geschaffene absolute Entscheidung".[112] Wie Mestmäcker zu Recht feststellt, werden mit

---

112   So Schmitt im Jahre 1934, zitiert nach Mestmäcker (Wiederkehr), S. 18.

diesem staatswissenschaftlichen Nihilismus die demokratischen und liberalen Errungenschaften der bürgerlichen Gesellschaft in den Orkus der Machtpolitik geworfen.[113] Die Gefahr ist also offensichtlich: dort, wo Argumentationsprozesse wegen der (vorgeblichen) Unlösbarkeit des Begründungsproblems zugunsten der Entscheidung suspendiert werden, ist der Weg zu Dogmatismus und Diktatur nicht mehr weit. Deshalb sollte man sich - so unsere Meinung - nicht zu früh mit einem Wertrelativismus zufrieden geben, wie es der Dezisionismus in Resignation vor der Begründungsfrage tut. Vielmehr sollte man den deduktiven Begründungsbegriff selbst noch einmal kritisch hinterfragen: Gibt es nicht doch außerhalb der deduktiven Begründung eine Möglichkeit, normative Orientierungen unseres gemeinsamen Lebens rational zu motivieren, so daß diesseits der Willkür ein Stück Vernunft gewonnen werden kann?[114]

---

113   Vgl. Mestmäcker (Wiederkehr), S. 18.
114   Eine andere Schlußfolgerung aus dem aufgezeigten Begründungsproblem hat bekanntlich Popper in seiner Sozialtheorie gezogen. Er macht in Anwendung der von ihm vertretenen wissenschaftstheoretischen Position der "Kritischen Prüfung" sein Verständnis von Demokratie nicht von der Frage der zureichenden (vollständigen) Begründung abhängig, sondern sieht in der Demokratie und in der "Herrschaft der Mehrheit" ziemlich wirksame institutionelle Sicherungen gegen eine Tyrannei, wobei diese Institutionen immer verbesserungsfähig sind. Nicht auf die Wahl der besten, sondern der durch kritische Versuche immer wieder verbesserbaren Regierungsformen kommt es demnach an. Vgl. Popper (Zauber), S. 174 ff.

2. Rechtfertigung als Fundierung von Normen

Es muß bei der Beantwortung dieser Frage im Auge behalten werden, daß es auf einen kritischen Weg zwischen Realismus und Idealismus ankommt. Normen lassen sich ja einerseits bei Strafe des sog. "naturalistischen Fehlschlusses" nicht aus Sätzen über die Realität ableiten. Man würde damit die logisch nicht überbrückbare Differenz von Sein und Sollen negieren (sog. "Humesche Lücke"[115]). Auf der anderen Seite dürfen für die Rechtfertigung von Normen selbstverständlich auch nicht einfach **beliebige** Ideen in die Welt gesetzt werden. Der Realismus ist konservativ und leugnet die Möglichkeit einer (rationalen) Verbesserung unserer Zustände; der Idealismus ist utopisch und verleitet - wie die Geschichte lehrt - immer wieder dazu, revolutionäre Ideen mit Gewalt durchzusetzen.[116]

Um nun ohne "realistischen" oder "idealistischen" Rückgriff eine Antwort auf die aufgeworfene Frage zu finden, sollte man sich zunächst vergegenwärtigen, daß uns die (ontologische) Vorstellung fehlleitet, es gäbe schon vor allen menschlichen Bemühungen einen **existierenden** obersten Wert, den es nur aufzufinden gelte, um aus ihm zu deduzieren. Wer eine solche Behauptung begründen will, müßte ja eine außerweltliche (extra-mundane) Position einnehmen, von der her allein der gesuchte Wert dann erkennbar wäre. Die Voraussetzung, ein solcher Wert würde existieren, ist also schlichte Metaphysik. Demgegenüber muß man sich klar machen, daß schon das oben vorgestellte Verständnis von deduktiver Begründung eine **menschliche Konstruktionsleistung** darstellt. Ebensowenig, wie ein letzter Wert außerhalb von uns selbst existiert, "gibt es" einen richtigen Begründungsbegriff - hier den der deduktiven Begrün-

---

115   Vgl. Hume (Treatise).
116   Vgl. dazu Popper (Utopia), S. 355 ff..

dung - den man schlicht zu akzeptieren habe.[117] Diese Einsicht schafft Platz für den Versuch, andere Formen der Rechtfertigung nicht-willkürlich einzuführen, um nicht von vorneherein in die "ethische Sackgasse" deduktiver Begründungsbemühungen zu laufen. Die Kernfrage lautet also: Wie lassen sich nicht-deduktive Begründungsanstrengungen auf den Weg bringen, so daß das Problem der Rechtfertigung von Normen doch noch nicht-willkürlich gelöst werden kann?

Um die nachfolgend vorgeschlagene Vorgehensweise von deduktiven Begründungsversuchen zu unterscheiden, mag es dann auch sinnvoll sein, in Anlehnung an Mittelstraß[118] statt von Begründung von **"Fundierung"** zu sprechen.

Nach den Vorschlägen der Konstruktiven Wissenschaftstheorie[119] kann keine Wissenschaft umstandslos mit der theoretischen Bearbeitung von Problemen beginnen. Dies gilt auch und insbesondere für die Ethik, soweit sie als kritische (wissenschaftliche) Morallehre in Gang gesetzt werden soll. Der Anfang aller ethischen Reflektionsbemühungen muß vielmehr an lebenspraktisch schon verfügbare Erfahrungen ("unmittelbare Praxis") anschließen, die **erste** ethisch relevante sprachliche Unterscheidungen ermöglichen.

---

117   Vgl. zu den verschiedenen Begründungsmöglichkeiten auch Lueken (Inkommensurabilität), S. 244 ff., und Löhr (Unternehmensethik), S. 131 ff.

118   Vgl. Mittelstraß (Begründungsstreit), S. 267 f.; Mittelstraß will damit auch die seines Erachtens lange Zeit von Konstruktivisten gepflegte Überstrapazierung des Wortes "Begründung" vermeiden. In diesem Sinne hebt sich das konstruktivistische Begründungsprogramm dann auch entscheidend ab von Ansprüchen, die auf eine *Letztbegründung* von Normen zielen, wie etwa bei Kuhlmann (Letztbegründung). Vgl. zur Zurückweisung einer solchen fundamentalistischen Position auch Mittelstraß (Letztbegründung) und ders. (Dingler-Komplex).

119   Vgl. zum folgenden Lorenzen (Lehrbuch), S. 228 ff., sowie Mittelstraß (Begründungsstreit), S. 257 ff.

Wissenschaftliche Bemühungen bestehen dann darin, diese ethisch relevanten Unterscheidungen der "unmittelbaren" Praxis aufzugreifen, in methodischer Absicht begrifflich zu erschließen ("symbolgestützte Praxis") und in Form von Theorien weiter zu bearbeiten ("theoriegestützte Praxis").[120] Das Programm einer Fundierung der Ethik besteht also letztlich darin, ein ethisches Prinzip begrifflich zu präzisieren, das ansatzweise im Leben schon Berücksichtigung findet.

Die zentrale lebenspraktische Erfahrung unserer Zeit, um die es hier geht, sind **Konflikte** über die Richtigkeit unseres Handelns, die überall dort aufbrechen, wo traditionelle Werte keine einheitsstiftende Kraft mehr entfalten. Diese Erfahrung einer Konfliktträchtigkeit des Handelns macht im Prinzip jedermann immer wieder und in allen Lebensbereichen - angefangen "im Kleinen" bei der Familie, über die ökonomischen Handlungszusammenhänge im Unternehmen bis hin zur politischen Ebene des Staates. Mit solchen Erfahrungen verbinden sich aber auch zwangsläufig Einsichten über die verschiedenen Möglichkeiten einer Konfliktbewältigung. Denn dort, wo Konflikte wahrgenommen werden, und zwar so, daß sie **als Unterschied zu einem wünschenswerten Zustand** der gemeinsamen Gestaltung des Lebens erscheinen, dort sind Bemühungen um ihre Bewältigung implizit schon mit angelegt. In der Beteiligung an diesen Bemühungen als Ehepartner, als Vater oder Mutter oder als Bürger überhaupt erfährt man dann ganz praktisch, was es heißt, Konflikte **friedlich** beizulegen - im Gegensatz zu einer gewaltsamen Lösung.

Sollte es tatsächlich Kulturen geben, in denen eine solche unmittelbar praktische Erfahrung friedlicher Konfliktbewältigung bisher

---

120   Vgl. zu diesem "Dreischritt-Verfahren" der konstruktiven Entwicklung von Wissenschaften Inhetveen (Geometrie), S. 1 f.

nicht gemacht werden konnte, so verliert das methodische Argument nicht umstandslos seinen Stellenwert. Es käme dann darauf an, mit solchen Kulturen in Lernprozesse einzutreten, die es ermöglichen, die Differenzerfahrung von friedlicher und gewaltsamer Konfliktlösung selbst zu machen. Dabei versteht es sich von selbst, daß damit Frieden **nicht automatisch** in die Welt gesetzt wird, sondern tatkräftig (immer wieder neu) hergestellt werden muß.[121]

Frieden entsteht nur dort, wo es gelingt, einen freien Konsens aller Beteiligten zu finden. Freie Zustimmung heißt dabei weder willkürliche noch erzwungene Zustimmung, sie muß sich vielmehr der **Einsicht in die Richtigkeit vorgetragener Argumente** verdanken. Willkürliche oder erzwungene Zustimmungen führen zu einem bloß vorläufigen Kompromiß in der Sache.[122] Frieden ist damit nicht zu haben; denn jeder Kompromiß steht ja unter dem Vorbehalt einer jederzeitigen Aufkündigung, sei es, daß sich die willkürlich gewählten individuellen Präferenzen der Kompromißparteien von heute auf morgen verändern oder daß sich die Machtgrundlagen verschieben, so daß sich dem einen oder anderen eine gute Chance bietet, seine Position zu verbessern.

Jedem, der im Rahmen seiner Bemühungen um die friedliche Beilegung von Konflikten in den verschiedensten Lebensbereichen die Unterscheidung von **Konsens** und **Kompromiß** schon erfahren hat, dem sollte es also nicht schwerfallen, wissenschaftliche

---

121   Zu einer genaueren Ausarbeitung des Gedankens, inkommensurable Positionen durch Lernprozesse zu überwinden vgl. Lueken (Inkommensurabilität), S. 288 ff.

122   Damit ist auch deutlich gemacht, daß Frieden jenseits der frei gewonnenen (intrinsischen) Einsicht nicht noch einmal durch extrinsische Anreize (Belohnungen, Bestrafungen) sozialtechnologisch hergestellt werden kann. Frieden kann deshalb auch nicht "herbei-theoretisiert" werden, sondern ist nur im *praktischen* Vollzug des Lebens zu gewinnen.

Bemühungen um die Entwicklung einer Ethik der Verständigung über Normen als sinnvoll mitzutragen. Deswegen steht das Friedensziel jedem Wissenschaftler, der als Bürger ja immer auch am Leben teilnimmt, als Ausgangspunkt für seine Theoriebildungen bereits zur Verfügung. Die Auszeichnung des Konsenses vor dem Kompromiß läßt sich dann **nicht** mehr - und das ist hier wichtig - als eine "beliebige" **Entscheidung** qualifizieren, die der vermeintlich unbeteiligte Wissenschaftler in seiner Rolle als bloß teilnehmender **Beobachter** der Lebenspraxis trifft. Mit anderen Worten: das Friedensziel kann (und braucht auch) gar nicht von den Wissenschaften selbst begründet oder gar erst erfunden zu werden, um es anschließend "von außen" in das Leben hineinzutragen. Umgekehrt gilt, daß das Friedensziel allen Wissenschaften in post-traditionalen Gesellschaften, in denen Bemühungen um den Frieden schon in Gang gekommen sind, als Orientierung für ihre Bemühungen lebenspraktisch vorgegeben ist. In den Worten von Lorenzen: "Das Ziel des Friedens wird nicht von den politischen Wissenschaften begründet; umgekehrt begründet ("konstituiert") erst dieses Ziel die Methoden der politik-stützenden Theorien".[123]

Damit ist jenseits aller deduktiven Begründungsbemühungen auch für die Ethik (als politische Wissenschaft) ein nicht willkürlich gewähltes **Fundament** bereitgestellt, auf dem sie aufbauen kann. Sie muß das Friedensziel zum Ausgangspunkt nehmen, die begrifflichen Unterscheidungen präzisieren und Vorschläge für die Verbesserung von Konfliktlösungen in konkreten historischen Situationen machen.

Mit dem **Friedensziel** ist der Sinn ethischer Bemühungen einsichtig gemacht. Die weitere Aufgabe der Ethik muß dann darin bestehen, die Grundlagen dafür zu erarbeiten, **wie** eine friedensorientierte

---

123   Lorenzen (Lehrbuch), S. 239.

Politik (im Unterschied zu bloßer Macht-Politik) auszusehen hat. Die **politischen** Wissenschaften müssen anschließend diese Grundlagen aufnehmen und für die verschiedensten Lebensbereiche Institutionen entwerfen helfen, die unter Berücksichtigung der historisch gegebenen Randbedingungen eine gute Chance für sich haben, einen Beitrag zum (inneren und äußeren) Frieden zu leisten. In Ergänzung dazu haben die **technischen** Wissenschaften die Aufgabe, für ihren Bereich darüber nachzudenken, wie der Mitteleinsatz effizienter gestaltet werden kann. Das **Effizienziel** ist diesen Wissenschaften ebenfalls aus der unmittelbaren Lebenspraxis vorgegeben, jetzt allerdings nicht aus der politischen Praxis, in der es um die verträglichen Zwecke geht, sondern aus der technischen Praxis, die es immer schon mit der Wahl geeigneter Mittel zur bestmöglichen Erreichung gegebener Zwecke zu tun hat. Auch die technischen Wissenschaften erfinden also ihr Ziel nicht selber, sondern erhalten es von der technischen Lebenspraxis vorgegeben: Sie sollen einen Beitrag zur Effizienz des Mitteleinsatzes leisten. Das Effizienzziel ist dabei dem Friedensziel untergeordnet.

Die Betriebswirtschaftslehre ist aus dieser Sicht sowohl politische wie technische Wissenschaft: Sie hat - wie später noch zu zeigen ist[124] - sowohl über die ethischen Grundlagen der Unternehmensführung wie über die Bestgestaltung der betriebswirtschaftlichen Strategie als Mittel der Gewinnerzielung in einer Wettbewerbswirtschaft nachzudenken.[125] **Beide** Aufgabenstellungen sind ihr von der Lebenspraxis her vorgegeben!

---

124 Vgl. dazu unten Kapitel VI. S. 94 ff.
125 Vgl. dazu Steinmann (Handlungswissenschaft), sowie Steinmann/Böhm/Braun/Gerum/Schreyögg (Praxis).

3. Grundzüge der Dialogethik

a) Dialogethik als Friedensethik

Die vor-theoretisch aus der Lebenserfahrung gewonnene Einsicht, daß Ethik um des Friedens willen in Gang gebracht werden muß, soll nun in präziserer Form lehr- und lernbar gemacht werden. Dazu ist es erforderlich weiterzufragen, was denn den Frieden in konkreten Konfliktsituationen möglich macht. Wiederum muß es also darauf ankommen, aus der Lebenserfahrung heraus selbst einen relevanten **Unterschied** dingfest zu machen, aus dem sich die Bedingungen für eine erfolgreiche Friedensstiftung sprachlich erschließen lassen. Der Unterschied, auf den es hier ankommt, ist der zwischen argumentierender und appellierender Rede.

Das Wort **"Argumentation"** steht für Lebenssituationen, wo Menschen gemeinsam versuchen, ihre Zweck- und/oder Mittelkonflikte dadurch zu lösen, daß jeder berechtigt und verpflichtet ist, Fragen nach dem "Warum" zu stellen, auf die mit Gründen zu antworten ist. Solche Gründe "existieren" allerdings - wie erwähnt - nicht ontologisch vor jeder Rede, so daß sie nur irrtumsfrei aufgesucht zu werden brauchen; sie müssen vielmehr allererst in gemeinsamer Anstrengung **hergestellt** werden. In diesem Sinne werden Begründungsanstrengungen für die Wahrheitsfrage (für Behauptungssätze über Sachverhalte) und für die Gerechtigkeitsfrage (für Aufforderungssätze in Form von Ansprüchen) auf den Weg gebracht; wenn alles gut geht, was praktisch natürlich nicht immer der Fall sein wird, steht am Ende eine Einigung über die anerkennungswürdigen Gründe. Diese Situation bezeichnen wir dann als einen (friedensstiftenden) freien Konsens darüber, ob ein behaupteter Sachverhalt als "Tatsache" auszuzeichnen ist bzw. ob ein erhobener Anspruch als "gerechtfertigt" gelten kann. Anders ausgedrückt: Die Prädikate "wahr" und "gerechtfertigt" werden auf

Grund einer argumentativ gewonnenen Übereinstimmung zugesprochen. Sie verdanken sich einer sprachlichen Konstruktionsleistung.[126]

Charakteristisch für die Argumentationssituation ist also, daß im Prinzip jeder bereit ist, seine eigenen Behauptungen und Ansprüche zur Disposition zu stellen und sie vorbehaltlos zu verändern, falls ihn gute Gründe dazu "nötigen" sollten. Erst in derartigen ernsthaften Argumentationsanstrengungen kann der "zwanglose Zwang des besseren Arguments" (Habermas) zum Zuge kommen und einen friedensstiftenden freien Konsens bewirken.

Sind Menschen nicht bereit, auf diese Weise subjektiven Positionen in Frage stellen zu lassen und gegebenenfalls zu überschreiten bzw. zu transzendieren (spricht deshalb auch vom "Transsubjektivitätsprinzip"),[127] dann bleibt die Redesituation in bloßen Appellen stecken oder einem unverbindlichen Meinungsaustausch verhaftet. In der bloß **appellierenden** Rede oder Propaganda stellt der Redende seine eigene Subjektivität nicht zur Disposition. Das Redeziel ist nicht die wechselseitige Überzeugung, sondern die geschickte Überredung des Gegenüber, gegebenenfalls auch durch Einsatz manipulativer Techniken; dem Appell fehlt so gesehen also von Anfang an jede (ernsthafte) Begründungsbemühung. Dies gilt auch für solche Lebenssituationen, in denen das Redeziel lediglich die **Bekanntmachung** der eigenen Meinung darstellt und weder die (begründete) Revision der eigenen noch der fremden Meinungen überhaupt beabsichtigt ist. Leider scheinen diese beiden Redeformen heutzutage in vielen öffentlichen "Diskussionen" auch dort weit verbreitet zu sein, wo es um Konfliktlösungen geht; damit

---

126   Vgl. dazu Kamlah/Lorenzen (Propädeutik), S. 45 ff.
127   Vgl. Lorenzen (Normative Logic), S. 82.

ist die Aussichtslosigkeit eines solchen Unterfangens im Prinzip schon vorprogrammiert.

Will man solche Situationen fruchtloser Diskussionen überwinden, muß der Dialog (Diskurs) als Prinzip für erfolgversprechende Begründungsbemühungen in der Gerechtigkeitsfrage lehr- und lernbar gemacht werden. Dies erfordert auf der Grundlage von Beispielen gelungener und mißlungener Verständigung eine genauere sprachliche Erschließung von Lebenserfahrungen. Der Unterschied zwischen Argumentation und Appell läßt sich dann - in Anlehnung an schon vorliegende Vorschläge in der Literatur - mit folgenden vier Kriterien festmachen:[128]

1. **Unvoreingenommenheit**, d.h. die Bereitschaft, alle Vororientierungen in Frage zu stellen, gleichgültig, ob es um Meinungen über Sachverhalte geht oder um Interessen bzw. Ansprüche;

2. **Nicht-Persuasivität**, d.h. die Bereitschaft, auf Appelle zu verzichten, die wider besseres Wissen an fraglos hingenommene Vororientierungen gerichtet sind.

3. **Zwanglosigkeit**, d.h. die Bereitschaft, auf Sanktionen für das Geben oder Verweigern von Zustimmung zu verzichten;

4. **Sachverständigkeit**, d.h. die Fähigkeit, der Form und dem Inhalt nach Gründe vortragen zu können, die eine gute Chance haben, auf Zustimmung zu stoßen.

---

128   Vgl. Kambartel (Argumentieren), S. 66 f., sowie Habermas (Diskursethik), S. 98 ff.

Der **formale** Aspekt bezieht sich dabei auf die Normierungen des Dialogs selber: kann jemand in einer konkreten Situation wirklich unvoreingenommen, zwanglos und nicht-persuasiv argumentieren?

Der **materiale** Aspekt betrifft die Fähigkeit, problemrelevantes Wissen zur Lösung des in Frage stehenden Konflikts einbringen zu können. Wichtig ist dabei die Unterscheidung von technischem Wissen, soweit es um die Wirkung vorgeschlagener Mittel geht, und normativem Wissen, das sich auf die Abschätzung der Bedeutung vorgeschlagener Konfliktlösungen für die Gestaltung der Lebensverhältnisse bezieht. Von Bedeutung ist dabei die Einsicht, daß es in normativen Fragen keine besonderen Experten gibt; moralische Urteilskraft kann jeder erwerben, der bewußt an der politischen Gestaltung der Lebensverhältnisse teilnimmt.[129] Welche Risiken jemand in seinem eigenen Leben in Kauf nehmen will, darüber kann nur derjenige urteilen, der sein Leben unter diesem Risiko gestalten muß.

Die genannten vier Normierungen sind nun - und das ist wichtig - keine Ansprüche an den Dialog in dem Sinne, daß sie noch einmal eigens durch Rückgriff auf übergeordnete Normen theoretisch begründet werden müßten. Das würde ja wiederum in den infiniten Regreß führen. Es handelt sich dabei vielmehr um sprachliche Präzisierungen des **lebenspraktisch schon verfügbaren** Unterschiedes zwischen argumentierender und appellierender Rede. Daß diese vor-theoretische Unterscheidung für die Lebensgestaltung sinnvoll ist, das lehrt - wie dargestellt - der Vollzug der Lebenspraxis selber; sie kann auf keine Art und Weise durch "wissenschaftliche" Begründungsbemühungen eingeführt oder

---

129   "Obgleich nur wenige eine politische Konzeption entwerfen und durchführen können, so sind wir doch alle fähig, sie zu beurteilen." So ein Zitat von Perikles um 430 v.Chr., zitiert nach Popper (Zauber), S. 29.

bewiesen werden. Dabei kann durchaus offen bleiben, ob die vier Kriterien auf immer und vollständig die lebenspraktische Erfahrung gelungener Argumentation auf den Begriff bringen. Es mag sogar sein, daß der rationale Dialog nicht ein alternativenloses, exklusives Mittel der Friedensstiftung darstellt. Wer andere Mittel zur friedlichen Lösung von Konflikten in post-traditionalen Gesellschaften zur Verfügung hat oder entwickeln oder die hier vorgeschlagene Normierung des **Dialogs** verbessern kann, ist aufgefordert, seine Vorschläge **jenseits bloßer Möglichkeitsschwärmerei** zu präzisieren.

Gegen die vorgeschlagenen Normierungen des Dialogs wird häufig der Vorwurf erhoben, es handele sich hierbei um weltfremde **Utopien**, deren Unterstellung durch nichts in der Welt gerechtfertigt sei, in der wir wirklich leben.[130] Dieser Vorwurf beruht auf dem Mißverständnis, daß es bei der Dialogethik um ein "Alles-oder-Nichts" gehe: Entweder seien die Bedingungen des Dialogs perfekt erfüllt oder - wenn das nicht der Fall ist - lägen eben keine ethischen Bemühungen vor.

Die Realität in dieser Weise gegen eine "ideale Norm" auszuspielen, ist jedoch verfehlt. Hier ist wichtig zu beachten, daß in den **realen** Dialogbemühungen ansatzweise ja immer schon **ideale** Regeln berücksichtigt werden müssen, egal, wie weit es gelingt, sie tatsächlich einzuhalten. Die genannten vier Normen sind gleichsam die ideale "Meßlatte", auf die hin Dialoge zu realisieren versucht werden. Praktizierte Dialoge sind so gesehen Ergebnis menschlicher Konstruktionsbemühungen um einvernehmliche Lösungen; die Dialogregeln sind **Konstruktionsvorschriften** darüber, wie der Dialog idealerweise zu führen sei.[131]

---

130   So neuerdings auch Hax (Unternehmensethik), S. 771 ff.
131   Vgl. Lorenzen (Fundierungsprobleme), S. 45 ff.

Als Konstruktionsvorschriften zur Anleitung des Handelns sind sie selbstverständlich in "reiner Form" formuliert; ihre konkrete Realisierung wird dann **logischerweise** immer wieder von diesen idealen Konstruktionsvorschriften abweichen. In der konkreten historischen Situation mögen (kontingente) Einflußfaktoren wirksam werden, die ja in den Konstruktionsregeln (als Prinzipien) per definitionem nicht berücksichtigt sind. Die Problemlage ist hier ähnlich wie in der technischen Praxis: Dort dienen die Konstruktionsvorschriften (z.B. DIN-Normen) als Handlungsregeln, auf die hin man ein technisches Produkt entwirft und anfertigt. Das realisierte Produkt wird dann immer mehr oder weniger von den idealen Konstruktionsvorschriften abweichen. Deshalb verlieren die Konstruktionsvorschriften aber natürlich nicht ihren handlungsleitenden Sinn. Genauso verhält es sich mit den Regeln für die Führung eines Dialogs: Wenn man sie nicht beachtet, hat man keinen Maßstab, an dem man noch einmal sein Handeln auf Richtigkeit hin messen kann. Daß Dialoge dann nur mehr oder weniger gut verwirklicht werden, ja manchmal sogar total scheitern, kann nicht als Argument gegen die Triftigkeit der Dialognormen ins Feld geführt werden. Kein Mensch würde ja auch auf den Gedanken kommen, die Norm "Du sollst nicht töten!" nur deswegen abzuschaffen, weil (gelegentlich) gemordet wird.

Was die Dialognormierung anbelangt, so machen wir noch einmal darauf aufmerksam, daß sich ihre **Triftigkeit** der Art und Weise verdankt, wie sie gewonnen worden ist. Die Unterscheidung von Argumentation und Appell ist nicht als eine im Sinne der nominalistischen Begriffsauffassung eingeführte beliebige Setzung zu verstehen (Nominaldefinition); sie ist auch kein Unterschied, der sich einer metaphysischen "Wesensschau" verdankt, sie ist vielmehr eine Unterscheidung, die auf der Grundlage von Beispielen und Gegenbeispielen - wie dargestellt - jedem, der reflektierend am Leben teilnimmt, als sinnvolle Unterscheidung deutlich gemacht werden kann. In dem Maße, wie man Konflikte lebenspraktisch immer wieder auf die eine oder andere Weise - z.B. im Konsens oder durch Kompromisse - zu regeln versucht, kann diese Unterscheidung auch von jedermann als sinnvoll rekonstruiert werden. Ihre **praktische Nützlichkeit** muß diese Unterscheidung daran erweisen, ob und inwieweit die auf ihrer Basis entwickelten politischen Theorien tatsächlich zur Verbesserung der Lebenspraxis im Sinne der Friedensstiftung beitragen. Wann dies der Fall ist, läßt sich allerdings wiederum nur in einer dialogischen Urteilsbildung über die neue politische Situation (nach erfolgten institutionellen Änderungen) feststellen.

Mit dem Prinzip des Dialogs steht uns allen also ein Mittel zur Verfügung, das es erlaubt, Konflikte friedlich zu lösen. In welchen **Situationen** dieses Instrument dann wirklich zum Einsatz kommt oder kommen soll, ist allerdings noch eigens zu klären.

Grundsätzlich wird man zwar in **allen** Konfliktsituationen um eine dialogische Lösung bemüht sein müssen. Die Komplexität der modernen Lebensverhältnisse macht es jedoch nötig, die vielfältigen Koordinationsprobleme von Dialogverpflichtungen zu **entlasten.** Zu diesem Zweck werden dann argumentationsfreie Steuerungsmittel - wie z.B. das Preissystem in der Wirtschaft oder Abstimmungsmechanismen im Parlament - eingeführt. Diese Einführung dialogfreier oder dialogentlastender Koordinationsmechanismen darf sich jedoch nicht verselbständigen: anhand der Erfahrung mit diesen Mechanismen muß immer wieder die Frage zulässig bleiben, ob die Freistellung vom Dialog in einer veränderten historischen Situation noch gerechtfertigt werden kann. Hier geht es letztlich um die **Legitimation aller gesellschaftlichen Institutionen,** die gemeinsames Handeln koordinieren sollen. Weite Bereiche ökonomischen Handelns, die erfahrungsgemäß konfliktträchtig sind, sind ja auf diese Weise schon vorgeregelt; man denke etwa an Konfliktregelungen des Gesellschaftsrechts oder an die Mitbestimmungsgesetze. Dabei versteht es sich von selbst, daß theoretisch nicht vorhergesehen werden kann, wann und in welchen Situationen neue Konflikte auftreten, die es dann

erforderlich machen, über die Legitimationsfrage neu nachzu-
denken. Deswegen muß - allen dialogentlastenden Regeln zum
Trotz - am grundsätzlichen **Primat des Dialogs** als ethischem
Prinzip für die Bewältigung von Konflikten festgehalten werden.

Wer dieses Primat des Dialogs nicht (mehr) gelten lassen will,
verschenkt systematisch die Möglichkeit, die für das gemeinsame
Handeln notwendige gesellschaftliche Einheit, verstanden als
Verträglichkeit der pluralistischen Lebensformen, in Freiheit
herbeizuführen. Politische Probleme können dann letzten Endes nur
noch willkürlich behandelt werden: Wo keine Argumentation
angestrebt wird, muß die Versöhnung von Einheit und Freiheit, wie
sie im Dialog angelegt ist, verloren gehen: Entweder man plädiert
für die **Freiheit** des Individuums in der pluralistischen Gesellschaft, was - konsequent zu Ende gedacht - zur Anarchie führt,
oder man versucht, die soziale **Einheit**, die für das gemeinsame
Handeln notwendig ist, durch Machtgebrauch zu stiften. Im
günstigsten Falle mündet das dann in die Diktatur der Mehrheit
über die Minderheit, ohne daß die unter Umständen besseren
Argumente der Minderheit überhaupt zum Zuge kommen können.
Die Mehrheitsentscheidung trägt dann ihren Zweck in sich selbst,
sie tritt gleichsam aus dem Nichts in die Welt. Dagegen ist im
Dialog die Mehrheitsentscheidung eine Stopregel für solche Situationen, wo aus Zeitgründen oder wegen noch fehlenden Wissens
eine einstimmige Konfliktlösung per Argumentation nicht erreicht
werden kann.[132]

---

132 In diesem Sinne auch schon die Begründung des süddeutschen Demo-
kraten Julius Fröbel in seinem 1847 veröffentlichten "System der
sozialen Politik" (S. 108 f.): "Man verlangt keineswegs von der Minori-
tät indem sie auf *Willen* resignirt, daß sie ihre Meinung für *irrig* erkläre,
ja man verlangt nicht einmal daß sie ihren Zweck *aufgebe*, sondern nur
daß sie ihn suspendire, daß sie auf die praktische Anwendung ihrer
Überzeugung *so lange* verzichte bis es ihr gelungen ist, ihre Gründe
besser geltend zu machen und sich die nöthige Zahl von Beistimmenden
zu verschaffen."

b) Merkmale einer Dialogethik: Zusammenfassung

Die Dialogethik läßt sich nach den vorgenommenen Präzisierungen auf folgende Weise zusammenfassend kennzeichnen:

(1) Die Dialogethik stellt eine prozessuale Anleitung zur Entwicklung von Normen dar. Sie zielt auf die Rechtfertigung von Normen, die situations- und personenübergreifend befolgt werden sollen.[133] Als eine wissenschaftliche Morallehre bleibt die dialogische Ethik ein **Verfahrensvorschlag**: Sie richtet sich auf die Methode, **wie** man bestimmte Normen vor anderen als gerechtfertigt auszeichnen kann; es geht dort um das "Wie" und nicht um das "Was".

Ziel dieser Bemühungen können in der **Praxis** dann entweder materiale oder prozessuale Normen sein. **Materiale** Normen als Ergebnis einer dialogischen Verständigung finden beispielsweise in sogenannten Verhaltenskodizes ihren Niederschlag, die bestimmte Bereiche des Handelns regeln sollen, welche sich als konfliktträchtig erwiesen haben. In diesem Sinne hat z.B. der Verband der Chemischen Industrie (VCI) in Deutschland einen Kodex erlassen, mit dem die Produktion und der Vertrieb von solchen Chemikalien geregelt werden sollen, die als Ausgangsstoffe für C-Waffen dienen können.[134] **Prozessuale** Normen sind demgegenüber organisatorische Regelungen, die - in Verwirklichung des Dialogprinzips - damit befaßt sind, wie in bestimmten Kontexten materiale Regelungen entwickelt werden sollen. In diesem Sinne sind z.B. die heute viel zitierten Ethik-Kommissionen als prozessuale Normen einzustufen.[135]

---

133 Vgl. dazu eingehend Habermas (Diskursethik), S. 73 ff.

134 Vgl. Strenger (Grundsätze), S. 371, und Fix/Kowalewski (Moral), S. 62

135 Vgl. dazu Steinmann/Löhr (Ethik-Kommissionen).

(2) Die Dialogethik fordert ein Bemühen um gute Gründe. Man kann sie deshalb als eine **Vernunftethik** bezeichnen, die die Menschen dazu auffordert, die Zwecke des eigenen Handelns begründet selbst zu bestimmen. Der Dialogethik geht es also darum, für bestimmte Normen gute Gründe geltend zu machen oder doch zumindest bei genauerer Nachfrage geltend machen zu können. Das Zustandekommen materialer Normen in der Praxis soll sich also nicht bloßer Willkür, faktisch fortgeführten Traditionen oder übermenschlichen Autoritäten verdanken. Die Unterscheidung zwischen "guter Begründung" und bloß "faktischer Geltung" bestätigt nur noch einmal die kritische Differenz zwischen Ethik und Moral. Die in Gang zu bringenden Rechtfertigungsbemühungen können zum einen dazu veranlassen, solche Normen zu entwickeln, die im Zusammenhang mit **neuen** konfliktträchtigen Handlungsfeldern notwendig sind. Zum anderen kann es aber auch darum gehen, bereits **bestehende**, aber problematisch gewordene oder problematisch werdende Normen auf ihre Begründbarkeit hin zu überprüfen.

(3) Die Dialogethik fordert eine argumentative Verständigung im Dialog. Die Einlösung des Vernunftanspruches muß über die argumentative Verständigung zwischen Betroffenen gewährleistet werden. Diese müssen "ohne Ansehen der Person" in freier Rede und Gegenrede gute Gründe herstellen und in Geltung setzen. Dieses Erfordernis einer dialogischen Verständigung nimmt darauf Bezug, daß gute Gründe nicht durch einsames Nachdenken produziert werden können, sondern ihre Geltungskraft nur durch freie Zustimmung dank wechselseitiger Verständigungsprozesse erfahren können (**kommunikative Ethik**).[136]

---

136 Vgl. programmatisch Apel (Transformation), Habermas (Diskursethik), Lorenzen (Lehrbuch), S. 228 ff.

Zusammenfassend gilt für die hier vorgeschlagene Dialogethik: Sie ist formal, sie ist nicht-monologisch und sie ist nicht-dogmatisch. Sie ist **formal**, weil sie als Prozeßlehre nichts an Inhalten vorwegnimmt: Sie präsentiert keine "fertigen Lösungen", wie etwa die 10 Gebote, sondern muß es den Betroffenen selber überlassen herauszufinden, welche Normen in einer konkreten historischen Konfliktsituation friedensstiftend wirken. Die Dialogethik ist ferner **nicht-monologisch:** Eine monologische Ethik könnte höchstens zufälligerweise, nicht aber systematisch friedensstiftend wirken, weil sich im Prinzip niemand durch einsames Nachdenken der Zustimmungsfähigkeit bestimmter Normen versichern kann. Schließlich ist die Dialogethik **nicht-dogmatisch,** weil sie für die Erreichung ihres Zieles, die pluralistischen Lebensformen in friedlicher Weise verträglich zu machen, nicht auf Autoritäten rekuriert, sondern nur auf die Vernunft vertraut.

4. Praktische Beschränkungen des idealen Dialogs

Deutet man - wie oben vorgeschlagen - die Normierungen des Dialogs als Konstruktionsvorschriften, so ist die Differenz zwischen idealer Norm und Realität bereits "vorprogrammiert". Jeder, der für den Dialog als friedensstiftendes Konfliktlösungsverfahren votiert, stellt bereits in Rechnung, daß die verwirklichten Vorschläge bestimmte Defizite aufweisen werden. Diese Einschränkung darf allerdings nicht so mißverstanden werden, daß damit einem **bewußten** Verstoß gegen die Orientierung an den Konstruktionsregeln oder auch nur seiner billigenden Inkaufnahme das Wort geredet würde. Auf diese Weise würde man ja absichtlich ein (weiterreichendes) Gelingen der Lebenspraxis verhindern. Der bewußte Verstoß gegen die Herstellungsbedingungen des Dialogs ist also deutlich von denjenigen Herstellungsmängeln zu unterscheiden, die sich den kontingenten Bedingungen einer gegebenen historischen Situation verdanken.[137] Zu den Gründen für derartige Herstellungsmängel zählen:

(1) Zeitliche Restriktionen: Es mag sein, daß Entscheidungen so schnell getroffen werden müssen, daß eine Beratung mit den Betroffenen nicht mehr möglich ist. In solchen Situationen, in denen eine "einsame Verantwortungsübernahme" unumgänglich ist, handelt derjenige ethisch, der versucht, in einem fiktiven Dialog die antizipierbaren Argumente der von einer Entscheidung Betroffenen mit einzubeziehen und (bei Bedarf) nachträglich Rechenschaft abzulegen.[138]

Die dialogisch orientierte Ethik muß für diesen Fall also notgedrungen durch eine "kommunikativ transformierte Verantwortungsethik"[139] ergänzt werden. An die Stelle des realen Dialogs muß in solchen Situationen der **fiktive Dialog**[140] treten, der allerdings wiederum nicht mit einer von vorneherein monologisch intendierten Lösung verwechselt werden darf. Der Unterschied zwischen beiden Ansätzen macht sich genau dort geltend, wo es um die Anschlußfrage geht, wo und wieviel derartiger fiktiver Dialoge man hinnehmen soll. Der Dialogethiker wird sich um die Herstellung solcher zeitlichen Bedingungen bemühen, die in Zukunft die Führung eines Dialogs eher möglich machen. Er kann z.B. durch rechtzeitige Planung geeignete zeitliche Reserven schaffen, die Entscheidungen unter Zeitdruck weniger notwendig machen. Damit soll natürlich wiederum nicht geleugnet werden,

---

137   Vgl. dazu auch Habermas (Diskursethik), S.115 ff., und seine Formel, daß sich in diesen Beschränkungen die "Macht der Geschichte" gegenüber der Vernunft zur Geltung bringt.

138   Vgl. Apel (Transformation), Bd. II, S. 435.

139   Vgl. Apel (Verantwortung), insbes. S. 270 ff., sowie Ulrich (Transformation), S. 316 ff., hier insbes. S. 319.

140   Vgl. Kambartel (Argumentieren), S. 68.

daß das Zeitbudget für dialogische Verständigungsprozesse immer beschränkt bleiben wird. Das kann z.B. dazu führen, daß Dialoge abgebrochen und später wieder aufgenommen werden müssen, oder daß überhaupt weitere Auseinandersetzungen durch eine Stopregel, wie etwa einen Mehrheitsbeschluß, definitiv abgebrochen werden müssen, um ein erfolgreiches Handeln überhaupt zu ermöglichen.

Ein ökonomischer Umgang mit der Zeit läßt sich natürlich ferner auch durch geeignete Diskursregeln erreichen, indem z.B. einvernehmlich festgelegt wird, daß vorzutragende Argumente bestimmten Kriterien genügen müssen. So hat etwa Gethmann[141] vorgeschlagen, daß vorzutragende Argumente verständlich formuliert und erheblich sein müssen: Argumente müssen für die Dialogteilnehmer demnach als ein aussichtsreicher und ernsthafter Kandidat für angestrebte Problemlösungen erkennbar sein. Darüber hinaus dürfen sie nicht lediglich wiederholen, was bereits ergebnislos vorgetragen wurde, oder was auf die bloße Bestätigung faktischer Meinungen hinausläuft. An dieser Stelle ist schließlich noch darauf hinzuweisen, daß das Argument der zeitlichen Beschränkungen unterschiedlich weit trägt, je nachdem ob man es mit handlungsentlasteten Bereichen der Gesellschaft, wie etwa der Wissenschaft, zu tun hat oder nicht.

(2) Sachliche Beschränkungen: Hier ist insbesondere auf die Problematik der Arbeitsteilung hinzuweisen. In dem Maße, wie in hochentwickelten Gesellschaften die Arbeitsteilung immer mehr zunimmt, steigt natürlich der Konsensbildungsbedarf, weil immer mehr Reibungsflächen zwischen koordinationsbedürftigen Handlungen entstehen. Gleichzeitig wächst aber auch die Komplexität der Handlungssituation so an, daß nicht mehr alles im einzelnen

---

141   Vgl. Gethmann (Fundierung), S. 298.

besprochen werden kann, sondern hier Freistellungen des Handelns notwendigerweise erfolgen müssen. In einer solchen Situation müssen Lösungen gefunden werden, die die Freistellungsakte selber legitimieren und nicht mehr den Konflikt, um den es geht. Man kann z.B. Institutionen schaffen und legitimieren, innerhalb deren dann von den Beauftragten frei entschieden werden kann, was bei Auftreten bestimmter Konflikte zu tun ist. Eine derart zugestandene **Entscheidungsautonomie** versucht, den Gedanken des Dialogs in Form der Rechtfertigung von Entscheidungsbefugnissen aufrecht zu erhalten. Die Berufung auf gerechtfertigte Institutionen erlaubt dann einen Begründungsabbruch.

Bleiben auf diese Weise die großen Konfliktfelder einer Gesellschaft dialogzugänglich, so sind damit Rahmenbedingungen für nachgeordnete, kleinere Konfliktbereiche geschaffen, auf die der Dialoggedanke nicht unbedingt wieder angewendet zu werden braucht. Die Komplexität als sachliche Beschränkung des Dialoggedankens führt also auch hier nicht zu dessen Aufgabe, sondern zur Suche nach solchen institutionellen Lösungen, die dem Dialoggedanken verpflichtet bleiben, ohne die gewachsene Komplexität zu negieren.[142]

(3) **Räumliche Herstellungsbeschränkungen:** Eine weitere schwerwiegende Restriktion für eine Dialogethik tut sich dort auf, wo sich die Konfliktfelder räumlich immer weiter ausdehnen. Die modernen Technologien entfalten heute Wirkungen, die letztlich

---

142 Damit wird natürlich gegen radikale Versionen der Systemtheorie im Anschluß an Luhmann (Soziale Systeme) daran festgehalten, daß sich Komplexität jedenfalls noch so weit beherrschen läßt, daß ex ante zwischen mehr und weniger erfolgsträchtigen Handlungsprogrammen argumentativ diskriminiert werden kann. Ohne diese Voraussetzung macht es keinen Sinn, von verantwortbaren Handlungen der Konfliktlösung zu sprechen.

dazu führen können, daß die ganze Menschheit als betroffen einzustufen ist. Notwendig wäre in einer solchen Situation weiträumiger Wirkungen des Handelns vom Grundsatz her eine **"Fernbereichsethik"**;[143] ihr Procedere müßte geeignet sein, die in den verschiedensten Winkeln der Welt entstehenden Betroffenheiten zu berücksichtigen und zu friedlichen Konfliktlösungen zu führen. Demgegenüber ist die Dialogethik ihrer Konstruktionslogik nach auf Konfliktsituationen zugeschnitten, die eher im Bereich der Lösungskapazität einer **"Nahbereichsethik"** liegen: je kleiner und räumlich abgegrenzter der Kreis der Betroffenen ist, desto größer ist - ceteris paribus - die Chance einer raschen friedlichen Einigung. Dieses Problem der räumlichen Distanz zwischen Betroffenen wird noch erschwert durch die Tatsache, daß räumliche Distanz oft mit kultureller Verschiedenheit (Sprachgebrauch, Traditionen, Weltbilder etc.) einherzugehen pflegt. Man denke z.B. nur an die Bedeutung unterschiedlicher religiöser Orientierungen für die Frage der Akzeptanz neuer Technologien. Die Chance für einen friedensstiftenden freien Konsens wird also umso schwieriger, je weitreichender die Auswirkungen bestimmter Handlungen sind.

Freilich können solche gravierenden räumlichen Beschränkungen der Konsensfindungsmöglichkeiten und die damit verbundenen kulturellen Distanzen keine Suspendierung von der Konsensfindungspflicht nach sich ziehen. Zur Überbrückung der räumlichen Distanz lassen sich durchaus vielfältige Maßnahmen technischer und institutioneller Art nutzbar machen, die eine Einbindung von Betroffenen über den unmittelbaren Nahbereich hinaus möglich machen. Erfahrungen im politischen Bereich (z.B. UNO, KSZE, regelmäßige Gipfeltreffen) und die damit trotz allem erzielten Erfolge, insbesondere beim Abbau des Kalten Krieges,

---

143   Dieser Begriff in Anlehnung an den Terminus "Fernbereichsmoral" von
       Becker (Funktionswandel).

haben eindrucksvoll demonstriert, daß auch derartige Barrieren nicht so gravierend sind, daß der Dialoggedanke "unrealistisch" wird.

(4) Personelle Restriktionen: Gegen die Dialogethik werden schließlich noch eine Reihe gängiger Einwände erhoben, die aus unserer Sicht ebenfalls als praktische Herstellungsmängel zu qualifizieren sind. Sie beziehen sich auf die personelle Seite des Dialogs, und zwar in drei Hinsichten: (1) es könnten nicht alle Betroffenen im Dialog präsent sein; (2) man könne nicht feststellen, ob und wann sich Personen an die Dialogregeln halten; und (3) die Dialogregeln würden die Menschen systematisch überfordern.

Was die **erste** Frage anbetrifft, so handelt es sich hier um ein quantitatives Problem: Die Zahl der Betroffenen wird so groß, daß die Vorstellung einer dialogischen Verständigung von vorneherein hinfällig wird. Ähnlich wie bei der Hauptversammlung einer großen Publikumsaktiengesellschaft mit hunderttausenden von Aktionären sei auch hier jeder Dialog mit allen Betroffenen eine schlichte Unmöglichkeit. Dieses Argument gewinnt an Schärfe dort, wo es sich auf die zukünftigen, noch nicht geborenen Generationen bezieht. Auch sie können ja Betroffene von Handlungen sein, die heute in die Wege geleitet werden. Am Beispiel der Kernenergie läßt sich das deutlich zeigen.

Diese in vielen Fällen unbestreitbaren Schwierigkeiten, alle Betroffenen zu einem Dialog zusammenzuführen, können jedoch nicht die Aufgabe des Dialogprinzips nach sich ziehen, sondern verlangen wiederum nach praktikablen, aber gleichwohl prinzipienadäquaten Lösungen. Hier wäre zunächst daran zu denken, Betroffene in Form einer gestuften Repräsentation über Stellvertreter zum Zuge kommen zu lassen. Wo diese Lösung nicht möglich oder der Situation nicht angemessen ist - man denke z.B.

an die Berücksichtigung zukünftiger Generationen -, findet wiederum die Forderung nach "fiktiven Dialogen" ihren Platz. Wo praktische Dialoge aus strukturellen Gründen nicht durchgeführt werden können, muß in Verantwortung für die Betroffenen mitgedacht und entschieden werden; dies impliziert jedoch zwingend die jederzeitige Bereitschaft, auf Verlangen Rechenschaft über die getroffene Entscheidung zu geben.

Der **zweite** Einwand bestreitet die grundsätzliche Bereitschaft von Personen, sich an die vereinbarten Dialognormierungen überhaupt zu halten. Statt Transsubjektivität werde von allen (oder doch den meisten) Menschen die Verfolgung der eigenen Interessen angestrebt, so daß im Ergebnis Dialoge zu Appellen degenerieren, in denen der **Machtgebrauch** die Regel ist. Eine derartige Gefahr kann natürlich grundsätzlich nicht ausgeschlossen werden, sind es doch die Dialogteilnehmer selbst, die alleine die Bedingungen des Dialogs herstellen können; die Dialogbedingungen lassen sich auf keine Art und Weise von außen aufzwingen. Wer bewußt gegen die (eigene) Einsicht handelt, daß Frieden nur durch Konsens hergestellt werden kann, dem gegenüber kann kein Argument mehr zum Zuge kommen. Man kann dem Diskursverweigerer dann nur noch die Auswegslosigkeit einer Verweigerungsstrategie versuchen deutlich zu machen.[144]

Ob derartige Situationen grundsätzlich und im großen Umfang die gesellschaftliche Konfliktlösung prägen oder nicht, dies ist dann allerdings eine Frage der **Erziehung**. In dem Maße, wie "strategische" Bildungsinitiativen auf die Ausbildung der moralischen Urteilskraft und damit auf Verständigungsbereitschaft abzielen, wird eine gute Chance begründet, daß die bewußte Verweigerung des Dialogs im Sinne einer "Ellbogengesellschaft"

---

144   Vgl. Habermas (Diskursethik), S. 108 ff.

nicht das letzte Wort in der Sache bleibt. In der Formulierung von Lorenzen: Wir müssen Republikaner werden, um ohne Tyrannei zu leben, um eine Republik zu bekommen.[145]

Gegen diese "Bildungsstrategie" könnte nur noch im Sinne des **dritten** Arguments eingewendet werden, daß damit der Mensch von **Natur** aus überfordert würde. Insbesondere aus dem Bereich der Psychologie wird immer wieder geltend gemacht, daß die Diskursethik von Habermas eine kognitive Ethik sei, die alle emotionalen Dimensionen der menschlichen Existenz negiere. Rationalität in Dialogen sei nicht möglich, weil immer Emotionen mit im Spiele wären. Insbesondere hänge es z.B. bloß von einer geschickten Rhetorik ab, ob und wie bestimmte Emotionen geweckt werden können, die über Akzeptanz oder Ablehnung vorgeschlagener Problemlösungen entscheiden. Dieses Argument verliert allerdings schon dadurch an Gewicht, daß gerade durch psychologische Erkenntnisse solche Überformungen des Dialogs transparent gemacht werden können. Mit jeder Entdeckung und Formulierung eines vermeintlich unhintergehbaren psychologischen Sachverhaltes wird ein Stück Aufklärung geleistet, die dazu genutzt werden kann, Kommunikationsbarrieren abzubauen. Selbstverständlich bedarf auch die Beseitigung dieser psychologischen Barrieren einer gewissen Bildung: man muß manipulative Situationen und andere Beschränkungen der kommunikativen Rationalität als solche zu durchschauen und zu vermeiden lernen, um dem Argument in Konsensbemühungen zum Durchbruch zu verhelfen.

---

145   Vgl. Lorenzen (Fundierungsprobleme), S. 48.

VI. Unternehmensethik als angewandte Ethik: Systematischer Aufriß und begriffliche Klärungen

1. Die Bedeutung der Unternehmensethik im wirtschaftlichen Handlungszusammenhang: Ein Rekonstruktionsvorschlag

Das vorstehend entwickelte Verständnis von Ethik ist nun allerdings noch allgemein in dem Sinne, daß es für **alle** konfliktträchtigen menschlichen Handlungsbereiche gelten soll, wie z.b. die Familie, die Politik oder eben auch die Wirtschaft und die Unternehmungen. Eine Unternehmensethik beansprucht demgegenüber, für den **spezifischen** Handlungszusammenhang der Unternehmung noch einmal eine Orientierungshilfe zur friedlichen Lösung von Konflikten bieten zu können. Ob und in welchem Sinne dieser Anspruch sinnvoll erhoben und eingelöst werden kann, ist im folgenden zu prüfen. Als Ergebnis soll sich dann eine begriffliche Präzisierung des Verständnisses von Unternehmensethik ergeben.

Wer eine Unternehmensethik als Morallehre entwerfen will, muß sich zunächst über die historischen Anwendungsbedingungen für das ideale Prinzip der kommunikativen Verständigung klar werden; denn die Anwendung des Dialogprinzips ist immer eine geschichtsbezogene Aufgabe.[146] In unserem Zusammenhang bedeutet dies konkret, daß die Unternehmung nicht als ein Ort verstanden werden darf, wo das Dialogprinzip umstandslos umgesetzt werden kann. Man muß vielmehr zunächst die systematische Einordnung des Handlungsbereichs "Unternehmung" in den

---

146   Vgl. dazu eindringlich auch Apel (Verantwortungsethik), S. 290 ff., insbes. S. 297f.

größeren historisch bedingten Handlungszusammenhang moderner Wettbewerbsgesellschaften bedenken.[147] Die Unternehmung ist ja keine gleichsam von Natur aus gegebene Institution, sondern eine **kulturelle** Erfindung im Rahmen der arbeitsteiligen Organisation des wirtschaftlichen Handelns. Um ihre Funktion richtig zu verstehen, muß man also zunächst nach dem **Sinn**, nach den Organisationsprinzipien, fragen, die für die Gestaltung der Wirtschaft ganz allgemein Gültigkeit haben. Erst dann kann man eine Unternehmensethik **wirtschaftsordnungsadäquat** entwerfen. Unsere Anwendung des Dialogprinzips auf die Unternehmensführung zielt also nicht auf eine a-historische Konzeption von Unternehmensethik, die ein für alle mal und überall als Leitlinie dienen könnte. Sie ist vielmehr als Konzept für die kapitalistische Wettbewerbswirtschaft gedacht.

Abbildung 4 soll die Einbettung der Unternehmung in den Zusammenhang der Wirtschaftsordnung verdeutlichen. Die Darstellung soll zum Ausdruck bringen, wie das Funktionsprinzip der Markt- und Wettbewerbswirtschaft mit dem übergeordneten ethischen Ziel des Friedens, verstanden als freier Konsens, systematisch zusammengedacht werden sollte. Dieses Vermittlungsproblem macht ja den Kern der Unternehmensethik als einer **angewandten** Disziplin aus. Als Ergebnis unserer nachfolgenden Rekonstruktion wird sich zeigen, daß das gesellschaftliche Ziel des Friedens als Ausdruck des öffentlichen Interesses nicht als eine exklusive Angelegenheit zentraler Institutionen des Staates begriffen werden kann, sondern (u.a.) auf allen Koordinationsebenen des wirtschaftlichen Handelns verfolgt werden muß. So gesehen bleiben auch Entscheidungsträger in der Privatwirtschaft immer aufgerufen, das öffentliche Interesse

---

147 Eine solche Besinnung auf konkrete Handlungsbedingungen und Handlungsfreiräume als Grundlage ethischen Handelns in der Wirtschaft mahnt vor allem auch Enderle (Handlungsorientierte Wirtschaftsethik), S. 9, verstärkt an.

am gesellschaftlichen Frieden im Rahmen ihrer Möglichkeiten mit zu verfolgen. Unternehmensethik läßt sich dann in den Leitsatz fassen: "Privatunternehmer bleiben immer Republikaner, d.h. der öffentlichen Sache verpflichtet".[148]

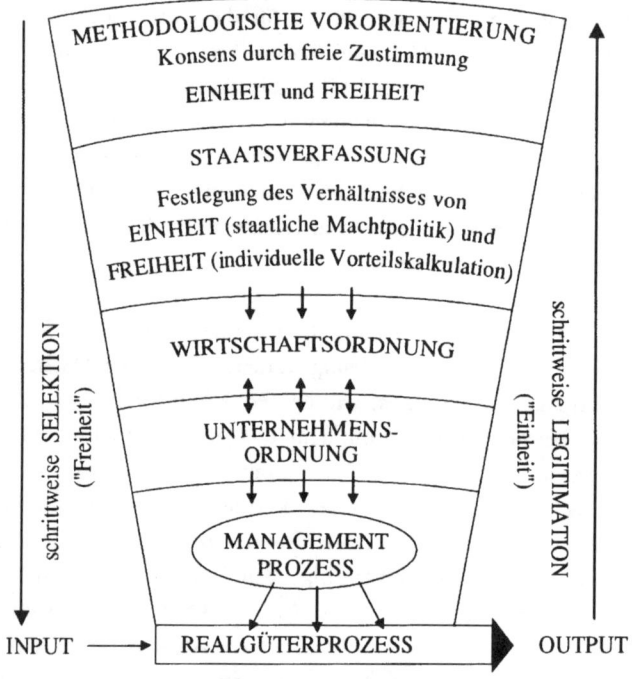

Abb.4: Die Koordinationsebenen für unternehmerisches Handeln

---

148 Diese ursprüngliche Bedeutung des Terminus "republikanisch" im wirtschaftsethischen Zusammenhang wieder zu aktivieren hat Lorenzen (Fundierungsprobleme), S. 62, vorgeschlagen; vgl. dazu auch Steinmann/ Zerfaß (Unternehmertum).

Um dies näher zu erläutern, beginnt Abbildung 4 zunächst unten mit den konkreten Handlungen in der Unternehmung im Rahmen des Realgüterprozesses. Solche Handlungen verlangen - damit sie überhaupt (vernünftig) vollziehbar werden - zeitlich, räumlich und personell eindeutige Festlegungen: Wer soll was wann wie wo tun? Damit derartige eindeutige Handlungsanweisungen nicht **willkürlich** ausfallen, müssen sie - das folgt auch schon aus dem Handlungsbegriff - zielorientiert gestaltet werden; denn Handeln heißt ja die **bewußte** Wahl von Mitteln und Zwecken. Das gilt bereits für die Ebene der einzelnen Unternehmung: Die Einzelhandlungen müssen sich in den sinnstiftenden größeren Zusammenhang der operativen und strategischen Ziele des Unternehmens einordnen. Eine solche Zielgebung erfolgt im Rahmen des Managementprozesses mit seinen Funktionen der Planung, Durchführung und Kontrolle der Unternehmensstrategie. Diese Festlegung eines spezifischen unternehmerischen Handlungsprogrammes ist in hohem Maße **selektiv**: aus der Menge der in einer bestimmten Situation verfügbaren Handlungsmöglichkeiten werden im Rahmen der unternehmerischen Freiheit bestimmte strategische und operative Ziele ausgewählt, von denen man hofft, daß sie ein langfristiges Überleben der Unternehmung im Wettbewerb möglich machen.[149]

In unserem Zusammenhang ist besonders hervorzuheben, daß bereits an dieser Stelle bei der Festlegung der Unternehmensstrategie von einer **"Freiheit"**, und zwar zur Selektion, Gebrauch gemacht wird. Diese Freiheit kann allerdings nicht als Willkür verstanden werden, denn welche strategischen und operativen Zielsetzungen zugelassen sind, bestimmt sich letztlich nach den Interessen, die in der Unternehmensordnung vertreten sind. Für eine kapitalistische Wettbewerbswirtschaft sind das - gemäß

---

149   Vgl. dazu Steinmann/Schreyögg (Management), S. 117 ff.

Gesellschaftsrecht - die Interessen der Kapitaleigner.[150] Nach ihrer Interessenlage soll bestimmt werden, welche Risiken und welche Ertragserwartungen die Zielwahlen bestimmen sollen.

Damit eine derartige Auszeichnung der Kapitaleigner nicht selbst wiederum als Willkürakt erscheint, muß sich auch diese Selektion in einen größeren Ordnungszusammenhang einfügen, wie er von der Wirtschaftsordnung bereitgestellt wird. Die Wahl einer bestimmten Wirtschaftsordnung führt also zur Selektion spezifischer Funktionsbedingungen des Unternehmens in eben dieser Wirtschaftsordnung. Insofern stellt sie sich wiederum als der Versuch dar, die Freiheit auf Unternehmensebene mit einer ordnungsstiftenden Einheit für das Ganze zu verbinden. Diese Verknüpfung soll in der marktwirtschaftlichen Wettbewerbsordnung über das Preissystem erfolgen, das die einzelwirtschaftlichen Handlungen unabhängig von den **Motivlagen** der Entscheidungsträger ausschließlich über die **Handlungsfolgen** koordiniert. Damit wird ein unternehmerisches Freiheitsverständnis etabliert, das die inhaltlichen Sachziele (Unternehmensstrategie) dem unternehmerischen Kalkül anheimstellt und nur fordert, daß Gewinne im Gefolge der strategischen Entscheidungen entstehen müssen. Liquidität und Rentabilität sind die Formalziele, deren Einhaltung in der Wettbewerbswirtschaft Bedingung für die Existenz jeder Unternehmung ist.

Die Anschlußfrage lautet dann, wo denn der systematische Ort zur Begründung dieser spezifischen Formalziele ist, damit sie ihrerseits wiederum nicht-willkürlich bleiben. Diese Frage ist an die (legale) Staatsverfassung gerichtet, die den Rahmen auch für die Wirtschaftsordnung bildet. In der Staatsverfassung werden ja die grund-

---

150 Zur kapitalistischen Unternehmensordnung vgl. Steinmann/Gerum (Unternehmensordnung).

sätzlichen Orientierungen zur Gestaltung des Verhältnisses von Einheit und Freiheit in den verschiedensten Lebensbereichen geregelt. Historisch hat man dieses Verhältnis regelmäßig als Alternative begriffen: Einheit **oder** Freiheit, Einheit (gestiftet durch die Macht des Staates) oder Freiheit (des Individuums zum Handeln). Aus dieser alternativen Sichtweise folgt: Einheit ist nur auf Kosten der Freiheit zu haben und umgekehrt. Der Staat, der Einheit stiften will, muß Freiheitsrechte einschränken; eine Ausweitung der individuellen Freiheit bedeutet einen Verlust an Einheit.

Auf dieser polarisierenden Sichtweise aufbauend, stehen heute etatistische den liberalen Positionen gegenüber. Beide Positionen kapitulieren letztlich vor dem gestellten Begründungsproblem. Die Wahl einer bestimmten Wirtschaftsordnung und die Durchsetzung dieser Entscheidung erfolgt entweder im machtpolitischen Raum, wo die Macht dazu dient, das Mögliche wirklich werden zu lassen; solcher Machtgebrauch bleibt aber solange willkürlich, wie er nicht selbst als legitim ausgewiesen ist. Auf der anderen Seite wird in liberaler Tradition für die notwendige Selektionsentscheidung auf das Individuum verwiesen, dessen unabhängige individuelle Kosten-Nutzen-Kalkulationen darüber entscheiden sollen, welche Institutionen zur Orientierung des wirtschaftlichen Handelns zum Zuge kommen; man denke hier etwa an neuere Vorschläge im Rahmen der Theorie der Verfügungsrechte.[151] Auch diese Position löst offensichtlich das anstehende Begründungsproblem nicht; sie stellt vielmehr einen dogmatischen Abbruch dar - in Form der Berufung auf die freigestellten, also beliebigen Präferenzordnungen der Individuen als letzte Instanz. Die notwendige gesellschaftliche Einheit ist damit immer gefährdet. Die Alternative "Einheit oder

---

151 Vgl. dazu etwa die kritische Aufsatzsammlung von Budäus/Gerum/ Zimmermann (Verfügungsrechte) und Schüller (Property Rights).

Freiheit" ist also von vornherein falsch gestellt; sie verbaut den Blick auf die republikanische Lösung des Begründungsproblems durch den freien Konsens, der im Prinzip Einheit **und** Freiheit durch die rationale Motivierung der Bürger zu versöhnen in der Lage ist.

Damit wird in Abbildung 4 die Ebene der methodologischen Reflektion erreicht und Friede im Sinne des freien Konsenses als oberste Instanz zur Stiftung von Legitimität aufgedeckt. Weder die Freiheit des Individuums noch die machtinduzierte Einheit der Politik können also die letzte und oberste Instanz für die Frage nach dem Verhältnis von Einheit und Freiheit abgeben. Man muß auf der übergeordneten methodologisch-philosophischen Ebene noch einmal die Frage nach der Rechtfertigung von Macht bzw. von individueller Freiheit stellen. Nur der Dialog und der durch ihn erreichbare Konsens sind nicht von Anfang an selektiv, schließen also keine Interessen von vorneherein aus. Dort besteht deshalb die Möglichkeit, im Prinzip alle Betroffenen und ihre Interessen argumentativ zur Geltung zu bringen.

Abbildung 4 rekonstruiert den Gesamtzusammenhang, in dem eine Unternehmensethik zu verorten wäre, also im Sinne eines "Gegenstromverfahrens": Die schrittweise Freistellung zur **Selektion** bestimmter Handlungsprogramme wirft im Gegenzug die Frage auf, wie ein nicht-willkürlicher Gebrauch der "Freiheit zur Selektion" sichergestellt werden kann. Genau dieses ist das **Legitimationsproblem,** das sich auf jeder Ebene des Freistellungs-zusammenhanges stellt und dabei Rechenschaft und Rechtfertigung für die getroffenen Selektionsleistungen verlangt. Es wird in einer bestimmten historischen Situation in jeder (demokratischen) Gesellschaft durch die geschaffenen **Institutionen** zu lösen versucht. Diese Institutionen ermöglichen dann auch für die jeweils mit Freiheit zum Handeln ausgestatteten Personen den schon früher angesprochenen **Begründungsabbruch:** Der Unternehmer oder

Manager, an den die Legitimationsfrage gerichtet wird, kann sie im Prinzip unter Verweis auf das geltende Recht (Gesellschaftsrecht, Mitbestimmungsrecht, Kapitalmarktrecht etc.) beantworten. Dieser Begründungsabbruch kann allerdings nur solange in Anspruch genommen werden, wie die vorgegebenen institutionellen Regelungen schon friedensstiftende Wirkungen im Kontext des unternehmerischen Handelns entfalten.

Nach diesen Überlegungen scheint es so zu sein, als ob das Legitimationsproblem **vollständig** in den Regelungen der Wirtschaftsordnung aufgeht; speziell für die kapitalistische Marktwirtschaft würde das heißen, daß das Gewinnprinzip und seine rechtlichen Konnexinstitutionen notwendig und hinreichend sind, um unternehmerisches Handeln von jedem weiteren Legitimationsanspruch freizustellen. Bei genauerer Betrachtung zeigt sich jedoch, daß dies nicht der Fall ist. Ein Blick auf die Praxis der Unternehmensführung belegt ja, daß die Wirkungen eines freigestellten unternehmerischen Handelns immer wieder zu Konflikten mit verschiedenen Bezugsgruppen der Unternehmung führen. Die Frage lautet deshalb, ob man durch eine Verbesserung der rechtlichen Konnexinstitute des kapitalistischen Wirtschaftssystems prinzipiell zu einer befriedigenden Konfliktlösung kommen kann. Die Konsequenz wäre eine zunehmende Verrechtlichung der Wirtschaft.

Eine kurze systematische Überlegung zeigt nun jedoch, daß ein derartiger Weg - auch wenn er beschritten würde - nicht verhindern könnte, daß immer wieder neue Konflikte auftauchen. Der Grund dafür liegt darin, daß auf Unternehmensebene mit der Festlegung der Unternehmensstrategie der Übergang von der **Formalzielorientierung** der Wirtschaftsordnung (Gewinnprinzip) zu einer **Sachzielorientierung** vollzogen werden muß. Diese Sachzielwahl läßt sich aber niemals gesetzgeberisch so tiefgreifend vorkanalisieren, daß man für eine gute Chance zur Friedensstiftung allein durch die Institutionen auf der Ordnungsebene argumentieren kann.

Immer wieder wird das Leben neue Situationen schaffen, die nicht "vorgeregelt" sind und auch nicht vorgeregelt werden können: Es werden durch innovative Anstrengungen der Unternehmungen neue Erfindungen gemacht und neue Märkte erschlossen, es ändern sich die regionalen und weltweiten Rahmenbedingungen wirtschaftlichen Handelns, es ändern sich die Wertvorstellungen der Menschen, mit denen kooperiert werden muß (Wertewandel), kurz: es spricht viel dafür, daß es klug ist, von einer systematischen Grenze in der Steuerungskapazität des Rechts auszugehen,[152] weil die Zukunft prinzipiell unabschließbar ist. Damit aber ist dann auch der **Ort** für eine Unternehmensethik benannt: Es geht um die Frage nach der Konsensfähigkeit der **unternehmerischen Strategien,** soweit sie nicht schon durch die Wirtschaftsordnung und ihre rechtlichen Regelungen automatisch gewährleistet ist.

Aus diesen Überlegungen folgt als sinnvoller Vorschlag, die Unternehmensethik als eine konstruktive **Ergänzung** zum Recht zu verstehen. Das Recht versucht eine friedliche Lösung der antizipierbaren **generellen** Strukturkonflikte, die im Bereich des wirtschaftlichen Handelns auftreten können. Man denke z.B. nur an die Konflikte zwischen Kapital und Arbeit, die mittlerweile in Form der Mitbestimmung zum Regelungsgegenstand der Unternehmensordnung geworden sind, oder an das Recht zum Schutz von Verbraucherinteressen. Sollte sich die Auffassung von Beck bestätigen,[153] daß in Zukunft nicht mehr so sehr der Konflikt zwischen Kapital und Arbeit, sondern im Zusammenhang mit dem Einsatz stark risikobehafteter neuer Technologien eher der Konflikt zwischen "Risikogewinnern" und "Risikoverlierern" strukturprägend wird, so wären aus einer derartigen neuen strukturellen Konfliktlage Konsequenzen für die Unternehmensordnung zu ziehen. Es wäre etwa festzustellen, wie die "Definitionsmacht" der

---

152   Vgl. dazu Stone (Law) und unten S. 97 ff.
153   Vgl. dazu U. Beck (Risikogesellschaft), insbes. S. 121 ff.

Unternehmungen im Hinblick auf die Risikoverteilung beim Einsatz von Risikotechnologien gebunden werden kann, ferner wie Beweislasten neu zu verteilen sind etc.[154] Die Diskussionen um besondere betriebsverfassungsrechtliche Regelungen für Unternehmungen der Hochrisikotechnologie haben diese Frage ja schon aufgegriffen.[155]

Im Unterschied zu derartigen rechtlich vorregelbaren Strukturkonflikten fällt der Unternehmensethik dann die Aufgabe zu, die **ad hoc** im situativen Kontext einer spezifischen Unternehmensstrategie anfallenden Konflikte friedlich beizulegen. Hier mag es etwa um Konflikte mit bestimmten Abnehmern oder Endverbrauchern gehen, um Konflikte mit Arbeitnehmern oder Kapitaleignern, schließlich auch um Konflikte mit der regionalen und globalen Öffentlichkeit schlechthin. Wie dann dieser prinzipiellen Sinnstiftung genauer Rechnung getragen werden kann, ist weiter unten im einzelnen darzulegen.

Die vorstehenden Überlegungen zur Legitimation des unternehmerischen Handelns laufen im Kern auf eine **zweistufige Legitimationsproblematik** hinaus, in der auch eine Unterscheidung zum Tragen kommt, die der Sache nach zwischen Wirtschaftsethik und Unternehmensethik zu treffen ist (Abbildung 5). Die **Wirtschaftsethik** hat auf der ersten Stufe die Aufgabe, über die wirtschafts- und sozialpolitischen Rahmenbedingungen des wirtschaftlichen Handelns (hier und heute: in der Sozialen Marktwirtschaft) und ihre Legitimationsgrundlagen nachzudenken.[156]

---

154 Vgl. dazu U. Beck (Gegengifte), insbes. S. 211 ff.

155 Vgl. Th. Beck/Trümner (Sonderbetriebsverfassung), S. 77 ff.

156 Zu Bemühungen um eine Vermittlung von ökonomischer Theorie und Ethik vgl. Biervert/Held (Grundlagen), dies. (Theorie); Koslowski (Kapitalismus), ders. (Prinzipien), Lachmann (Wirtschaft) und schon früh Hartfiel (Rationalität).

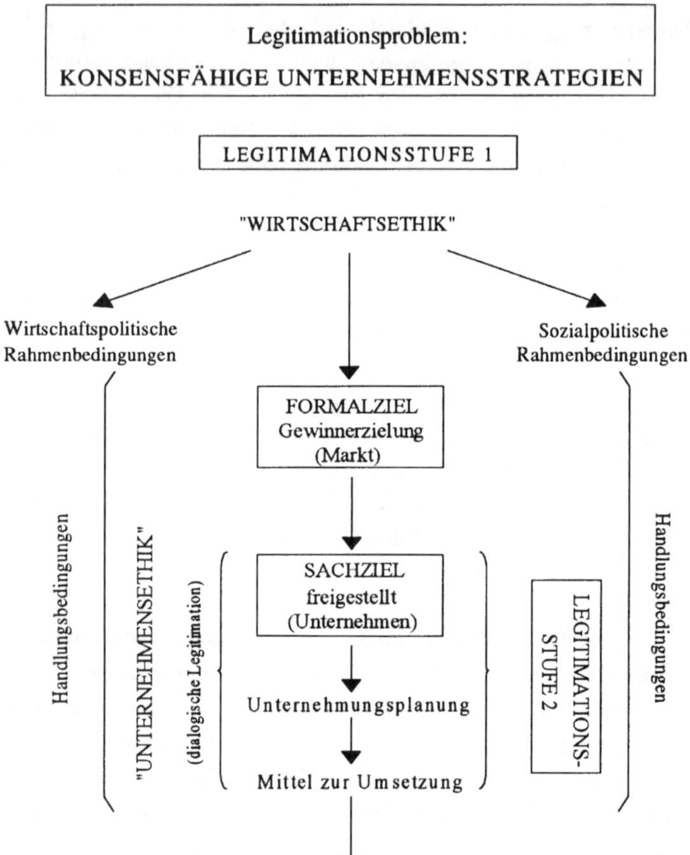

Abb. 5: Die zweistufige Legitimationsproblematik

104

Die Legitimation der **marktwirtschaftlichen** Koordination (im Vergleich zur Planwirtschaft) läßt sich dabei - grob gesprochen - durch Verweis auf die Komplexität der gesamtwirtschaftlichen Steuerungsaufgabe leisten. Die schiere Vielzahl der Akteure im wirtschaftlichen Kosmos und ihre in jedem Augenblick zu koordinierenden Handlungen lassen jeden Versuch zu einem vollständig dialogischen Interessenausgleich von vorneherein als sinnlos erscheinen. Man muß sich, um mit der extremen Komplexität der ökonomischen Koordinationsaufgabe überhaupt effizient fertig zu werden, in der heutigen historischen Situation hochentwickelter Volkswirtschaften auf die Marktkoordination einlassen. An die Stelle der dialogischen Verständigung muß insoweit das sprachfreie Medium der freien Preisbildung durch Angebot und Nachfrage treten, um auf diese Weise die Abstimmung der individuellen Teilpläne der Akteure zu rationalisieren. Es ist der dadurch erzielbare **Effizienzgewinn** bei der Lösung des Koordinationsproblems, der das entscheidende Argument für die Legitimation der Marktwirtschaft darstellt.[157]

Auf der zweiten Stufe und unter Zugrundelegung der (legitimierten) Rahmenbedingungen der ersten Stufe hat die Unternehmensethik die dann noch offenen Legitimationsprobleme unternehmerischen Handelns zu klären, wie sie sich bei der Verfolgung einer konkreten Unternehmensstrategie im Einzelfall ergeben. Dabei wird sich die Unternehmung im Sinne des Subsidiaritätsprinzips zunächst selbst um eine Konfliktlösung bemühen müssen. Allerdings muß sie in solchen Fällen, wo ihre eigene Konfliktregelungskapazität überschritten wird, Lösungsversuche auf übergeordneten Regelungsebenen (Verband, Staat) anstoßen.

---

157   Vgl. dazu auch Steinmann/Schreyögg (Management), S. 82.

2. Unternehmensethik - Versuch einer begrifflichen Präzisierung

Der Versuch einer begrifflichen Präzisierung der Unternehmensethik läuft im wesentlichen darauf hinaus, den vorgeschlagenen Zweck der Unternehmensethik im Legitimationszusammenhang wirtschaftlichen Handelns mit den oben entwickelten Grundorientierungen einer dialogischen Ethik zu verknüpfen. Unternehmensethik stellt sich dann als eine (wissenschaftliche) Lehre von denjenigen idealen Normen dar, die in der Marktwirtschaft zu einem friedensstiftenden Gebrauch der unternehmerischen Handlungsfreiheit anleiten sollen.

Genauerhin ist die Unternehmensethik eine Verfahrenslehre für dialogische Prozesse, die in solchen Situationen handlungsleitend sein soll, in denen die Steuerung der konkreten Unternehmensaktivitäten nach den Regeln des Gewinnprinzips und im Rahmen des geltenden Rechts zu konfliktträchtigen Auswirkungen mit den internen und externen Bezugsgruppen der Unternehmung führt. Ergebnis dieser lebenspraktischen Verständigungsprozesse sollen begründete materiale und prozessuale Normen sein, die das Unternehmen zur friedlichen Konfliktregelung im Sinne einer Selbstverpflichtung in Kraft setzt. In Kurzform: **Die Unternehmensethik zielt auf die Entwicklung konsensfähiger Strategien des Unternehmens ab.**

Dieses Verständnis von Unternehmensethik führt in Ergänzung zu den bereits herausgearbeiteten drei Merkmalen einer dialogischen Ethik[158] zu den folgenden weiteren begriffskonstituierenden Aspekten:

---

158   Vgl. dazu oben S. 84 ff.

(1) Unternehmensethik fordert eine situationsgerechte Anwendung des Gewinnprinzips. Die Unternehmensethik zielt auf solche Situationen ab, in denen die Orientierung des unternehmerischen Handelns am Gewinnprinzip im Hinblick auf den gesellschaftlichen Frieden problemträchtig ist. Zwar hat die Orientierung des unternehmerischen Handelns am Gewinnprinzip aufgrund der vorgängigen Festlegungen der kapitalistischen Wirtschaftsordnung eine Richtigkeitsvermutung auf ihrer Seite; diese Richtigkeitsvermutung kann jedoch nur **im allgemeinen** unterstellt werden, weil die Legitimität eines Formalprinzips (hier: der Gewinnerzielung) nicht jeden konkreten Einzelfall rechtfertigend abdecken kann. Deshalb ist **jede** unternehmerische Entscheidung **im Einzelfall** noch einmal daraufhin zu befragen, ob sie tatsächlich konsensfähig ist. Wenn dies nicht der Fall sein sollte, bleibt das Unternehmen dazu aufgefordert, nach alternativen Strategien zu suchen, die sich als konsensfähig erweisen können. Insofern sind ethische Überlegungen nicht nur auf der Ordnungsebene, sondern auch auf der Unternehmensebene dem Gewinnprinzip systematisch vorgeordnet.[159] Aus dieser Überordnung mag sogar in letzter Konsequenz einmal folgen, daß eine Unternehmung aus ethischen Überlegungen heraus stillgelegt werden muß, nämlich dann, wenn die Herstellung der bisherigen Produkte nicht mehr vertretbar ist (Dünnsäure-Verklappung in der Nordsee, Asbestproduktion) und das Management nicht in der Lage war oder ist, alternative Strategien zu entwickeln.

---

159 Ganz in diesem Sinne betont Zimmerli (Feindbild), S. 122: "Im Grundsatz müssen sich daher ökonomische Interessen immer an ethischen Prinzipien messen lassen, und das gilt - darauf kommt es mir an - auch und vor allem im marktwirtschaftlichen Wirtschaftsliberalismus. Konkurrenzkampf und Regulierung über den Markt sind Mittel zum Zweck, nämlich zur *Förderung des Gemeinwohls*. Mithin haben sie auch dort ihre Grenzen, wo sie diesen Zweck verletzen."

Diese Überlegungen verdeutlichen, daß es unter dem Gesichtspunkt der gesellschaftlichen Friedensstiftung sinnvoll ist, die Unternehmung prinzipiell als einen **eigenständigen Ort** ethischer Reflektion zu verstehen. Allerdings wird auch deutlich, daß die Kapazität, ethische Konflikte auf Unternehmensebene (im Alleingang) zu regeln, **begrenzt** ist, im Extremfall sogar gegen Null gehen kann, wenn man nicht den ökonomischen Untergang riskieren will. Es mag nämlich sein, daß zwar eine konsensfähige Strategie verfügbar ist, diese Strategie aber nur realisierbar wird, wenn gewisse wettbewerbsneutrale Rahmenbedingungen geschaffen werden. In diesem Falle kann nicht mehr eine einzelne Unternehmung der Adressat gesellschaftlicher Friedensstiftung sein; gefordert ist dann entweder eine Verbandsregelung oder eine gesetzliche Maßnahme, um für alle Unternehmen die gleiche wettbewerbsneutrale Ausgangsposition im Hinblick auf ethische Anforderungen an die Unternehmensstrategie zu schaffen. Dies ist ein Fall des "ethical displacement" im Sinne von de George: Unternehmensethik fordert primär subsidiäre Lösungen; wo dies aber nicht möglich ist, gehört es zur unternehmerischen Pflicht, Lösungsversuche auf übergeordneten Regelungsebenen in Gang zu bringen.[160]

Die Vorstellung einer - wenn auch begrenzten - Regelungskapazität der Unternehmung im Hinblick auf von ihr verursachte gesellschaftliche Konflikte bedeutet nichts anderes als die **empirische** Voraussetzung hinreichender Handlungsspielräume, so daß nicht mit jeder ethischen Entscheidung zugleich die Überlebensfrage der Unternehmung gestellt ist, wie es bei einem Grenzanbieter der Fall wäre. Da das Überleben der Unternehmung eine Frage ihrer jederzeitigen Zahlungsfähigkeit ist und die Zahlungsfähigkeit von der Rentabilität der Unternehmung abhängt, kann man diesen Gesichtspunkt auch so formulieren: Erfolgsträchtige Unter-

---

160   Vgl. DeGeorge (Ethical Analysis).

nehmensstrategien, die für die Zukunft immer wieder die Chance für eine hinreichende Rentabilität der Unternehmung bieten, sind die empirische Voraussetzung für eine Unternehmensethik. Sowohl die Möglichkeit wie auch die Notwendigkeit einer Unternehmensethik steht und fällt also mit den empirisch verfügbaren Handlungsspielräumen. Diese sind nicht vollkommen autonom von der Unternehmung kontrollierbar, sondern hängen auch von vielen anderen Faktoren ab, insbesondere - neben der Wirtschaftsordnung - von der Wettbewerbsintensität einer Branche. So ist das Ausmaß, in dem eine Unternehmung ethisch verantwortlich handeln kann, also sowohl eine Funktion der eigenen mehr oder weniger guten Strategie als auch fremdbestimmter Rahmenbedingungen.

Indem wir vorschlagen, das Verhältnis von **unternehmensethischen** Normen und Gewinnprinzip als ein Über- und Unterordnungsverhältnis zu sehen, werden weiterhin aus dem Begriff der Unternehmensethik solche Fälle ausgegrenzt, in denen von vornherein erwartet werden kann, daß die Unternehmensethik **funktional** für die Gewinnerzielung ist. In derartigen Fällen kommt es ja zu keinem Konflikt zwischen Gewinnstreben und ethischen Anforderungen, im Gegenteil: Die Berücksichtigung ethischer Anforderungen zahlt sich sogar aus! Eine solche Funktionalisierung ethischer Erwägungen wird sich etwa dort ergeben, wo Konsumenten durch ihr Nachfrageverhalten ethische Gesichtspunkte schon selbst zur Geltung bringen. Wie man weiß, ist dies heute insbesondere in einigen Bereichen des Umweltschutzes (Waschmittel, Verpackungen) der Fall. In solchen Fällen hat die Ethik ihren "Sitz" nicht im Unternehmen selbst, sondern "im Markt", genauer: in den vernünftigen Reflektionen der Konsumten, die über das Preissystem (z.B. durch einen Kaufboykott oder eine steigende Nachfrage) an die Unternehmung vermittelt werden. Durch Marktforschung lassen sich derartige Strömungen u.U. sogar rechtzeitig antizipieren. Schon die Verfolgung des Gewinnprinzips veranlaßt hier also ein Tun oder Unterlassen, das unter ethischen

Gesichtspunkten gebilligt werden kann. Besondere Konflikte, zu deren Regelung es einer Unternehmensethik bedürfte, entstehen gar nicht.

Ein ganz anderer, nicht über den Markt vermittelter Fall der Funktionalisierung moralischer Normen liegt aber dann vor, wenn von der Unternehmung selbst ein "normatives Management" betrieben wird, indem Normen **bewußt** als ökonomische Mittel zur Beförderung des Gewinnzieles eingesetzt werden. Man denke etwa an die vielzitierten Führungsgrundsätze oder an die Überlegungen zur Gestaltung einer effizienten Organisationskultur, die zwar manchmal mit dem Beiwort "Ethik" geschmückt werden, jedoch der Absicht nach ausschließlich zur Effizienzsteigerung dienen sollen. In solchen Fällen von Ethik zu sprechen wäre Etikettenschwindel; denn ethische Absichten kommen von Unternehmensseite hier ja überhaupt nicht zum Zuge.

(2) Unternehmensethik bezieht sich auf (konsensfähige) Unternehmensstrategien als dem Sachziel der Unternehmung. Die vorstehenden Einsichten über die situationsgerechte Anwendung des Gewinnprinzips lassen sich noch weiter präzisieren, wenn man bedenkt, daß die systematischen Anknüpfungspunkte einer Unternehmensethik immer die Freiheitsgrade unternehmerischen Handelns in einer dezentralen Wettbewerbswirtschaft sind. Das Gewinnprinzip als Formalziel der unternehmerischen Aktivitäten steht auf Unternehmensebene nicht zur Disposition; hier kann es nur um die Entscheidung über gewinnträchtige Strategien gehen. In dieser Entscheidungsautonomie für ein spezifisches unternehmerisches Handlungsprogramm manifestiert sich die von der Wirtschaftsordnung eingeräumte unternehmerische Freiheit. Die **verantwortliche** Nutzung dieser Freiheit führt dann zu konsensfähigen Strategien. Für eine Unternehmensethik lassen sich nur auf der Ebene der Strategien (der Sachziele) und der Maßnahmen zu ihrer Realisierung die Interessen von Betroffenen so hinreichend konkretisieren, daß sie argumentationsfähig und argumentationszugänglich werden. Nur auf dieser Ebene läßt sich also feststellen, wann tatsächlich im Einzelfall ein Konflikt vorliegt bzw. ein Konsens erzielt wurde.

Mit dem Vorschlag, den konkreten Ansatzpunkt für eine Unternehmensethik an der strategischen Entscheidung der Unternehmung festzumachen, werden zugleich zwei sinnvolle begriffliche Abgrenzungen eingeführt. Einerseits soll der Gefahr eines ideologischen Mißbrauchs vorgebeugt werden, wie er immer dann möglich ist, wenn mit allgemeinen Leerformeln operiert wird. Eine hier und dort immer wieder einmal geforderte unspezifizierte Proklamation einer "Gesellschaftlichen Verantwortung der Unternehmensführung" sollte also keineswegs schon als Unternehmensethik qualifiziert werden.[161] Derartige Formeln bleiben in der Regel unverbindlich und geben - wenn sie nicht weiter ausgearbeitet werden - keine konkreten Anhaltspunkte zur Thematisierung irgendwelcher Konflikte. Im Gegenteil werden dadurch häufig Konflikte regelrecht verdeckt, die sich dann erst später im konkreten Handeln offenbaren.

Desweiteren verweist die begriffliche Bindung der Unternehmensethik an die Unternehmensstrategie auf die originäre Bestimmung der Unternehmung, ihre Aktivitäten zum Zweck der Gütererstellung und -verteilung im Rahmen dezentraler Wirtschaftsordnungen zu entfalten. Es soll bei einer Unternehmensethik also nicht um die Verfolgung unternehmensfremder, nicht-ökonomischer Ziele in der Gesellschaft gehen, wie es z.B. eine generelle Mildtätigkeit seitens der Unternehmensführung gegenüber sozialen

---

161   Vgl. dazu als Beispiel das sog. "Davoser Manifest" bei Steinmann (Davoser Manifest), S. 467 ff., und zur Kritik allgemein Böhm (Unternehmensführung), S. 66 ff.

Problemgruppen darstellt. Gleichwohl können solche Engagements sehr wohl Ausdruck einer ethischen Grundhaltung sein, auch wenn sie nach unserem Vorschlag nicht als Unternehmensethik im eigentlichen Sinne bezeichnet werden sollen.

Ganz allgemein gesprochen steht hinter dem Gedanken, unternehmensethische Überlegungen an die Unternehmensstrategie zu binden, die nachvollziehbare Einsicht, daß die ethische Fragwürdigkeit unternehmerischen Handelns nicht in der Verfolgung des Gewinnprinzips an sich liegt, sondern in der Frage, **mit welchen Mitteln** Gewinne gemacht werden. Insofern wiederholt sich hier noch einmal der oben schon angesprochene Gedanke,[162] daß das gewinnorientierte Wirtschaften ein ethisch verteidigbarer Wert ist, da es in einer dezentralisierten Wettbewerbswirtschaft zur effizienten Bedarfsdeckung beiträgt.

(3) Unternehmensethik bezieht sich auch auf die Realisierung der Strategie im Managementprozeß. Ein spezifisches Charakteristikum moderner (Groß-)Unternehmungen ist die Notwendigkeit, eine Unternehmensstrategie in arbeitsteilig organisiertes und koordiniertes Handeln zu übersetzen. In diesem Zusammenhang bildet die Gesamtheit der Maßnahmen zur Ausgestaltung des Managementprozesses einen weiteren originären Bereich unternehmerischer Gestaltungsfreiheit, der wegen seiner Konfliktträchtigkeit einer ethischen Bindung unterliegen muß. Im Prinzip geht es hier um alle Managementfunktionen, von der Planung über die Organisation, den Personaleinsatz, die Führung bis hin zur Kontrolle.[163] Die Unternehmensethik ist überall dort als ein kritisches Regulativ gefordert, wo die Effizienzorientierung der Managementfunktionen bei der Strategierealisierung zu Konflikten

---

162   Vgl. dazu oben S. 105.
163   Vgl. zu diesen Funktionen Steinmann/Schreyögg (Management).

führt. Das Spektrum an Problemen, das in den letzten Jahren unter diesem Gesichtspunkt thematisiert wurde, reicht von Fragen einer humanen Organisationsgestaltung bis hin zur Entwicklung von Führungsgrundsätzen für die Mitarbeiter.

Bezieht man derart neben der Strategie auch die Mittelebene der Strategierealisierung in die Überlegungen ein, so ergeben sich die folgenden **vier konkreten Konfliktfelder** im Zusammenhang mit dem unternehmerischen Handeln:

1. Die Unternehmensstrategie kann nach **außen** hin problematisch geworden sein (werden); Beispiel: die Vermarktung von Babynahrung in Entwicklungsländern führt wegen mangelnder hygienischer Bedingungen zu bedenklichen gesundheitlichen Nebenwirkungen.[164]

2. Die Unternehmensstrategie kann nach **innen** hin problematisch geworden sein (werden); Beispiel: die Mitarbeiter hegen ethische Bedenken gegen die Produktion von Waffen.

3. Die **Mittel** zur Durchsetzung der Unternehmensstrategie können nach **außen** hin ethisch problematisch geworden sein (werden); Beispiel: die den Außendienstmitarbeitern vorgegebenen Umsatzziele sind nur zu erreichen, wenn zu unverantwortlichen Werbe- und Verkaufsmethoden gegriffen wird.

4. Die **Mittel** zur Durchsetzung der Unternehmensstrategie nach **innen** hin können ethisch problematisch geworden sein (werden); Beispiel: die praktizierten Anreizsysteme werden von den Mitarbeitern als ungerecht empfunden (Lohngerechtigkeit!).

---

164 Vgl. dazu den Nestlé-Fall bei Steinmann/Löhr ("realistische Idee"), S. 301 ff.

Diese Fallunterscheidungen zeigen deutlich, wie wichtig es ist, die ethische Fragestellung nicht auf der Ebene der unternehmerischen **Zwecksetzung** (Strategie) enden zu lassen, sondern auch die Ebene der **Mittelwahlen** zur Durchsetzung der Strategie (Ausgestaltung des Managementprozesses) einzubeziehen. Andernfalls wird die unternehmensethische Problematik unzulässig verkürzt. Durch die vorgenommene Differenzierung der Konfliktfelder wird insbesondere aufgedeckt, daß es bei der Unternehmensethik sowohl um Konflikte in den **Außenbeziehungen** wie auch in den **Innenbeziehungen** des Unternehmens gehen kann. Eine nach außen hin konfliktfrei verfolgte Unternehmensstrategie muß noch keineswegs bedeuten, daß die Realisation dieser Strategie im Unternehmen ebenfalls völlig konfliktfrei abläuft (z.b. wegen unzumutbarer Arbeitsbedingungen). Umgekehrt bedeutet eine "innere Harmonie" in einem Unternehmen ohne jegliche ethische Probleme natürlich auch noch nicht, daß von diesem Unternehmen eine konsensfähige Strategie am Markt realisiert wird (z.B. Produktion von Kriegsspielzeug).

(4) Unternehmensethik ergänzt das Recht um kritisch-loyale Selbstverpflichtungen. Da die Orientierungskraft einer ethischen Norm aus nichts weiter als der Einsicht in die Triftigkeit ihrer Begründung erwächst, muß die Unternehmensethik auf einen Akt der **Selbstverpflichtung** abzielen. Sie kann im Prinzip nicht noch einmal auf externe Stimuli, wie Belohnungen oder Bestrafungen, zurückgreifen. Die Unternehmensethik unterscheidet sich deshalb grundlegend von dem Vorschlag, konfliktträchtige unternehmerische Entscheidungen durch Rechtsnormen zu steuern, da diese sanktionsbewehrt sind und deshalb mit äußerem Zwang durchgesetzt werden können.

In der aktuellen Diskussion führt dieser Unterschied zu divergierenden Einschätzungen über die Wirkungsmächtigkeit der

Steuerungsinstrumente "Recht" und "Ethik". Wer die Chancen einer ernsthaften Selbstverpflichtung der Unternehmen gering einschätzt, wird zur Bewältigung der aufgeworfenen Konflikte regelmäßig auf das Recht zurückgreifen wollen.[165] Entsprechende Vorschläge übersehen allerdings vielfach die gravierenden Steuerungsgrenzen des Rechts, wie sie aus empirischen Untersuchungen immer wieder berichtet werden.[166] Das Steuerungspotential materieller Rechtsregelungen wird insbesondere im Hinblick auf folgende Schwachstellen kritisiert:

-   **Time-lag-Probleme:** Die Rechtsentwicklung hinkt dem Entstehen konkreter Konfliktsituationen auf Unternehmensebene in aller Regel hinterher, insbesondere angesichts der immer dynamischer werdenden Innovationszyklen von Produkten und Produktionsverfahren.[167]

-   **Abstraktionsprobleme:** Die Flut unternehmensethisch relevanter Einzelfallprobleme kann oft nur sehr schwer zu einer allgemeinen Tatbestandsbeschreibung verdichtet werden; dies führt einerseits zu einer Vielzahl unbestimmter Rechtsbegriffe und andererseits zu einer Aufblähung des materiellen Rechts; das Recht kann kaum noch übersehen und korrekt angewendet werden.[168]

-   **Vollzugsdefizite:** Die Überwachung und Sanktionierung von Gesetzesverstößen gelangt an strukturelle Grenzen; schon heute sind die Kontrollkapazitäten erschöpft, Verstößen kann nicht mehr in dem Maße nachgegangen werden, daß eine Einhaltung geltenden Rechts gewährleistet wird.[169]

---

165   Vgl. dazu Arni (Umsetzung).
166   Vgl. etwa Stone (Law), Mayntz (Vollzugsprobleme).
167   Vgl. Stone (Law), S. 94 ff.
168   Vgl. Voigt (Verrechtlichung).
169   Vgl. Mayntz (Vollzugsprobleme).

- **Adressatenunklarheit:** Die hoch arbeitsteilige Organisation unternehmerischen Handelns und die damit verbundene fortschreitende Diffusion von Entscheidungen in der Unternehmenshierarchie führt zu dem vielfach hervorgehobenen Phänomen der "organisierten Unverantwortlichkeit".[170] Einzelne Unternehmensmitglieder sind für ethisch relevante Gesamtentscheidungen häufig gar nicht mehr juristisch verantwortlich zu machen.[171]

Erschwerend kommt zu diesen Steuerungsdefiziten hinzu, daß in der Unternehmenspraxis immer häufiger Einzelfallkonflikte behandelt werden müssen, die sich wegen ihrer Besonderheit und mangelnden Prognostizierbarkeit rechtlich kaum allgemein und effektiv regeln lassen. Genau diese Einzelfallkonflikte sind ja die Kandidaten, für die eine ethische Selbstverpflichtung notwendig wird.

Die Befürworter einer Unternehmensethik verweisen gerade aus diesen Gründen auf die Notwendigkeit, das auf die Regelung von überdauernden Strukturkonflikten bezogene Recht durch eine ethische Selbstverpflichtung zu ergänzen. Materiellen Ausdruck finden solche Akte der Selbstverpflichtung in der Regel in sogenannten Verhaltenskodizes, Führungsgrundsätzen oder auch Verbandsrichtlinien.[172] Zum Beispiel hat sich die Firma Nestlé in dialogischen Verständigungsprozessen mit zahlreichen Initiativgruppen in den 80er Jahren auf die verbindliche Einhaltung eines Verhaltenskodex zur Regulierung der Vermarktung von Muttermilch-Ersatzprodukten in der Dritten Welt eingelassen.[173]

---

170   Vgl. Beck (Gegengifte), S. 103 ff.

171   Vgl. Schünemann (Unternehmenskriminalität), S. 34 f.

172   Vgl. hierzu etwa erläuternd The Conference Board (Codes).

173   Vgl. dazu ausführlich Dobbing (Infant Feeding).

Was die Einhaltung solcher Selbstbindungen anbetrifft, betont man hier nicht nur die persönliche Verpflichtung auf die vereinbarten Normen (commitment), sondern insbesondere auch die Rolle der kritischen Öffentlichkeit als Kontrollinstanz. Der Nestlé-Fall kann hierfür als ein beredtes Beispiel dienen: Die Einhaltung des verabschiedeten Verhaltenskodex wird dort von einem breiten Spektrum an Bürgerinitiativen kritisch mit überwacht, Verstöße werden umgehend publiziert.[174] Auch andere Fallbeispiele, etwa im Zusammenhang mit Umwelt- oder Bestechungsskandalen, weisen darauf hin, daß öffentlichkeitswirksame Bekenntnisse zur moralischen Selbstverpflichtung vielfach schärfer greifen als anonyme Gesetze, deren Inhalt niemand genau kennt.

Insgesamt schlagen wir vor, Bemühungen um eine Unternehmensethik als kritisch-loyale Ergänzung zum geltenden Recht zu verstehen. Bei näherer Betrachtung soll dies drei Aspekte zur Geltung bringen:

1. Unternehmensethik ist zunächst als eine Aufforderung zu verstehen, **geltendes Recht** konsequent **anzuwenden**. Das gesetzte Recht vermag sich vom Prinzip her seine eigenen Geltungsbedingungen nicht selbst zu verschaffen, sondern ist auf die Rechtstreue jedes einzelnen Bürgers bzw. jedes einzelnen Unternehmens angewiesen.[175] **Beispiel:** Die leidlich bekannten Vollzugsdefizite in der Umweltschutzgesetzgebung dürfen nicht dazu veranlassen, bestehende Rechtsvorschriften großzügig auszulegen oder gar zu ignorieren.

2. Falls für ein spezifisches Konfliktfeld noch gar keine Rechtsregelungen erlassen sind, soll die Unternehmensethik dazu auf-

---

174   Vgl. etwa Harrison (Nestlé), insbes. S. 301 ff.
175   Vgl. dazu Gröschner (Fundierung), S. 104 ff.

fordern, sich bestimmte Normen im Sinne einer Selbstverpflichtung als **Ergänzung der gesetzlichen (Minimal-) Regelungen** aufzuerlegen. **Beispiel:** Häufig erhebt sich die Frage, ob und inwieweit gesetzlich vorgeschriebene Sicherheitsstandards bei Produkten oder in der Produktion erweitert werden sollten.

3. Eine Unternehmensethik kann unter ganz spezifischen Umständen durchaus auch dazu auffordern, **gegen geltende Rechtsnormen zu verstoßen.** Eine solche kritische Distanz zum Recht käme der Unternehmensethik überall dort zu, wo das gesetzte Recht als illegitim, als unethische Zumutung, qualifiziert werden müßte. **Beispiel:** Unterwanderung illegitimer Gesetze zur Zeit des Nationalsozialismus in der Frage der zwangsweisen Beschäftigung von "Fremdarbeitern".

Diese begrifflichen Präzisierungen machen insgesamt deutlich: die Unternehmensethik fordert sowohl zu einer situationsgerechten verantwortlichen Anwendung des Gewinnprinzips auf, wie auch zu einer kritisch-loyalen Ergänzung des Rechts. So gesehen tritt sie zu den klassischen Steuerungsmechanismen des wirtschaftlichen Handelns, Markt und Recht, hinzu. Abbildung 6 bringt das Zusammenwirken dieser drei Steuerungsmedien im Hinblick auf die Orientierung der Unternehmenspolitik sinnfällig zum Ausdruck.

Die Bedeutung der drei Steuerungsmedien kann sich natürlich im Laufe der Zeit in Abhängigkeit von den gesellschaftlichen Konfliktlagen und Konfliktfeldern ändern: was heute noch Gegenstand einer Unternehmensethik ist, kann morgen schon einer rechtlichen Regelung unterworfen werden und umgekehrt (Beispiel: Umweltschutzgesetzgebung). Neuerdings wird dabei besonders die entlastende Rolle der Unternehmensethik für zukünftig drohende rechtliche Regelungen betont. Konkret äußert sich das in den USA z.B. darin, daß unternehmensethische Bemühungen von der Rechtssprechung honoriert werden, indem etwa Strafmilderungen für solche Unternehmungen gewährt werden, die Ethik-Kodizes verabschiedet haben und entsprechende Seminare abhalten. Dabei gilt aber im Prinzip, daß weder das Recht allein alle Steuerungsaufgaben einer Unternehmensethik an sich ziehen, noch umgekehrt die Unternehmensethik auf die dialogentlastende Funktion des sanktionsbewehrten Rechts verzichten kann.[176]

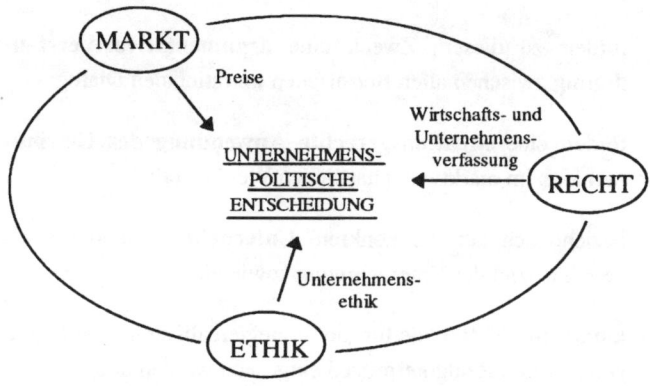

Abb. 6: Der Zusammenhang von Markt, Recht und Unternehmensethik als Steuerungsgrößen für unternehmerisches Handeln

---

176   Vgl. dazu Gerum (Unternehmensethik), S. 131 ff.

Die verschiedenen **Aspekte** unseres begrifflichen Klärungsvorschlags für eine **dialogorientierte Unternehmensethik** lassen sich damit wie folgt stichwortartig zusammenfassen. Die Unternehmensethik

- stellt eine **Verfahrenslehre** dar, die sich in kritischer Absicht mit (materialen oder prozessualen) Normen beschäftigt;

- macht die (erfolgreiche) Rechtfertigung von Normen vom Nachweis **guter Gründe** abhängig;

- fordert zu diesem Zweck eine **argumentative Verständigung** zwischen allen Betroffenen im rationalen Dialog;

- fordert eine **situationsgerechte Anwendung des Gewinnprinzips** im marktwirtschaftlichen Wettbewerb;

- bezieht sich auf die konkrete **Unternehmensstrategie** als dem Sachziel der Unternehmung sowie die

- **konkreten Mittel,** die für die Strategierealisierung im Management- und Realgüterprozeß eingesetzt werden und

- steht zum Recht im Verhältnis einer kritisch-loyalen **Selbstverpflichtung.**

So verstanden richtet sich die Unternehmensethik auf die Ergänzung der traditionellen Zielfunktion der Unternehmung: es geht nicht mehr nur um ökonomisch effektive und effiziente Strategien, sondern auch um deren Sozialverträglichkeit als Beitrag zum gesellschaftlichen Frieden.

3. Die konzeptionelle Diskussion um die Unternehmensethik

a) Der "republikanische" Ansatz einer ökonomischen und ethischen Handlungsorientierung der Unternehmung

Die bisherigen Überlegungen zur Unternehmensethik sind in Abbildung 7 in einem konzeptionellen Bezugsrahmen zusammengefaßt. Dieser Bezugsrahmen stellt noch einmal in differenzierter Form den **"republikanischen" Legitimationszusammenhang** unternehmerischen Handelns im Kontext der verschiedenen, früher schon angesprochenen Koordinationsebenen wirtschaftlichen Handelns dar. Besonders hervorgehoben ist jedoch auf der einen Seite die Rückbindung aller Koordinationsebenen an das übergeordnete Friedensziel und auf der anderen Seite die Notwendigkeit, ethisch-politische Konflikte immer dann an systematisch vorgeordnete Koordinationsebenen "abzugeben", wenn die eigene Regelungskapazität überschritten ist (ethical displacement).

Diese Darstellung soll gleichzeitig dazu dienen, eine Reihe von Mißverständnissen zu klären, die bisher im Zusammenhang mit unserem Konzept der Unternehmensethik aufgetaucht sind.

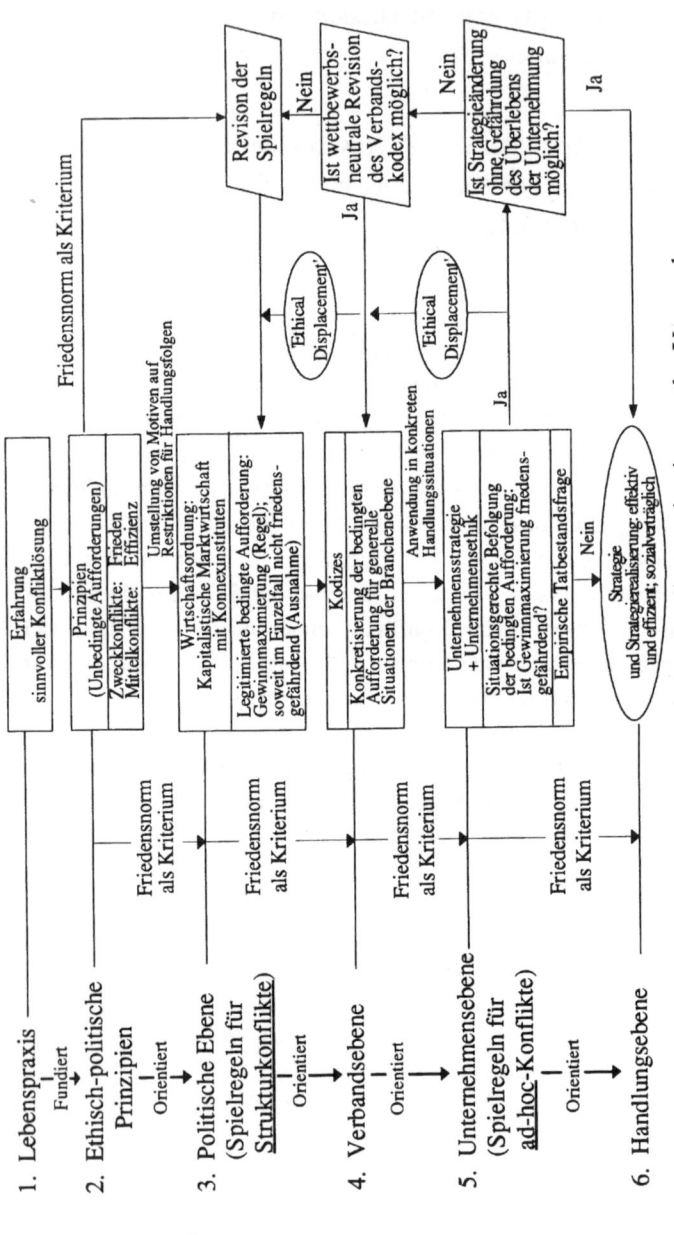

Abb. 7: Modell der ethischen und ökonomischen Handlungsorientierung der Unternehmung

1. Lebenspraxis
   — Fundiert

2. Ethisch-politische Prinzipien
   — Orientiert

3. Politische Ebene (Spielregeln für **Strukturkonflikte**)
   — Orientiert

4. Verbandsebene
   — Orientiert

5. Unternehmensebene (Spielregeln für **ad-hoc-Konflikte**)
   — Orientiert

6. Handlungsebene

Erfahrung sinnvoller Konfliktlösung

Prinzipien (Unbedingte Aufforderungen)
Zweckkonflikte: Frieden
Mittelkonflikte: Effizienz

Umstellung von Motiven auf Restriktionen für Handlungsfolgen

Wirtschaftsordnung:
Kapitalistische Marktwirtschaft mit Konnexinstituten

Legitimierte bedingte Aufforderung: Gewinnmaximierung (Regel); soweit im Einzelfall nicht friedensgefährdend (Ausnahme)

Kodizes
Konkretisierung der bedingten Aufforderung für generelle Situationen der Branchenebene

Anwendung in konkreten Handlungssituationen

Unternehmensstrategie + Unternehmensethik
Situationsgerechte Befolgung der bedingten Aufforderung; Ist Gewinnmaximierung friedensgefährdend?

Empirische Tatbestandsfrage

Strategie und Strategierealisierung: effektiv und effizient; sozialverträglich

Friedensnorm als Kriterium

Friedensnorm als Kriterium

Friedensnorm als Kriterium

Friedensnorm als Kriterium

Friedensnorm als Kriterium

Revison der Spielregeln

Nein

Ist wettbewerbsneutrale Revision des Verbandskodex möglich?

Ja

Ist Strategieänderung ohne Gefährdung des Überlebens der Unternehmung möglich?

Nein

Ja

Nein

'Ethical Displacement'

'Ethical Displacement'

Ja

122

b) Zur "fundamentalkritischen" Position von P. Ulrich

Das erste Mißverständnis betrifft den beharrlich erhobenen Vorwurf von P. Ulrich, daß unser Konzept von Unternehmensethik nur eine marginale Bedeutung habe, weil es bloß in einzelnen Konfliktsituationen ("Ausnahmefällen") angewendet werden solle, als regelmäßigen "Normalfall" jedoch das traditionelle betriebswirtschaftliche Verständnis unterstelle, wonach dem bloßen Gewinnstreben oberste Priorität eingeräumt wird. Anstatt das Gewinnprinzip grundlagenkritisch in den unternehmensethischen Reflexionsprozeß mit einzubeziehen, würden wir es als unhinterfragten Sachzwang akzeptieren, bevor wir die Unternehmensethik konzeptionell in Stellung bringen. Die Unternehmensethik derart bescheiden als ein situationales Korrektiv auf den Ausnahmefall zu beschränken, wäre Ausdruck einer "falschen wissenschaftsprogrammatischen Bescheidenheit".[177]

Ulrich begründet seine Kritik mit dem Hinweis auf die **Universalität** negativer externer Effekte (sozialer Kosten) privaten Wirtschaftens; unsere Konzeption ginge dagegen weiter (wie die Neoklassik) von der Idealwelt völlig **fehlender Externalität** aus, wenn die Gewinnverfolgung als grundsätzlicher "Normalfall" unterstellt würde.[178] Demgegenüber ist jedoch darauf zu verweisen, daß sich die von uns vorausgesetzte Legitimation des privaten Gewinnstrebens keineswegs primär auf das Argument fehlender negativer externer Effekte (die eine optimale Allokation der Ressourcen verhindern würden) stützt.[179] Vielmehr rechtfertigt

---

177   P. Ulrich (Weiterentwicklung), S. 134 f., sowie ausführlich Ulrich (Grundlagenreflexion), S. 189 ff.

178   Vgl. Ulrich (Weiterentwicklung), S. 134 f.

179   So früher noch in Steinmann/Löhr (Unternehmensverfassung), S. 451 ff.; dagegen Ulrich (Grundlagenreflexion), S. 194 ff., insbes. S. 197.

sich das Gewinnprinzip und die marktwirtschaftliche Wettbewerbsordnung heute aus der Einsicht, daß die Lösung des Koordinationsproblems wirtschaftlicher Handlungen in hochentwickelten Industriegesellschaften zwingend auf eine Umstellung des Koordinationsmechanismus angewiesen ist, und zwar von einer Koordination der **Handlungsmotive** auf eine Koordination der **Handlungsfolgen** (Zeile 2 in Abbildung 7).[180] Dies geschieht durch die prinzipielle Freistellung der unternehmerischen Sachziele mit der Maßgabe, die Formalziele "Liquidität" und "Rentabilität" als Konsequenz der unternehmerischen Aktivitäten zu erfüllen. Dabei ist es für das Argument unerheblich, an welche Interessen das Formalziel gebunden wird: die kapitalistische Unternehmung muß in einer marktwirtschaftlichen Wettbewerbsordnung ebenso Gewinne erzielen wie etwa die arbeiterselbstverwaltete Unternehmung. Ohne die durch diese Umstellung erzielte **Komplexitätsreduktion** ließe sich das volkswirtschaftliche Steuerungsproblem im Grundsatz gar nicht mehr lösen, wie schon die Erfahrungen mit den zusammengebrochenen Planwirtschaften zeigen.

Diese Umstellung der wirtschaftlichen Koordination auf eine Steuerung über Handlungsfolgen bedeutet aber, daß marktliche Transaktionsprozesse prinzipiell statt über den Diskurs **sprachfrei** über Preise, Geld und Gewinn abgewickelt und koordiniert werden; relativ zu dieser der Unternehmung vorgegebenen **Regelsituation** der volkswirtschaftlichen Steuerung sind dann alle diejenigen Fälle die **Ausnahme**, wo externe Effekte - so umfangreich sie auch sein mögen - zu Konflikten mit der Unternehmung führen (können) und deshalb nochmals zur Sprache gebracht werden müssen. Aus dieser Einsicht ergibt sich logisch und praktisch die Vorordnung erfolgsstrategischer Initiativen auf der Unternehmensebene; denn die Gewinnerzielung ist ja kraft Konstruktionslogik der Wettbewerbs-

---

180   Vgl. dazu auch Homann/Blome-Drees (Unternehmensethik), S. 47 ff.

ordnung **notwendige** Bedingung erfolgreichen Wirtschaftens. Daß sie nicht zugleich auch eine **hinreichende** Bedingung ist, folgt aus den externen Effekten und der Verpflichtung der Unternehmensführung auf das Friedensziel. Erfolgsstrategisches Handeln bedarf deshalb auf der Unternehmensebene - wo nötig - der Ergänzung durch verständigungsorientiertes Handeln.

An dieser Stelle wird für die Ordnung der Führungsprozesse in der Unternehmung die Frage relevant, ob diese Konfliktfelder als ein Problem der Unternehmensverfassung oder der Unternehmensethik verstanden werden sollten. Zur Beantwortung dieser Frage haben wir die Unterscheidung von **generellen Strukturkonflikten** einerseits und **situationsspezifischen Ad-hoc-Konflikten** andererseits als nützlich vorgeschlagen: Strukturkonflikte sind zweckmäßigerweise über die Unternehmensverfassung zu regeln, darüber hinausgehende Ad-hoc-Konflikte sollen Gegenstand der Unternehmensethik sein (Zeilen 3 und 5 in Abbildung 7).

Strukturkonflikte sind bereits in der Konstruktionslogik der Wirtschaftsordnung angelegt und äußern sich in - immer wiederkehrenden - **typischen** praktischen Erfahrungen. Generelle Betroffenheiten stehen daher im Prinzip schon von vorneherein fest und sind insoweit hinreichend antizipierbar. Typische Konflikte der Wirtschaftsordnung können deshalb durch externe Restriktionen und Anreize oder über die (interne) Unternehmensverfassung vorgeregelt werden. Man denke etwa an die Mitarbeiterinteressen oder bestimmte ökologische Probleme; beide tangieren schon per definitionem das wirtschaftsordnungsbedingte Formalziel der Gewinnmaximierung, denn ihre Berücksichtigung im unternehmerischen Kalkül hat immer Einfluß auf die Kostensituation. Hinzu kommt die typische Erfahrung, daß bei der Verfolgung des Formalziels tatsächlich immer wieder entsprechende Konflikte auftreten, die nicht vom Preissystem des Marktes zum Ausgleich gebracht werden. Insofern kann man schon unabhängig von und

vor der Entscheidung über konkrete Unternehmensstrategien (also situationsunabhängig) sagen, daß es klug ist, mit der Entstehung ganz bestimmter Konflikte zu rechnen und welche Betroffenen in solchen Konflikten auf jeden Fall berücksichtigt werden müssen. Auf diese Weise lassen sich dann ordnungstypische Strukturkonflikte abgrenzen und z.B. in der Binnenverfassung regeln (etwa mit Hilfe der Mitbestimmungsgesetze, was den Konflikt zwischen Kapital und Arbeit anbetrifft).[181]

Das ist anders bei den **Ad-hoc-Konflikten,** die sich erst empirisch im **Einzelfall** an den Wirkungen einer konkreten Unternehmensstrategie festmachen lassen, wenn also der Übergang vom Formalziel zum Sachziel schon vollzogen ist. Eine unternehmerische Strategie (Produkt-Markt-Konzept) muß nämlich schon konzipiert worden sein, damit Betroffenheiten relativ zu diesem strategischen Handlungsplan überhaupt entstehen können. Viele aus spezifischen Unternehmensstrategien resultierende Konflikte lassen sich dabei auf der Ebene des Rechts kaum oder gar nicht antizipieren und generell vorregeln, denn der Kreis der Betroffenen und ihre spezifische Interessenlage kann nur in der jeweiligen historischen Situation (strategieabhängig) angegeben und abgegrenzt werden. Das bedeutet umgekehrt auch, daß solche Konflikte auf der Unternehmensebene - nachdem die Strategie festliegt - wesentlich schneller und zutreffender als vom Gesetzgeber antizipierbar sind und im Rahmen der Unternehmensplanung berücksichtigt werden

---

181 Es versteht sich dabei von selbst, daß natürlich in der konkreten historischen Situation immer wieder neu darüber zu befinden ist, was als Strukturkonflikt schon auf gesetzlicher Ebene regelbar ist.

können.[182] Es ist demnach klug, generell mit dem Auftreten solcher Ad-hoc-Konflikte zu rechnen und damit die Notwendigkeit einer Unternehmensethik jenseits rechtlicher Regelungen anzuerkennen.

Der Unterschied zwischen Strukturkonflikten und Ad-hoc-Konflikten macht sich also an der **Antizipierbarkeit** genereller Konflikte durch den Gesetzgeber fest. Über die Unternehmensverfassung nachzudenken ist insofern Aufgabe der Wirtschaftsethik, die spezifischen Ad-hoc-Konflikte um die Unternehmung zu regeln ist Aufgabe der Unternehmensethik. Wo diese **begrifflichen** Unterscheidungen nicht gemacht werden, wie bei P. Ulrich, wäre jedenfalls erst einmal zu klären, mit welcher Berechtigung ausgerechnet von Unternehmensethik gesprochen wird - und nicht z.B. generell von Wirtschaftsethik oder aber auch bloß von Unternehmensverfassung.[183]

Unsere begriffliche Differenzierung zwischen Strukturkonflikten als Verfassungsproblem und Ad-hoc-Konflikten als Gegenstand der Unternehmensethik impliziert auch eine sinnvolle pragmatische Ordnung des unternehmerischen Willensbildungsprozesses. Unternehmensstrategien werden im ersten Schritt im Rahmen einer

---

182   Diese Differenzierung zwischen der Ebene des Rechts und Ebene der Unternehmung im Hinblick auf die Antizipierbarkeit von Konflikten übersieht Ulrich (Grundlagenreflexion), S. 198, wenn er die Meinung suggeriert, die "Blickverengung auf Ad-hoc-Konflikte" ginge zwangsläufig einher mit einer nur ex post möglichen Konfliktregelung. Gerade weil Strategien erst auf der Unternehmensebene konkretisiert werden, entsteht genau dort die Möglichkeit zu einer (begründeten) Prognose ihrer Wirkungen, die es erlaubt, auch ex ante konfliktvermeidende Entscheidungen zu treffen. Das ist anders auf der gesetzgeberischen Ebene, wo nur recht allgemeine Betroffenheiten im Zusammenhang mit der Entscheidung über die Wirtschaftsordnung registriert werden können.

183   Vgl. dazu auch die Ausführungen von P. Ulrich (Transformation), S. 420 ff., zur "offenen Unternehmensverfassung".

unternehmenspolitischen **Initiative des Managements** entworfen, und zwar in Wahrnehmung seiner erfolgsstrategischen Verantwortung für die Erfüllung des Gewinnziels (als notwendige Bedingung für das Überleben der Unternehmung).[184] Erst diese Konkretisierung der unternehmerischen Handlungspläne macht es dann möglich und sinnvoll, im Zuge verständigungsorientierter Prozesse "Betroffenheiten" ins Spiel zu bringen, sei es im Rahmen der Unternehmensverfassung, wenn etwa der mitbestimmte Aufsichtsrat über Unternehmenspläne oder über zustimmungspflichtige Geschäfte befindet, oder sei es im Rahmen der Unternehmensethik, wenn im Einzelfall darüber hinausgehende Konflikte zu behandeln sind.[185] Ohne daß seitens des Managements strategische "Geltungsansprüche" erhoben werden, wäre ja gar nicht klar, worüber **inhaltlich** ein Diskurs stattfinden sollte.[186]

Die von P. Ulrich vorgeschlagene **systematische Vorordnung** "unternehmungspolitischer Verständigung" vor "strategischer Systemsteuerung"[187] kehrt diese logisch gebotene und pragmatisch sinnvolle Reihenfolge aber genau um. Das von ihm vertretene Primat einer unternehmenspolitischen Verständigung "unter allen Beteiligten und Betroffenen" zur "periodischen Bestimmung einer kollektiven Präferenzordnung der multifunktionalen Institution

---

184   Diese Ausführungen über den Zusammenhang zwischen Unternehmensstrategie und Gewinnprinzip machen wohl auch deutlich, daß hier von einer "... Verkürzung der umfassenderen Managementproblematik auf die kalkulatorischen Kategorien des operativen Managements" keine Rede sein kann. Vgl. P. Ulrich (Grundlagenreflexion), S. 198.

185   Vgl. dazu näher Steinmann / Gerum (Unternehmensordnung).

186   "Praktische Diskurse müssen sich ihre Inhalte geben lassen." Habermas (Diskursethik), S. 113 - und zwar von Unternehmungen in ihrer Rolle als "Proponenten" und deren Kritikern in ihrer Rolle als "Opponenten"; vgl. zur Rolle von Opponent und Proponent Lorenzen (Logik), S. 15 ff., und ders. (Denken), S. 37 ff.

187   Vgl. zum Überblick Ulrich (Weiterentwicklung), S. 136.

Unternehmung"[188] unterstellt die verfehlte Annahme, daß im luftleeren Raum und ganz abstrakt über Betroffenheiten geredet werden könne. Unternehmenspolitische Verständigung kann demgegenüber wohl auch im Konzept von Ulrich nur heißen, daß zunächst gewisse Präferenzvorschläge eingebracht werden, über die dann zu beraten wäre. Da bei ihm allerdings keiner dieser Vorschläge von vornherein eine strategische "Richtigkeitsvermutung" für sich reklamieren darf, kann der Konstruktionslogik gemäß weder eine ökonomische noch sonst irgendwie begründete Vorabselektion stattfinden. Der Bereich an initialen Geltungsansprüchen, die erhoben werden dürfen, ist vielmehr prinzipiell unbeschränkt.

Wohin dies theoretisch wie praktisch führen kann und soll, ist bei genauerer Überlegung unklar. Da Ulrich nicht angibt, mit welchem oder wessen Anspruch der Dialog beginnen soll, muß man wohl von einem Reigen spontaner Vorschläge ohne Richtigkeitsvermutung an die Adresse des Unternehmens ausgehen. Solche Bemühungen bleiben dann aber im wahrsten Sinne des Wortes **"ziellos"**. Sie münden notwendigerweise nur in einen endlosen Prozeß von Vorschlägen und Gegenvorschlägen, für die keinerlei systematische Grenze (nämlich die ökonomische Triftigkeit) angegeben werden darf.[189] Mit anderen Worten: Das konzeptionelle Primat der "unternehmenspolitischen Verständigung" wird bei P. Ulrich letztlich durch eine inhaltliche Richtungslosigkeit des Dialogs erkauft. Die angestrebten Dialogbemühungen finden systematisch gar keinen Ansatzpunkt, an dem sich die "Transformation der ökonomischen Vernunft" festmachen könnte - es sei denn, es ginge nur um die Kritik des Gewinnprinzips im allgemeinen, was dann

---

188   Vgl. Ulrich (Grundlagenreflexion), S. 207.

189   Priddat (Transformation), S. 153, spricht deshalb bei P. Ulrichs Ansatz davon, man habe es hier "mit einer politischen Theorie der Bedürfnisdemokratie unter Auslassung des ökonomischen Problems zu tun." (im Original mit Hervorhebungen).

aber nach unserem Begriffsverständnis nicht mehr eine unternehmensethische, sondern eine genuin wirtschaftsethische Herausforderung wäre.

Die Rede von der "kollektiven Präferenzordnung der Unternehmung", die von der "unternehmenspolitischen Kommunikationsgemeinschaft" periodisch bestimmt und dem Gewinnprinzip als bloßem Effizienzkriterium für das operative Management vorgeordnet werden soll,[190] ignoriert also schlicht und einfach, daß das Gewinnprinzip eine historisch-strukturelle Vorgabe in der Wettbewerbswirtschaft ist, die für ein einzelnes Unternehmen nicht zur Disposition steht und der sich alle strategischen Pläne der Unternehmung unterordnen müssen. Der Vorschlag von Ulrich bedeutet jedoch gerade, daß die Umstellung der Handlungskoordination von den Handlungsintentionen auf die Handlungsfolgen, durch die das marktwirtschaftliche System allererst konstituiert wird, auf Unternehmensebene rückgängig gemacht werden soll; die "unternehmenspolitische Verständigung" soll ja systematisch auch über die Konstitutionsvoraussetzungen des Unternehmens dominieren, d.h. als Subsystem über den Systemimperativ erhaben sein. Wir haben es hier im Kern also mit einen **Vorordnungsfehler** bei der begrifflichen Klärung der Unternehmensethik zu tun.

Die konzeptionellen Unterschiede zwischen uns und P. Ulrich - das sei abschließend ausdrücklich hervorgehoben - resultieren jedoch nur aus der unterschiedlichen Gewichtung der **situativen** historischen Randbedingungen der Marktwirtschaft für die konzeptionelle Grundlegung einer Unternehmensethik,[191] nicht jedoch aus der **philosophischen** Ausgangsposition, insoweit sich diese auf die

---

190   Vgl. Ulrich (Grundlagenreflexion), S. 207.

191   In diesem Zusammenhang hat auch K.-O. Apel (Verantwortungsethik), S. 297, dem Ansatz von P. Ulrich "ungeheuerliche Idealisierungen" attestiert.

Bedeutung der kommunikativen Rationalität bezieht. Von daher ergibt sich auch eine durchaus gemeinsam getragene Grundintention bei unseren diversen (kritischen) Eingriffen in die herrschende Diskussion um die Wirtschaftsethik.[192]

c) Zur "ökonomistischen" Position von K. Homann

Weitaus undurchsichtiger und deshalb schwieriger zu beurteilen ist demgegenüber die Kritik unserer Position durch Homann und Mitarbeiter.[193] Dies hängt wohl nicht zuletzt damit zusammen, daß dort manche Überlegungen, oft bis in zahlreiche Details der Formulierungen hinein, mit den unseren übereinzustimmen scheinen.[194] Mit Homann sind wir z.B. der Meinung, daß die ordnungspolitischen Rahmenbedingungen der Wettbewerbswirtschaft ein Ort sind, wo zentrale wirtschaftsethische Weichenstellungen erfolgen, die den Bereich der unternehmerischen Hand-

---

192 Vgl. in diesem Sinne etwa auch Ulrich (Wirtschaftsethik) und ders. (Ebenen).

193 Vgl. hier insbesondere Homann/Blome-Drees (Unternehmensethik), daneben auch Homann (Sinn), Homann/Pies (Gefangenendilemma) und Pies/Blome-Drees (Unternehmensethik). Nicht näher eingegangen werden soll an dieser Stelle im übrigen auf die Probleme einer "ökonomischen Theorie der Moral", wie sie von Homann in verschiedenen Beiträgen vertreten wird, etwa bei Homann (Philosophie), ders. (Entstehung), Homann/Pies (Moderne); Homann versucht hier, das ethische Begründungsproblem ganz im Sinne der angelsächsischen Tradition des "methodologischen Individualismus" zu lösen - die Entstehung und Befolgung sozialer Normen also aus nutzenkalkulatorischen Motiven der Betroffenen heraus zu erklären - "uns aus sonst gar nichts!" Homann (Entstehung), S. 61. Zur Kritik dieser ökonomistischen Moralkonzeption vgl. Löhr/Osterloh (Ökonomik), S. 141 ff.

194 Dies betrifft vorrangig den zweiten Teil des Buches von Homann/Blome-Drees (Unternehmensethik) und reicht etwa von Ausführungen über die Rolle des Rechts (S. 115 f.) über die zweistufige Rechtfertigungsproblematik (S. 126 f.) bis hin zu gewissen Ausführungen über die dialogische Verantwortung von Unternehmungen (S. 171).

lungsmöglichkeiten kanalisieren sollen.[195] Aus diesem Grunde hatten wir etwa die Formel von der ethischen "Richtigkeitsvermutung" des Gewinnprinzips geprägt, auf die auch Homann/Blome-Drees an vielen Stellen gerne zurückgreifen. Beurteilungsschwierigkeiten ergeben sich vielmehr (1) aus unklaren Interpretationen unserer Position durch die Verfasser (die wir möglicherweise auch selbst mit verursacht haben mögen) und (2) aus offenen Begründungsproblemen des von Homann et al. vorgelegten institutionstheoretischen Ansatzes.

Was die **Interpretationsprobleme** anbetrifft, so haben wir von vorneherein und immer Wert darauf gelegt, das Wort "Unternehmensethik" speziell für den Umgang mit solchen Situationen zu reservieren, in denen die Verfolgung des - im **allgemeinen** schon legitimierten - Gewinnprinzips (Formalziel) durch die Wahl der Unternehmensstrategie (Sachziel) zu **besonderen** Konflikten mit Bezugsgruppen der Unternehmung führt. Diese den Kritikern wohl etwas zu restriktiv anmutende begriffliche Festlegung[196] erscheint deshalb sinnvoll, weil damit genau auf solche gesellschaftliche Problemfelder abgestellt wird, wo die ethische Richtigkeitsvermutung des Gewinnprinzips zu kurz greift. Umgekehrt gilt, daß eine Unternehmensethik überhaupt nicht

---

195   Völlig unverständlich ist daher der mehrfach erhobene Vorwurf der Verfasser, wir würden - wie P. Ulrich - die Bedeutung der institutionellen Rahmenbedingungen mißachten; vgl. Homann/Blome-Drees (Unternehmensethik), S. 118 und S. 187.

196   Man vgl. dagegen aber auch ihre folgenden Aussagen, die doch ganz auf der Linie *unserer* früheren Ausführungen zu Unternehmensethik liegen. In Fällen, wo "... die Rahmenordnung in der Praxis Lücken und Fehler aufweist, ... sind die Unternehmungen aufgefordert, eigenständige Legitimationsbemühungen anzustrengen. Hier entsteht ein Bedarf an moralischer Verantwortungsübernahme durch die Unternehmer, der über das normale Maß der systemkonformen Gewinnorientierung hinausgeht. Das ist der zentrale theoretische Begründungszusammenhang für die Notwendigkeit einer Unternehmensethik." Ebd., S. 116.

notwendig wäre, wenn man von vorneherein unterstellen könnte, daß ethische Ansprüche **immer** durch den Markt und die rechtlichen Rahmenbedingungen erfolgreich durchgesetzt würden[197] - die Verfolgung des Gewinnprinzips also nicht nur notwendig, sondern zugleich auch schon hinreichend wäre, um den gesellschaftlichen Frieden sicherzustellen.[198] Die Moral (Ethik) würde in diesem Falle dann allerdings als Handlungsimperativ vollständig von außen an das Unternehmen herangetragen - von den Konsumenten bzw. dem Recht. Es bedürfte daher keiner eigenständigen **"Unternehmens"**-Ethik.

Es kann deshalb keine Rede davon sein, daß sich bei unserem Ansatz **"Moral** grundsätzlich nicht als vorteilhaft erweisen" dürfe.[199] Selbstverständlich darf sich eine moralische Haltung im Wirtschaftsleben als vorteilhaft erweisen - sie soll es sogar, soweit sich daraus keine weitergehenden gesellschaftlichen Konflikte ergeben. Unternehmer kommen auf diese Art und Weise ja ihren legitimen Rechten und Pflichten nach, so wie sie sich aus der Wirtschaftsordnung und der Unternehmensverfassung ergeben. Sie agieren insoweit "vorbildlich". Wir halten es allerdings nicht für zweckmäßig - und das ist unser Petitum -, schon dann von "Unternehmensethik" zu sprechen, wenn die Unternehmungen durch die erkennbare Nachfrage der moralisch aufgeklärten Konsumenten (etwa im Ökologiebereich) dazu veranlaßt werden, Ethik als **"strategische Waffe"** zu entdecken und zu instrumentalisieren. Angesichts dieser unserer begrifflichen Normierung ist es also schlicht falsch, wenn die Autoren schreiben, in unserem

---

197   Von daher ergab sich im Jahre 1985 der Sinn für den Titel des Aufsatzes von Steinmann/Oppenrieder (Unternehmensethik): "Brauchen wir eine Unternehmensethik?".

198   Man vgl. dazu noch einmal die Ausführungen bei Homann/Blome-Drees (Unternehmensethik), S. 53, die nach unserem Verständnis auf genau die gleiche Sinnstiftung für eine Unternehmensethik hinauslaufen.

199   Vgl. ebd., S. 178 (Hervorhebung durch die Verfasser).

Ansatz könne "...nur jenes unternehmerische Verhalten als moralisch ausgezeichnet werden, das den Gewinn beschränkt".[200] Hier hat man unter der Hand pauschalisiert und das Wort "moralisch" eingeführt, wo man richtigerweise nur von "unternehmensethisch" hätte sprechen dürfen. Die Kritik an unserer Position entsteht hier also erst aus der unzulässigen definitorischen Unterstellung, wir würden den "Ort der Moral" **nur** auf der Unternehmensebene festmachen, die Regeln der Rahmenordnung dagegen **nicht** als Quelle moralisch gerechtfertigter Orientierungen ansehen. Dabei haben wir doch immer und unmißverständlich darauf hingewiesen, daß letztere zum Regelungsbereich der **Wirtschaftsethik** gehören und insofern - bei guter Begründung - als legitime Ansprüche an die Unternehmen gerichtet werden!

Auch einen konzeptionellen Widerspruch unserer konfliktethischen Sichtweise der Unternehmensethik zur Denkfigur der ethischen Richtigkeitsvermutung des Gewinnprinzips vermögen wir nicht zu entdecken.[201] Was im allgemeinen (als Prinzip) richtig ist, kann sich sehr wohl im Einzelfall als moralisch unakzeptabel erweisen. Genau mit diesen Situationen muß man bei der Inkraftsetzung des Gewinnprinzips aber vernünftigerweise rechnen: da das Gewinnprinzip ein formales Prinzip ist, läßt sich angesichts der Steuerungsgrenzen von Markt und Recht nicht von vorneherein ausschließen, daß Gewinne auch mit unethischen Mitteln angestrebt werden. Unternehmerische Freiheit ist so gesehen kein "Freibrief",

---

200 Ebd., S. 178.
201 Vgl. ebd., S. 178. Die Autoren schreiben dort: "Wenn die Moral bei Steinmann und Löhr ... paradigmatisch vom Konfliktfall her verstanden wird, dann gerät dies konzeptionell in Widerspruch zu ihrer eigenen Denkfigur der ethischen "Richtigkeitsvermutung", die gerade für die Kompatibilität von Moral und Gewinnprinzip ... steht." Man beachte, daß auch hier wieder generalisierend von Moral statt von Unternehmensethik gesprochen wird, wie es eigentlich der Problemlage angemessen wäre.

sondern steht immer unter dem Vorbehalt verantwortungsvollen (republikanischen) Gebrauchs.[202]

(2) Es scheint, daß diese Art der Kritik selbst mit ungelösten **Begründungsproblemen** in der (modernen) liberalen Institutionentheorie zusammenhängt. Das sei hier an einer für unsere Konzeption zentralen Problematik angedeutet. Nach der Auffassung von Homann/Blome-Drees entsteht eine unternehmensethische Verpflichtung dann, wenn "ordnungspolitische Defizite auf die Handlungsebene durchgreifen": Diese Vorstellung wird wie folgt formuliert: "In solchen Fällen (wo die Rahmenordnung in der Praxis Lücken und Fehler aufweist; d.Verf.) sind die Unternehmen aufgefordert, eigenständige Legitimationsbemühungen anzustrengen. Hier entsteht ein Bedarf an moralischer Verantwortungsübernahme durch die Unternehmen, der über das normale Maß der systemkonformen Gewinnorientierung hinausgeht. Das ist der zentrale theoretische Begründungszusammenhang für die Notwendigkeit einer Unternehmensethik. Sie kommt, systematisch gesehen, erst mit der Feststellung ins Spiel, daß ordnungspolitische Defizite auf die Handlungsebene durchgreifen. Mit anderen

---

202 Etwas merkwürdig mutet in diesem Zusammenhang auch jene Position von D. Schneider (Unternehmensethik), S. 887, an, der sich Homann (Ordnung), S. 82, an anderer Stelle explizit anschließt. Schneider bemängelt an unserem Konzept, das die Aufgabe der Unternehmensethik an den "konfliktrelevanten Auswirkungen des Gewinnprinzips" festmacht, daß dessen stärkste konfliktrelevante Auswirkungen doch wohl bei den Wettbewerbern anfallen. Solle mit der Unternehmensethik also unterbunden werden, was in einer Marktwirtschaft gerade erwünscht sei, nämlich der Wettbewerb? Bei dieser Kritik wird offensichtlich übersehen, daß die Richtigkeitsvermutung für das Gewinnprinzip in unserem Konzept selbstverständlich bedeutet, daß mit dem Wettbewerb ein (durchaus intendierter) Dauerkonflikt zwischen Konkurrenten auf der Ordnungsebene installiert wird, der - solange er fair ausgetragen wird - auf Unternehmensebene nicht zur Disposition steht. Konflikte mit Wettbewerbern müssen "ausgehalten" werden, weil sie ja gerade im öffentlichen Interesse (Effizienz der Marktwirtschaft) gewollt sind.

Worten: Bei Defiziten der Rahmenordnung ergeht an die Unternehmen der Auftrag, die im Normalfall an die Ordnungsebene abgegebene Verantwortung wieder auszuüben, um so das entstandene Verantwortungsvakuum zu füllen".[203]

Die hier zum Ausdruck gebrachte Sinnstiftung für eine Unternehmensethik[204] lebt offensichtlich von der Vorstellung, daß eine ursprünglich bei den Unternehmen liegende Legitimationsverantwortung von diesen an die Wirtschaftsordnung **"abgegeben"** sei und immer dann zwangsläufig wieder an ihren Ursprungsort **"zurückkehre"**, wenn Legitimationsdefizite in Form von "Lücken" der Rahmenordnung auftreten. Diese Ausgangsposition für eine theoretische Begründung der Unternehmensethik ist nach unserer Auffassung unhaltbar.

In den spezifischen Ausführungen von Homann/Blome-Drees zur Unternehmensethik bleibt zunächst unklar, ob sich die Rede von der **"Lücke"** auf eine Notwendigkeit zu "strategischen" oder zu "ethischen" unternehmerischen Initiativen beziehen soll. Der eine

---

203 Homann/Blome-Drees (Unternehmensethik), S. 117; ähnlich auch S. 116.
204 Vgl. ebd., S. 117. Der Anschlußsatz lautet dort: "Die Aufgabe der Unternehmensethik ist es, diesen über die i.e.S. wirtschaftsethischen Vorgaben hinausgehenden Bedarf an moralischer Verantwortung der Unternehmen zu identifizieren und Möglichkeiten aufzuzeigen, wie Unternehmungen solchen Erwartungen gerecht werden können". Es ist in dieser Formulierung zunächst natürlich nur sehr schwer auszumachen, wo der Unterschied zu unserer konfliktorientierten Definition von Unternehmensethik liegen soll, wie sie von den Verfassern im übrigen so nachhaltig kritisiert wurde. Mit der erwähnten Formulierung wird von ihnen doch wohl nur *einer* derjenigen Fälle ausgezeichnet, die sie im Rahmen eines Vier-Felder-Schemas (S. 141) global als "unternehmensethische Strategien" bezeichnen (vgl. ebd., S. 141). Genau dieser Fall ("Quadrant II") ist aber nach unserer wie offenbar dann auch ihrer eigenen Definition der *einzig relevante* Fall für "Unternehmensethik": die Rentabilität ist dabei hoch, die moralische Akzeptanz gering. Was dann noch die restlichen drei Felder für die Definition einer Unternehmensethik hergeben sollen, ist nicht nachvollziehbar.

Fall betrifft Initiativen von Unternehmungen im politischen Raum, die im rein **ökonomischen** Eigeninteresse darauf abzielen, ungleiche Chancen im Wettbewerb zu beseitigen. Hier handelt es sich selbstverständlich nicht um originär am Gemeinwohl orientierte Motive, denn die Unternehmen, die sich am ökonomischen Spiel beteiligen, agieren in diesem Falle nutzenkalkulatorisch aus ihrer zugewiesenen ökonomischen Rolle heraus.[205]

Im zweiten Fall ist die Rede von der Lücke dagegen zu verstehen als eine Aufforderung, originär ethisch-moralische Defizite aufzugreifen und in der Rahmenordnung allererst zur Sprache zu bringen. Die Motivation zum Handeln ist hier also nicht nutzenkalkulatorisch, sondern auf das öffentliche Interesse (Gemeinwohl) bezogen,[206] es **transzendiert** insofern die rein ökonomische Rolle des Unternehmers. Mit anderen Worten: Während im ersten Fall konsequent eine "non-kognitivistische" Ethik verfolgt wird, wie sie die Verfasser dezidiert an vielen Stellen für sich reklamieren,[207] muß im zweiten Falle eine "kognitivistische" Ethik in Stellung gebracht werden,[208] deren begründetes Ergebnis dann in einem zweiten Schritt über die Rahmenordnung in die nutzenkalkulatorische Funktionslogik des Wettbewerbs "übersetzt" werden muß.[209] Hier wird von den Verfassern dann überraschenderweise eben doch auf die Bedeutung der Dialogethik verwiesen, um eine "Kultur der Begründbarkeit" zu entwickeln.[210]

---

205 Dieser Fall politischen Handelns ist von den Verfassern ebd., S. 41, angesprochen: Die Unternehmen versuchen, "... die politischen Voraussetzungen des ökonomischen Erfolgs zu beeinflussen"; dies sei eine "... indirekte Strategie zur Erzielung ökonomischer Erfolge".

206 Vgl. zu dieser Fallunterscheidung auch genauer ebd., S. 41.

207 Vgl. etwa ebd., S. 117.

208 Zur Unterscheidung von "kognitivistischen" und "non-kognitivistischen" Ethikansätzen vgl. Kliemt (Ethik).

209 Vgl. dazu neuerdings auch Homann (Funktion), S. 45 ff.

210 Vgl. etwa Homann/Blome-Drees (Unternehmensethik), S. 171.

Folgte man dem liberalen Grundansatz von Homann et al. wirklich konsequent, so könnte man im Zuge dieser Fallunterscheidung freilich höchstens den ersten, "ökonomischen Fall" als Gegenstand unternehmerischer Verantwortungsübernahme einführen. Der Grund hierfür liegt in der Logik, mit der die Rolle des Unternehmers im Rahmen der Wettbewerbswirtschaft festgeschrieben ist: wer nach den Spielregeln des Wettbewerbs antritt, ist daran interessiert, daß die gleichen Voraussetzungen für alle gelten - ein unter nutzenkalkulatorischen Überlegungen völlig legitimer Anspruch, auf dessen Einhaltung zu drängen dann durchaus als "ethische Pflicht" der Unternehmung bezeichnet werden könnte.

Weshalb nun allerdings auch die Lösung des zweiten Falles im Sinne einer unternehmensethischen Verantwortung bei Defiziten in der Rahmenordnung "wieder" an das Unternehmen zurückfallen sollte, bleibt im Rahmen des Homannschen Gedankengebäudes nicht nachvollziehbar. Betrachten wir zunächst die klassische liberale Vorstellung: Danach sind Unternehmen (genauer: die sie betreibenden handelsrechtlichen Gesellschaften) und die Rolle der Unternehmer ja selbst das Ergebnis einer rechtlichen Konstruktion - und damit eines vorgängigen Legitimationsprozesses. Sie können deshalb nicht selbst Quelle von Legitimation sein, denn dies liefe auf eine zirkuläre Begründung hinaus. Richtig verstanden sind die Unternehmer im traditionell-liberalen Verständnis nur Sachwalter ihrer partikularen Interessen: sie erfahren zwar ihre Legitimation aus dem politischen Raum, sind aber an der Definition des Gemeinwohls selbst nicht beteiligt.[211] Sie sollen nämlich qua Rolle eine utilitaristische Moral der kalkulierenden Nutzenmaximierung verfolgen ("Fall 1") - und gerade keine weitergehenden bzw. anderen moralischen Ansprüche ("Fall 2").

---

211   Vgl. dazu Biedenkopf (Marktwirtschaft).

Will man diese traditionelle liberale Position nun so transzendieren, daß auch Unternehmer in ihrer **Rolle als Unternehmer** eine Verantwortung für das öffentliche Interesse mittragen sollen, wie es Homann/Blome-Drees wohl vorschwebt, so muß man die ordnungspolitisch dem Unternehmer zugedachte Rolle auch **von vorneherein** in diesem Sinne ausgestalten und legitimieren. Das ist jedoch nicht zu erreichen, wenn man die Aufforderung zur Gewinnmaximierung auf der Ordnungsebene **un-bedingt** festschreibt: dies würde ja die vollständige Freistellung von allen darüber hinausgehenden moralischen Erwägungen bedeuten. Erst wenn man die Aufforderung zur Gewinnmaximierung **bedingt** versteht, also unter Vorbehalt stellt, kann man die gewünschte kritische Intention realisieren. Derartige Vorbehalte können natürlich niemals inhaltlich vorherbestimmt werden, weil die Frage, welche inhaltlichen Werte gelten sollen, immer nur in einer konkreten historischen Situation beantwortet werden kann. Man braucht deshalb einen situationsunabhängigen, formalen Ausdruck für das öffentliche Interesse, der von Anfang an als Vorbehalt in die Rolle des Unternehmens inkorporiert wird. In unserem Konzept ist dies die regulative Idee des Friedens.[212]

Es ist nicht zu sehen, was im Ansatz von Homann einen derartigen formalen Vorbehalt **innerhalb** der Unternehmerrolle ausmachen könnte. Im Gegenteil scheint es so zu sein, daß Homann et al. in der klassischen Position einer un-bedingten, kategorialen Aufforderung zur Gewinnmaximierung verharren: "Innerhalb dieser Regeln (der Rahmenordnung, d. Verf.) sollen die Unternehmen langfristige Gewinnmaximierung betreiben".[213] Wegen dieser unkonditionierten Formulierung der Handlungsaufforderung müssen alle über die bloße Gewinnmaximierung hinausgehenden moralischen

---

212   Vgl. Abb. 7, S. 122.
213   Homann/Blome-Drees (Unternehmensethik), S. 51.

Imperative mittels Regeln **"von außen"** an das Wirtschaftssystem herangetragen werden.

Der springende Punkt in dieser gedanklichen Konstruktion ist nun ersichtlich, daß ein Unternehmer zwar moralische Intentionen geltend machen kann, dies aber gerade nicht in seiner Rolle als Akteur des ökonomischen Systems, sondern immer nur als Staatsbürger im politischen System. So verstanden gibt es dann gar keine gesonderte Legitimationsverantwortung des "Falles 2", die im System selbst wieder auf die Ebene des Unternehmens "zurückfallen" könnte - und es macht folglich auch keinen Sinn, diesen Sachverhalt als eine "eigenständige, innovative **Unternehmensethik**" zu bezeichnen - denn es wird hier ja gar nicht in der (wohldefinierten) Rolle des Unternehmers bzw. Unternehmens agiert. Richtigerweise wäre die ethische Bemühung im "Falle 2" im Ansatz von Homann et al. wohl eher als **"Staatsbürgerethik"** zu bezeichnen, die sich Geltung verschaffen soll: Der Unternehmer agiert im Rahmen seiner Rolle als Staatsbürger und zeigt als solcher Verantwortungsbewußtsein, wenn er moralische Bedenken zur Sprache bringt. Genau dies entspricht dann auch der klassischen liberalen Tradition der Trennung des Staates von der Gesellschaft,[214] in der die Moral **indirekt** an den unternehmerischen Entscheidungsprozeß herangetragen werden soll. Von daher bleibt es für uns unverständlich, wo und wie im Denkansatz von Homann et al. eine "eigenständige Unternehmensethik" überhaupt eingeführt werden kann; streng genommen wäre bei einem konsistenten Bezug auf den Liberalismus die Rede von der Unternehmensethik ja schon im Ansatz verfehlt.

Umgekehrt haben wir genau wegen dieser Sachlage die systemkonstituierende Handlungsaufforderung zur Gewinnmaximierung

---

214   Vgl. dazu näher Habermas (Strukturwandel) und Ehmke (Staat).

unter den Friedensvorbehalt gestellt, der in die Unternehmerrolle systematisch mit eingeschrieben ist und deswegen bis auf die unmittelbare Handlungsebene durchgreifen soll. Selbstverständlich wird damit ein potentieller **Intra-Rollenkonflikt** angelegt, der dann allerdings nur im Angesicht der konkreten Handlungssituation praktisch angemessen beurteilt und aufgelöst werden kann.[215] Es mag unter bestimmten Umständen sein, daß dieser Konflikt schon auf Unternehmensebene unter Verzicht auf gewisse Gewinnchancen beigelegt werden kann; es mag aber auch sein, daß Unternehmer in ethischer Verantwortung wettbewerbsneutrale Spielregeln anmahnen müssen (Verbandsebene, politische Ebene). Welche dieser Alternativen im Einzelfall primär in Betracht kommt, kann nicht aus einer **theoretischen** Konstruktionslogik der Wettbewerbsordnung abgeleitet werden, wie Homann/Blome-Drees schreiben.[216] Die jeweils gebotene Schrittfolge von Handlungen läßt sich vielmehr immer nur unter Bezug auf die konkreten Situationsbedingungen des Einzelfalles erkennen, wo es gilt, ein **praktisches** Urteil darüber zu fällen, welche Entscheidung richtigerweise getroffen werden sollte: Es läßt sich nicht theoretisch vorentscheiden, ob und wann man ein "Doppelspiel" (Homann/Blome-Drees)[217] betreiben, also unethische Praktiken weiterverfolgen soll, bis sie in der Rahmenordnung befriedigend geregelt sind (von allen Durchsetzungsproblemen einmal abgesehen) - oder ob man das Heft unmittelbar selbst in die Hand nehmen und doch (zumindest) versuchen sollte, das Problem am Ort des Entstehens aufzugreifen und selbst zu lösen.[218] Selbst für

---

215 Zur Bedeutung dieses ethischen Vorbehalts im Rahmen einer rollentheoretischen Rekonstruktion der Managementfunktionen vgl. Löhr/Bischof (Leitung).

216 Vgl. Homann/Blome-Drees (Unternehmensethik), S. 162.

217 Vgl. zu dieser Darstellung ebd., S. 162.

218 Der tiefere Grund für die mangelnde theoretische Antizipierbarkeit des praktischen Urteilsraumes liegt in der prinzipiellen Unabschließbarkeit des Situationsbegriffes; vgl. dazu Mittelstraß (Interessen), S. 133 f.

den Extremfall der möglicherweise ethisch notwendigen Geschäftsaufgabe kann hier kein theoretischer Zwang konstruiert werden, unter Absehung von moralischen Einwänden weiterzuwirtschaften. Wo wird eigentlich im liberalen Modell jene **Verpflichtung** zum Weiterwirtschaften ("Überleben") begründet, die einem bewußten Austritt aus dem Markt im Wege stünde - sei es als Akt unternehmerischer Freiheit oder als Zeichen unternehmensethischer Verantwortung?

Wir können diese kritische Betrachtung hier nicht vertiefen und wollen auch darauf verzichten, weitere verzerrte Darstellungen unseres eigenen Ansatzes im Detail zurechtzurücken. Statt dessen möchten wir im Interesse gemeinsamer Forschungsbemühungen zusammenfassend fragen, ob die zentrale Vorstellung von Homann et al., der "systematische Ort" der Moral müsse **ausschließlich** in der Rahmenordnung gesehen werden, ein zeitgemäßes Verständnis von Wirtschafts- und Unternehmensethik darstellt. Wir stellen dem die These gegenüber, daß konzeptionell von einer **Gleichrangigkeit** (wechselseitige Interdependenz) zwischen Wirtschaftsordnungsebene und Unternehmensebene ausgegangen werden muß: der systematische Ort der Moral (besser eigentlich: der Ethik) läge demnach sowohl in den Rahmenbedingungen als auch auf der unternehmerischen Entscheidungsebene selbst. Das kommt in unserer Formulierung zum Ausdruck, daß das Gewinnprinzip eine notwendige, aber nicht zugleich auch schon eine hinreichende Bedingung für die Legitimation unternehmerischen Handelns darstellt.

Wir nehmen damit lediglich den auch bei Homann anklingenden Gedanken ernst, daß die Durchsetzung ordnungspolitischer Normen (als Handlungsaufforderung) nicht nach dem Muster einer unproblematischen, quasi-mechanistischen Befolgung gedacht werden kann, sondern als ein wechselseitig verschränkter Prozeß der Interaktion von Unternehmens- und Ordnungsebene verstanden werden muß, in dem regelmäßig auch Akzeptanz- und Legitimationsprobleme zum Ausdruck kommen. Versteht man dies als ein systematisches (nicht bloß empirisch-pragmatisches) Problem einer jeden dezentralen Wettbewerbsordnung, so ist von vornherein ein gedanklicher Ansatz fehlkonzipiert, der - wenn auch nur analytisch - die Wirtschaftsordnungsebene allein zum "systematischen Ort der Moral" machen will.[219] Hier scheint ein Rest der strukturalistisch geprägten neoklassischen Fiktion vorzuherrschen, die Akteure wären lediglich "Vollzugsorgane" der Institutionen des Marktes und können insofern überhaupt keine eigenständigen Intentionen ins Spiel bringen. Anders formuliert: Die seit Adam Smith immer wieder betonte Umstellung von Handlungsintentionen auf Handlungsfolgen, wie sie die Wettbewerbswirtschaft mit sich bringt, wird unzulässigerweise perfektionistisch gedacht.

Die praktische Konsequenz dieser Denkweise ist für die wirtschaftsethischen Vorstellungen von Homann geradezu paradox: Statt angesichts der Steuerungsgrenzen des Rechts den Staat gemäß dem Subsidiaritätsprinzip durch eine stärkere Eigenverantwortung der Akteure zu entlasten, wird eigentlich ein immer dichteres Netz an rechtlichen Regelungen erforderlich im Versuch, die "aus systematischen Gründen immer lückenhaft und aus pragmatischen Gründen zunehmend defizitär werdende Rahmenordnung"[220] wasserdicht zu machen. Ist dieses Konzept wirklich für praktisches Handeln sinnvoll - oder eher ruinös?

---

219   Zustimmend zu dieser Auffassung von Homann äußerte sich jüngst auch Hax (Unternehmensethik), S. 777.
220   Vgl. Homann/Blome-Drees (Unternehmensethik), S. 53.

VII. Ethische Sensibilisierung der Unternehmensführung

1. Ansatzpunkte unternehmensethischer Orientierungen

Eine Konkretisierung unternehmensethischer Konzepte wird in der Literatur in verschiedener Weise versucht. Dabei lassen sich drei Zugriffsebenen unterscheiden.

1. Erstens fällt bei der Durchsicht der eher praxisorientierten Literatur auf, daß die Mehrzahl der Beiträge auf spezifische aktuelle **Konfliktfelder** des unternehmerischen Handelns Bezug nimmt. Auf diese Weise ergeben sich Kataloge der in der Unternehmenspraxis (gerade) besonders relevanten sensiblen ethischen Aktivitätsbereiche. Diskutiert werden z.B. einzelne Aspekte der Umweltproblematik, der gesamte Bereich der Humanisierung der Arbeitswelt, der Umgang von Unternehmungen mit einer kritischen Öffentlichkeit (Public-Relations), die Behandlung von Minoritäten im Betrieb, das Insider-Trading oder Fragen der Investitionspolitik in Entwicklungsländern.[221] Die entsprechenden **Fallstudien** zu diesen Problemfeldern, die häufig ganz bestimmte Unternehmungen in den Mittelpunkt rücken, finden sich als Standardlektüre in vielen amerikanischen Lehrbüchern über "Business Ethics".[222]

---

221 Einen repräsentativen Überblick bietet hier z.B. die Zeitschrift "Business and Society Review". Herausgeber Milton Moskowitz weist in der Kolumne "Company Performance Roundup" regelmäßig auf positive oder negative Beispiele unternehmerischer Aktivitäten im Hinblick auf eine Unternehmensethik hin.

222 Vgl. etwa Carroll (Business), Frederick/Davis/Post (Business), Donaldson/Werhane (Ethical Issues), Matthews/Goodpaster/Nash (Policies), Hoffman/Mills Moore (Business Ethics), Westin/Aram (Dilemmas).

Derartige Darstellungen sind zwar recht illustrativ und zeigen sehr differenziert am konkreten Beispiel die verschiedenen Problemaspekte einer Unternehmensethik; gleichwohl wird auf diese Weise nur ein punktueller und kein systematischer Zugriff auf das Lehrgebiet der Unternehmensethik ermöglicht.

2. Auf einer zweiten Diskussionsebene, auf die insbesondere die Betriebswirtschaftslehre häufig Bezug nimmt, finden sich ethische Überlegungen zu spezifischen **Funktionsbereichen** der Unternehmung. Eine besonders prominente Rolle nehmen in diesem Zusammenhang gegenwärtig die Bemühungen um eine Marketingethik ein,[223] wo man immer nachhaltiger für eine Abkehr von manipulativen, rein verkaufsorientierten Techniken eintritt. Im Zuge dieser Bemühungen um einen Wandel des Marketingverständnisses wurden in den USA bereits Handbücher entwickelt, die Unternehmungen nach Maßgabe bestimmter Kriterien ethisch einstufen, um den Verbrauchern bei ihren Kaufentscheidungen eine Orientierungshilfe zu geben.[224] Weitere Funktionsbereiche der Unternehmung, über die derzeit ethische Reflektionen angestellt werden, betreffen die Produktion, den Einkauf, das Finanzierungsgebaren und insbesondere auch Forschung und Entwicklung.

Gerade am F&E-Bereich wird sehr deutlich, daß ein **funktionsorientierter Zugriff** auf ethische Problemstellungen den Blick dafür öffnet, daß ethische Konflikte im Unternehmen nicht nur im Zusammenhang mit "kaufmännischen" Entscheidungen entstehen können, sondern vielfältige interdisziplinäre Aspekte haben (z.B. Verantwortung der Ingenieure bei der Entwicklung neuer Produkte und Technologien). Gleichwohl bringt aber diese funktionsorien-

---

223 Vgl. Hunt/Vitell (Marketing Ethics), Laczniak/Murphy (Marketing Ethics), Hansen (Marketing).

224 Vgl. Lydenberg et al. (Rating), sowie im "Taschenbuchformat" Will et al. (Shopping).

tierte Sicht auch die Gefahr mit sich, daß sich unkoordinierte bereichsspezifische ethische Orientierungen ("**fraktionierte Bereichsethiken**") ergeben.[225] Es stellt sich so notgedrungen die Anschlußfrage nach einer Integration der partikularen Standpunkte im Unternehmen.

3. Mit dieser Frage wird dann genau eine dritte Ebene angesprochen, auf die sich eine allgemeine, sachfunktionsübergreifende Unternehmensethik beziehen sollte, nämlich die Ebene der Unternehmensführung mit den klassischen **Managementfunktionen,** die der Steuerung aller Sachfunktionsbereiche dienen. In diesem Sinne werden nachfolgend die wesentlichen organisatorischen und personellen Voraussetzungen daraufhin diskutiert, welche Probleme ihre ethische Sensibilisierung im Spannungsfeld mit der ökonomischen Rationalität (Gewinnprinzip) aufwirft.

2. Die Organisation als Gegenstand ethischer Sensibilisierung

a) Organisationsstrukturen

Organisationsstrukturen sind - wie früher ausgeführt - generelle Regeln, die situationsübergreifend zu einem bestimmten Handeln veranlassen sollen. Als solche sind sie Normen, die ethischer Reflektion zugänglich sind. Die obige Bestandsaufnahme ethisch dysfunktionaler Wirkungen von Organisationsstrukturen hat das

---

225 Damit ist keineswegs gemeint, daß in jedem dieser Funktionsbereiche eine spezifische Morallehre angewendet wird, sondern daß die Ethik des Dialogs in unterschiedlichen Funktionsbereichen zu verschiedenen Ergebnissen kommen kann.

deutlich gezeigt.[226] Im Gegenzug ist nunmehr die Frage zu stellen, wie Organisationsstrukturen aussehen könnten, die für die Mitarbeiter Spielräume zur ethischen Reflektion eröffnen. Diese Fragestellung kann allerdings nicht auf eine völlige Abschaffung von Strukturen zielen, so daß letztlich nur noch die freie personale Kommunikation übrig bliebe; es geht nicht um ein "Entweder-Oder", sondern um ein "Sowohl-Als-Auch"; die Koordination arbeitsteiligen Handelns auf gemeinsame Zielsetzungen hin bedarf - wenn eine bestimmte Unternehmensgröße überschritten wird - bis zu einem gewissen Grade des Ersatzes von fallweisen durch generelle Regelungen (Substitutionsgesetz der Organisation nach Gutenberg).[227]

Ethische Sensibilisierung von Strukturen muß nach dem von uns vertretenen Verständnis von Unternehmensethik nun heißen, die Bedingungen für die organisierte Informationsgewinnung und -verarbeitung im Unternehmen so zu gestalten, daß eine frühzeitige **Entdeckung** ethisch problematischer Situationen innerhalb und außerhalb des Unternehmens, die diskursive Aufarbeitung dieser Probleme bis zu einer Entscheidung über die **Problemlösung** und deren **Verwirklichung** gewährleistet wird. Daraus folgt als generelle Zielsetzung für organisatorische Maßnahmen die **Entschränkung** statt der Schließung von Strukturen, um so die ethische Wachsamkeit von Mitarbeitern nicht zu behindern, ihre Bereitschaft zur Thematisierung ethisch sensibler Probleme zu stützen und Kommunikationsbarrieren abzubauen.

Konkret gibt es drei Ansatzpunkte für den Organisator, diese Zielsetzung (schrittweise) zu erreichen:

---

226   Vgl. oben S. 29 ff.
227   Vgl. Gutenberg (Produktion), S. 237 ff.

1. Schaffung von **speziellen Strukturen** mit ethischem Auftrag **innerhalb** der gegebenen organisatorischen Machtstrukturen;

2. Schaffung von **speziellen Strukturen** mit ethischem Auftrag **außerhalb** der organisatorischen Machtstrukturen; und

3. Veränderung der **Gesamtorganisation** in Richtung auf eine Öffnung für ethische Problemstellungen.

Zu 1: Spezielle interne Strukturen. Die Schaffung bestimmter Stellen oder Abteilungen ist in den letzten Jahren in der Literatur vielfach als Implementationsvorschlag für ethische Bemühungen in Unternehmungen diskutiert worden. Die vorgeschlagenen Lösungen waren dabei regelmäßig auf ganz bestimmte Bezugsgruppen des unternehmerischen Handelns ausgerichtet. Zu erwähnen sind hier insbesondere organisatorische Anlaufstellen für Arbeitnehmer (Vertrauensleute, Ombudsmänner, innerbetriebliches Beschwerdesystem) sowie für Konsumenten (Verbraucherschutzabteilungen, Konsumentenschutzbeauftragte).[228] Weiterhin wurde gefordert, den kulturellen oder gesellschaftlichen Verpflichtungen gegenüber der Öffentlichkeit durch die Einrichtung bestimmter Positionen im Aufsichtsrat oder "board of directors" des Unternehmens nachzukommen (corporate responsibility officer,[229] special public director[230]). Neben solchen zeitlich unbegrenzten Vorkehrungen ist es mittlerweile auch üblich geworden, Stellen oder ganze Abteilungen zur Behandlung von **aktuell** aufgetretenen Konfliktfällen einzurichten - also gewissermaßen "task forces", die mit der Beilegung eines Konfliktes wieder aufgelöst werden. Schließlich ist noch auf einen Vorschlag von Stone hinzuweisen,

---

228 Vgl. zum Überblick Berthoin/Antal (Responsiveness), S. 238 ff., und die Beiträge in Hansen/Schoenheit (Verbraucherabteilungen).

229 Vgl. Eilbirth/Parket (Officer).

230 Vgl. Stone (Law), S. 174 ff.

der die allgemeine Beförderung des Dialogs im Rahmen einer unspezifischen Personal- und Öffentlichkeitsarbeit institutionalisieren will: Der "general public director", der als Ansprechpartner für die verschiedensten Probleme mit der Öffentlichkeit zur Verfügung stehen soll.[231] Neuerdings haben eine Reihe US-amerikanischer Firmen auch die Position des sog. "ethics officers" eingerichtet; ein entsprechender Berufsverband ist in USA schon ins Leben gerufen.

Diesen Maßnahmen zur Institutionalisierung des Dialogprinzips kann eine Katalysatorfunktion im positiven Sinne zugeschrieben werden. Die eingerichteten Stellen sollen für die intern oder extern vom unternehmerischen Handeln Betroffenen als Ansprechpartner fungieren, denen eine echte Dialogkompetenz im Namen des Unternehmens zukommt. Dies würde z.B. bedeuten, daß Einwände von Kritikern an die richtigen Adressen im Unternehmen weitergeleitet, betroffenen Entscheidungsträgern Verbesserungsvorschläge für zukünftige Maßnahmen gemacht, sowie insbesondere Argumentationsprozesse im Unternehmen allererst in Gang gebracht werden. Umgekehrt können sie aber auch die Funktion haben, (gut begründete) Positionen des Unternehmens gegenüber Kritikern zu verteidigen.

Die Konzentration der Dialogbemühungen auf bestimmte Stellen oder Abteilungen hat neben der klaren Regelung der Zuständigkeit natürlich den Vorteil, die Gesamtorganisation von zeitraubenden Argumentationsprozessen zu entlasten; diese kann sich voll auf das Effizienzziel im engeren Sinne konzentrieren. In diesem Spannungsverhältnis liegt dann aber auch ein gewisser Nachteil der Spezialisierungslösung. Zum einen können friedensstiftende neue Einsichten in der Praxis nur schwer an die Gesamtorganisation

---

231   Vgl. ebd., S. 152 ff.

weitervermittelt werden. Die alten dominierenden Machtstrukturen machen sich vielfach sogar bis hin zur Unterdrückung ethischer Verbesserungsvorschläge geltend. Zum anderen bedeutet die Konzentration der ethischen Verantwortung auf wenige ausgewählte Stellen eine Verkürzung der Problemlösung: da die Gesamtorganisation nach wie vor ausschließlich auf das Effizienzziel hin orientiert bleibt, wird keine allgemeine ethische Sensibilität ausgebildet. Darunter leidet dann z.B. die Früherkennung ethischer Konfliktsituationen im Umfeld des Unternehmens. Mangels Sensibilität werden kritische Situationen nicht erkannt und entsprechende Informationen gelangen deshalb nicht (oder zu spät) zu den ethischen Spezialisten und Entscheidungsträgern. Im Hinblick auf diese Bedenken kann die organisatorische Spezialisierung ethischer Reflektionen wohl nur einen ersten Reformschritt darstellen, dem allerdings eine wichtige Anstoßfunktion zukommen kann.

Zu 2: Spezielle ausgegliederte Strukturen. Der zweite Implementationsvorschlag läßt sich als Versuch verstehen, die für ethische Fragen zuständigen Organe dem Druck der traditionellen Machtstruktur zu entziehen. Sie werden aus der Machthierarchie ausgelagert und mit einer autonomen Verantwortung ausgestattet. Zu erwähnen ist hier insbesondere die Kommissionslösung,[232] wie sie z.B. die Firma Nestlé Anfang der 80er Jahre zur Behandlung des oben angesprochenen Konflikts über die Vermarktung von Muttermilch-Ersatzprodukten in der Dritten Welt eingerichtet hat.[233] Dank ihrer herausgehobenen Sonderstellung kann eine

---

232 Zur Kommissionslösung allgemein vgl. ebd., S. 174 ff., und Gerum (Arbeitsgestaltungspolitik), S. 144 ff.

233 Vgl. dazu oben S. 116 f., zur Kommission und ihrer Tätigkeit vgl. Muskie/Greenwald (Audit Commission) und Pagan (Nestlé Boycott); zusammenfassend vgl. auch Steinmann/Löhr (Ethik-Kommissionen), S. 264 ff.

solche Kommission - richtig verstanden - nicht von vorneherein als (sozialtechnisches) Instrument einer der beteiligten Konfliktparteien interpretiert werden. Sie läßt sich vielmehr als ein **"Forum des Dialogs"** verstehen, als ein Katalysator für Verständigungsprozesse zwischen den widerstreitenden Konfliktparteien. Mit einem solchen Verständnis würde es jedenfalls ausgeschlossen sein, Kommissionen schlicht als einen verlängerten Arm der Unternehmensführung zu begreifen, um im Gespräch mit Kritikern bestimmte Standpunkte durchzusetzen; vielmehr ginge es darum, durch die "organisatorisch unvoreingenommene" Stellung der Kommission dazu beizutragen, daß partikulare Standpunkte in ernsthaften Dialogen überwunden werden.

Diese allgemeine Charakterisierung der Kommissionslösung wird noch farbiger, wenn man den Erfahrungsbericht der sog. "Muskie-Kommission" hinzunimmt, die für die Firma Nestlé an der Bewältigung des angesprochenen Konfliktes mitgewirkt hat und noch mitwirkt.[234]

In diesem Erfahrungsbericht werden vier verschiedene Rollen oder Aufgaben der Muskie-Kommission unterschieden. Zum ersten sind Ethikkommissionen geeignet, als eine Art Treuhänder der Öffentlichkeit ("public auditor") die Einhaltung ethischer Standards seitens der Unternehmensführung zu überwachen. Dies war im Falle Nestlé eine zentrale Aufgabe der Kommission. Zweitens sind Ethikkommissionen in der Lage, in komplizierten Auseinandersetzungen eine Expertenrolle ("expert body") zu entwickeln. Eine ähnlich intensive Anreicherung mit Sachkompetenz, nicht zuletzt durch Beteiligte von außerhalb des Unternehmens, läßt sich innerhalb der regulären Organisationsstrukturen schwerer mobilisieren. Drittens können Ethikkommissionen in eine Art Richterrolle

---

234   Vgl. dazu Muskie/Greenwald (Audit Commission), S. 23.

("quasi-judicial body") hineinwachsen, und zwar dann, wenn sie regelmäßig überprüfen und begutachten sollen, ob das Unternehmen sich an seine Selbstverpflichtungen hält. Viertens schließlich kann Ethikkommissionen die Rolle zukommen, die Implementation ethischer Bemühungen innerhalb des Unternehmens anzuregen oder gar einzufordern. Die Kommission wird insofern zu einer Quelle ethischer Forderungen an die Organisation ("source of pressure").

Um diese (und mögliche weitere) Rollen auch tatsächlich wahrnehmen zu können, sind gewisse Voraussetzungen an die Konstruktion von Ethikkommissionen zu richten. Nach den vorliegenden Erfahrungen im Falle Nestlé wird man dabei zumindest die folgenden fünf Erfolgsbedingungen im Auge haben müssen:[235]

(1) Eine erste Erfolgsbedingung bezieht sich auf die Regelung der **Mitgliedschaft** in der Kommission. Wie eine Ethikkommission zusammengesetzt sein sollte, läßt sich selbstverständlich nicht von vorneherein und allgemein bestimmen. Das folgt aus der prinzipiellen Unabschließbarkeit ethischer Konfliktfelder der Sache und der Zeit nach, so daß ein inhaltlicher Kreis von Betroffenen nie ein für allemal festlegbar ist. Gleichwohl lassen sich einige pragmatische Hinweise zur Besetzung von Ethikkommissionen geben. Hierzu gehört sicherlich auch die hilfreiche Unterscheidung zwischen **dialogführenden Konfliktparteien** und **dialogbegleitenden Experten**. Die dialogführenden Parteien müßten sich jeweils nach der Besonderheit der einzelnen Konfliktkonstellation einfinden. Von seiten der Unternehmung mag es dabei durchaus so sein, daß ein stehender Ausschuß benannt wird, der als Ansprechpartner für alle auftauchenden ethischen Fragen fungieren soll.

---

235   Vgl. ebd., S. 21 f.

Was die dialogbegleitenden Experten betrifft, so sollen sie einerseits konfliktspezifische Sachfragen soweit transparent machen, daß von den betroffenen Konfliktparteien ein ethisches Urteil gefällt werden kann, das auf einer möglichst umfassenden Situationsaufklärung beruht. Diese Situationsaufklärung ist insbesondere auch dann vonnöten, wenn es in der Kommission um eine Kontrolle der Einhaltung bereits eingegangener ethischer Selbstverpflichtungen geht. Andererseits können in Dialogen Prozeßexperten notwendig werden, die als parteienunabhängige Garanten für eine faire Abwicklung von Konfliktfällen im Sinne argumentativer Verständigung dienen sollen.

(2) Eine zweite wichtige Erfolgsvoraussetzung betrifft die **Unabhängigkeit** der Kommission. Genauerhin ist hiermit nicht nur die (selbstverständliche) Unabhängigkeit der Kommissionsmitglieder gegenüber jeder Art von Weisungen durch Dritte gemeint; es geht auch nicht bloß um das Ausschalten von Abhängigkeiten aufgrund faktischer Machtgrundlagen (insbesondere sind hier finanzielle Ressourcen angesprochen, die ein Unternehmen für die Arbeit der Kommission zur Verfügung stellen muß). Gemeint ist vielmehr jene Unabhängigkeit der Dialogteilnehmer, die aus den prinzipiellen Bedingungen der Möglichkeit rationaler Argumentation überhaupt folgt: Die **Autorität** einer Kommission steht und fällt ja u.a. mit dem Vermögen, Dialoge als unvoreingenommene, zwanglose und nicht-persuasive Verständigungen über ein Sachproblem zu führen.[236]

(3) Eine dritte Erfolgsbedingung bezieht sich auf die explizite Verpflichtung des Unternehmens zur **Unterstützung** der Kommissionsarbeit. Ohne eine solche weitreichende Unterstützung materieller und immaterieller Art, durch die letztlich die ethische

---

236   Vgl. dazu oben S. 78 f.

Einsichtsbereitschaft der Unternehmensführung allererst zum Ausdruck kommt, könnten die Bemühungen einer Kommission keinen hinreichenden Niederschlag in der praktischen Unternehmenspolitik finden. Den entsprechenden Kommissionen würde dann vielmehr nur eine Alibi- oder Feigenblattfunktion zukommen.

(4) Eine vierte Erfolgsvoraussetzung ist ein aktives Selbstverständnis der Ethikkommission. Sie muß sich als ein **Initiativzentrum** für die Generierung, Implementation und Weiterentwicklung konfliktrelevanter Normen verstehen. Der potentielle Aktionsradius der Kommission kann hierbei durchaus sehr weit gezogen werden. In diesem Sinne käme der Ethikkommission dann gleichsam die aus der Organisationsentwicklung bekannte Funktion eines "change agent" zu.

(5) Als fünfte Erfolgsbedingung scheint es nach allen Erfahrungen wichtig zu sein, die von den Kommissionen erarbeiteten Lösungsvorschläge nicht als "beliebige" Beratungsergebnisse anzusehen, die bei Bedarf auch ignoriert werden können, sondern sie als Ausdruck eines gefundenen Konsenses bis auf weiteres als verpflichtende Handlungsorientierung in der Organisation zu akzeptieren und **formell in Kraft** zu setzen. Im übrigen sollten Kommissionen nicht nur auf die Einhaltung der freiwillig verabschiedeten Selbstverpflichtungen achten, sondern auch auf die Einhaltung des geltenden Rechts durch die Unternehmung hinwirken.

Diese durchaus positiven Erfahrungen mit der Arbeit einer Ethikkommission sollten allerdings nicht verkennen lassen, daß die Tätigkeit von Kommissionen faktisch auch als eine relativ unverbindliche Entlastungsübung für die Unternehmung verstanden werden kann. Dabei spielen nicht nur die Implementationsprobleme getroffener Kommissionsentscheidungen eine wichtige Rolle: Angenehme Entscheidungen werden akzeptiert, unangenehme

Entscheidungen nicht implementiert. Hinzu kommt noch ein zweiter Nachteil: dort, wo die Kommission als eine **definitive** organisatorische Lösung für alle ethischen Probleme angesehen wird, vergibt man die Chance, durch eine dezentrale Streuung der ethischen Wachsamkeit in der Gesamtorganisation frühzeitig auf ethische Bedrohungen aufmerksam zu werden. Die ethische Frühwarnung läßt sich ja nicht im Sinne einer selektiven Aufgabenzuweisung zentralistisch vororganisieren; hier ist die gesamte Organisation als eine Art "Radar" gefordert. Änderungen der Organisationsstrukturen sind also letztlich für eine ethische Sensibilisierung unerläßlich.

Zu 3: Veränderungen der Gesamtorganisation. Vor diesem Hintergrund wird eine Unternehmensethik immer darauf hinauslaufen müssen, die **Gesamtorganisation** kommunikationsfähiger und -bereiter zu machen. Die Maßnahmen, die in diesem Zusammenhang eingeleitet werden können, laufen im Grundsatz auf eine Revision jener argumentationsfeindlichen Rahmenbedingungen hinaus, die im Zuge der Verbreitung der klassischen tayloristischen Organisationsstrukturen oft unbewußt entstanden sind. Es gilt also, die grundlegenden Ideen dieser rigiden Organisationsgestaltung umzudrehen: die Idee der ethischen Sensibilisierung ist im Prinzip ein Plädoyer gegen die Trennung von Kopf- und Handarbeit, von Planen und Ausführen, gegen übertriebene Arbeitsteilung, tiefgegliederte Hierarchien und limitierte Kontrollspannen, gegen abgegrenzte Befehls- und Informationswege, gegen streng definierte Zuständigkeitsbereiche und Weisungsbefugnisse, gegen extreme Spezialisierung und Fließbandarbeit, gegen eine unbedingte Koordination über Pläne und Budgets.

Die Notwendigkeit einer solchen Umorientierung folgt aus der Einsicht, daß die klassische Pyramidenorganisation der Absicht nach nur darauf angelegt ist, für die arbeitsteilige Bewältigung einer Gesamtaufgabe **Ordnung** zu stiften. Ordnung zu stiften bedeutet aber Selektion oder Konzentration auf vorgegebene Regelungen und damit zugleich **Ausblendung** kritischer Reflektion. Organisation heißt - klassischerweise - Durchführung des Geplanten und nicht seine kritische Infragestellung. Insofern ist die traditionelle Organisation auf **Problemschließung** angelegt, während eine Ethik demgegenüber als Leitgedanken die **Problemöffnung** haben muß.[237] Die ethische Sensibilisierung der Organisation bedeutet - so gesehen - nichts anderes als die Öffnung der überkommenen tayloristisch-schließenden organisatorischen Regelungen.

Aus der Geschichte der Organisationslehre sind für die Bewältigung dieser Aufgabe schon die entscheidenden Leitbilder bekannt. Es geht dabei etwa um die seit 30 Jahren diskutierten Ansätze für "organische Strukturen"[238] und "laterale Interaktionsmuster"[239]. Die Stoßrichtung dieser reichhaltigen Forschungsbemühungen zielt auf Gruppenprozesse statt individueller Beziehungen als Basis der Organisation, auf unterstützendes Vorgesetztenverhalten statt hierarchischer Abhängigkeit, auf kommunikative Selbstanschlüsse quer zur Hierarchie statt auf hierarchisch gebundene Informationskanäle, auf Delegation statt Zentralisation von Entscheidungskompetenzen, auf Freisetzung von Eigenkontrolle statt Femdkontrolle, und vieles mehr. Auch neuere Formen der Organisationsgestaltung im Rahmen des "Lean Management"[240] und von "Netzwerkstrukturen"[241] wären hier zu nennen. Kurz gesagt geht es um die Entwicklung einer **"Vertrauensorganisation"** anstelle der traditionellen **"Mißtrauensorganisation"**.[242]

---

237   Gegen diese Vorstellung einer Antinomie wird neuerdings jedoch auch geltend gemacht, daß selbst die Durchführung des Geplanten immer weniger als total vorregelbar (durch Anweisung und Arbeitsvertrag) gedacht werden kann. Vgl. dazu Beyer (Koordination), S. 61 ff.

238   Vgl. Burns/Stalker (Management).

239   Vgl. Likert (Patterns) und ders. (Organization).

240   Vgl. Womack/Jones/Roos (Revolution).

241   Vgl. etwa Nohria/Eccles (Networks).

242   Vgl. dazu auch Bleicher (Zukunft), S. 7 ff.

Gegen derartige Vorschläge organisatorischer Strukturgestaltung ist in der Vergangenheit häufig der Vorwurf der **Ineffizienz** erhoben worden. Dem läßt sich jedoch heute entgegenhalten, daß gerade umgekehrt die klassische tayloristische Organisation mit steigender Ungewißheit und Turbulenz der Umwelt zunehmend ineffizienter zu werden droht. Dies deshalb, weil derartige Umweltentwicklungen zwangsläufig die Wirksamkeit der Unternehmensplanung in Frage stellen. Die Treffsicherheit dieser Planung wird umso fragwürdiger, je weiter sie in die Zukunft hineinreicht. Das bedeutet umgekehrt aber, daß strategische Unternehmensführung immer mehr auf (strategische) **Umsteuerungspotentiale** angewiesen ist, die außerhalb der Planung angesiedelt sein müssen.[243] Solche Umsteuerungspotentiale in Organisationsstrukturen anzulegen läuft letztlich darauf hinaus, das strategische Mitdenken der Mitarbeiter zu fördern. Diese müssen die gewählte Strategie nicht nur in Kenntnis und unter Beachtung der kritischen Erfolgsfaktoren bewußt implementieren, sondern sind auch aufgefordert, Bedrohungen der Strategie in der Umwelt rechtzeitig zu identifizieren und strategische Umsteuerungsentscheidungen anzustoßen. Gefordert ist also eine dezentrale strategische Wachsamkeit der Mitarbeiter. Dafür sind jedoch rigide hierarchische Strukturlösungen dysfunktional. Die Krise der Hierarchie hat hier letztlich ihre Wurzeln. Schon ökonomische Effizienzüberlegungen bei der Organisationsgestaltung kommen also heute und in Zukunft den ethischen Imperativen mehr und mehr entgegen.[244]

---

243   Vgl. dazu genauer Steinmann/Schreyögg (Umsetzung), S. 747 ff.
244   Vgl. dazu auch Osterloh (Informationstechnologien).

b) Dialogbeförderung durch Organisationskultur

Neben Strukturen können auch Kulturen - wie oben ausgeführt - die ethische Sensibilität der Unternehmung beeinträchtigen.[245] Das gilt insbesondere für sog. "starke" Unternehmenskulturen; sie zeichnen sich durch einfache Verständlichkeit, einen hohen Verbreitungsgrad im Unternehmen und eine große Verankerungstiefe aus.[246] Solche Kulturen haben eine hohe normative Orientierungskraft und sind damit außerordentlich selektiv. Weil sie von allen Mitarbeitern bei ihren Handlungen bewußt oder unbewußt nachhaltig befolgt werden, werden alternative Orientierungsmuster von vorneherein ausgeblendet oder diskreditiert.

Dieser **schließende** Charakter starker Unternehmenskulturen läßt sich unter verschiedenen Aspekten noch im einzelnen genauer kennzeichnen, z.B. als Tendenz zur Abschottung, als Blockierung neuer Orientierungen, als Implementationsbarriere, als kollektive Vermeidungshaltung, als Mangel an Flexibilität. Charakteristisch für starke Unternehmenskulturen ist also, daß ein bestimmter Satz an Normen und Werten fraglos hingenommen wird und deshalb einer argumentativen Verständigung systematisch entzogen ist.

Sind die Mitarbeiter in einer derart geschlossenen und rigiden Kulturwelt befangen, so sind sie auch kaum mehr fähig, eine kritische Distanz zur herrschenden Kultur einzunehmen. Man registriert und beurteilt die Ereignisse in der internen und externen Umwelt dann zwangsläufig nur noch aus dem Blickwinkel der herrschenden Moral und filtert alle Ereignisse und Einwendungen weg, die nicht in das Raster der herrschenden Normen und Werte passen. Umgekehrt entsteht eine Neigung, alles das unkritisch

---

245   Vgl. dazu oben S. 39 ff.
246   Vgl. dazu Schreyögg (Konsequenzen), S. 95 ff.

aufzunehmen und als Bestärkung anzusehen, was der eigenen Moralvorstellung entspricht. So entsteht ein gefährlicher **doppelter Filtereffekt** sowohl bei der Wahrnehmung wie bei der Lösung ethischer Konflikte.[247]

Eine ethische Sensibilisierung der Organisationskultur würde vor diesem Hintergrund dazu auffordern, festgefahrene kulturelle Orientierungen im Zuge argumentativer Verständigungsprozesse aufzubrechen. Dies ist keine leichte Aufgabe, geht es doch schlußendlich darum, die kulturelle Identität einer ganzen Organisation zu verändern. Es müssen solche Wertvorstellungen und Handlungsaufforderungen gegen die alte Kultur zur Geltung gebracht werden, die einer offenen Argumentation förderlich sind. Sie finden in Aufforderungen etwa der folgenden Art ihren Ausdruck: Akzeptiere Widersprüche! Mißtraue Ja-Sagern! Beachte abweichende Meinungen! Belohne Neugierde! Informiere sorgfältig und vollständig! Unterstütze den Mut zu Veränderungen!, und Vieles andere mehr.[248]

Derartige Zielvorstellungen für die Entwicklung einer argumentationsfördernden Organisationskultur bedeuten natürlich, daß man Abschied nehmen muß von gewissen traditionellen Vorstellungen des "Managements von Unternehmenskulturen". Dazu gehört zum einen die Vorstellung einer beliebigen **"Machbarkeit"** von Unternehmenskulturen, wie sie etwa in den populären Ansätzen von Peters/Waterman[249] und Deal/Kennedy[250] zum Ausdruck gekommen sind. Derartige manipulative Ansätze zur Kulturgestaltung gehen fälschlicherweise davon aus, daß die Menschen in der Unternehmung nicht als **Subjekte anzuerkennen** sind, sondern

---

247   Vgl. ebd., S. 94 ff.
248   Vgl. zu derartigen Orientierungen Nystrom/Starbuck (Unlearn).
249   Vgl. Peters/Waterman (Search).
250   Vgl. Deal/Kennedy (Cultures).

wie **Objekte bearbeitet** werden können und sollen. Ethische Bemühungen um eine rationale Konsensfindung werden dadurch natürlich konterkariert.

Abschied zu nehmen gilt es aber auch von solchen relativ naiven Vorstellungen, die traditionell gewachsene und überkommene Unternehmenskulturen von vorneherein als schutzbedürftig ansehen und sich nur im Sinne einer "gärtnerischen Pflege" um ihre Erhaltung kümmern wollen. Jeder Eingriff wird als potentielle Zerstörung eines Stückes unberührter Lebenswelt betrachtet. Derartige kulturunkritische Ansätze stellen so gesehen die Frage nach der Verbesserung der faktischen Verhältnisse gar nicht, wie es ethische Leitvorstellungen ja gerade fordern; die faktisch herrschenden Moralen werden für sakrosankt erklärt.

Demgegenüber muß aus kritischer Sicht an der Vorstellung einer Kuluränderung festgehalten werden. An die Stelle eines manipulativen "Management von Unternehmenskulturen" muß jedoch ein **"kulturbewußtes Management"** treten, das die Organisationsmitglieder als autonome Subjekte des Veränderungsprozesses ernst nimmt.[251] Hierbei geht es nicht um abrupte Kulturrevolutionen, sondern um bewußte und bedeutsame Kurskorrekturen, um die Mitarbeiter dort abzuholen, wo sie gerade stehen.[252] Eine solche Kurskorrektur läßt sich methodisch in drei Schritten angehen:[253]

(1) Der erste Schritt besteht in einer **Beschreibung und Bewußtmachung** der bestehenden Kultur. Bereits an dieser Stelle entstehen methodische Schwierigkeiten insofern, als die traditionelle empirische Sozialforschung mit ihrer Vor-

---

251 Vgl. dazu Ulrich (Kulturentwicklung), S. 317.
252 Vgl. Schreyögg (Unternehmenskulturen), S. 165.
253 Vgl. Osterloh (Unternehmensethik), S. 154.

stellung einer objektiven Meßbarkeit sozialer Sachverhalte abgelöst werden muß durch hermeneutische Methoden des "kontrollierten Fremdverstehens". Diese notwendige Umorientierung wird seit Jahren im Sinne eines "Paradigmawechsels" von der quantitativen zur qualitativen Sozialforschung diskutiert.[254]

(2) Der zweite Schritt läßt sich als **"reflexive Brechung"** kennzeichnen,[255] d.h. als kritische Diskussion mit allen Organisationsmitgliedern über die bestehende Unternehmenskultur oder doch ihre wichtigsten Aspekte.

(3) Erst im dritten Schritt ist es dann möglich, konkrete **Änderungsprozesse** zusammen mit den Mitarbeitern einzuleiten.

Im Grunde greift dieser Dreier-Schritt gewisse Vorstellungen der Organisationsentwicklung auf, soweit diese nicht bloß mechanistisch und "von oben" als angeordnete Strukturveränderungen konzipiert sind. Insbesondere ist hier auf Vorschläge hinzuweisen, wie sie aus der Kleingruppenforschung von K. Lewin hervorgegangen sind.[256] Auch hier steht ein "Drei-Schritt-Verfahren" im Mittelpunkt von Änderungsprozessen: Aufbrechen von Strukturen (Unfreezing) - Veränderung von Strukturen (Changing) - Verankerung der neuen Strukturen (Refreezing). Greiner betont, daß diese drei Schritte - wenn sie erfolgreich sein sollen - **partizipativ** (zusammen mit den Mitarbeitern) und mit nachhaltiger Unterstützung des Top-Managements - möglichst unter Mitwirkung eines externen Beraters (change agent) - durchgeführt werden müssen.[257]

---

254 Vgl. dazu etwa Mayring (Einführung).
255 Vgl. Ulrich (Kulturentwicklung), S. 318.
256 Vgl. Lewin (Group Decision).
257 Vgl. genauer Greiner (Patterns), S. 119 ff.

Die Aufgabe der ethischen Sensibilisierung von Organisations-
kulturen kann vor diesem Hintergrund auf gewissen methodischen
Grundlagen aufbauen, ohne daß freilich damit schon ausgereifte
und bewährte "Techniken" der "geplanten Kulturentwicklung" zur
Verfügung stünden. Unverzichtbar ist allerdings die Forderung, daß
Kulturentwicklung auf die Partizipation der Mitarbeiter setzen muß,
deren Autonomie und kritisches Reflektionsvermögen zu entfalten
ja letztlich das Ziel der Bemühungen ist. Hier ist dann auch die
Anschlußstelle zum "organisationalen Lernen".[258]

3. Zur ethischen Entwicklung des Personals

a) Der Organisationsbürger als Leitbild für die Personalentwicklung

Aus den vorstehenden Überlegungen zur Gestaltung von Organisa-
tionskulturen geht schon hervor, daß die organisatorischen
Rahmenbedingungen nur dann eine hinreichende Hilfestellung für
die Entfaltung des Dialogprinzips im Unternehmen geben können,
wenn sie von den Organisationsmitgliedern in Konfliktfällen auch
tatsächlich mit Leben erfüllt werden. Korrespondierend zu den
organisatorischen Voraussetzungen für rationale Verständigungsprozesse müssen dementsprechend auch **individuelle** Voraussetzungen bei allen Mitarbeitern geschaffen werden, um die Idee
einer argumentativen Verständigung praktisch wirksam werden zu
lassen. Diese wechselseitige Verknüpfung von Organisations- und
Personalentwicklung bringt sinnfällig zum Ausdruck, daß Kulturen
(und Strukturen) als Institutionen des sozialen Lebens immer durch
das Handeln von (vielen) einzelnen Menschen getragen werden.

---

258   Vgl. hierzu u.a. Sattelberger (Organisation)

Personalentwicklung ist - so gesehen - nur die "individuelle Kehrseite" der institutionellen Aufgabe einer Organisationsentwicklung.

Genau wie bei der ethischen Sensibilisierung der Organisation soll die Ausbildung einer Dialogorientierung bei den Mitarbeitern der Unternehmung im Sinne einer Anlagerung kritischen Potentials verstanden werden, das dann zur Lösung ethischer Konfliktfälle aktualisiert werden kann. Dabei geht es selbstverständlich im Prinzip darum, **jeden** Mitarbeiter zum dialogfähigen "Organisationsbürger" zu entwickeln. Dieser von Nielsen[259] übernommene Terminus stellt in unserem Zusammenhang allerdings nicht nur auf die - durch organisatorische Maßnahmen herzustellenden - Bürgerrechte und -pflichten ab, sondern meint den Mitarbeiter, der in der Lage ist, diese Rechte und Pflichten auch selbstbewußt und kompetent wahrzunehmen. So gesehen ist der Organisationsbürger schlechthin das Ziel von Personalentwicklungsmaßnahmen: Es geht um die Ausbildung des ethischen Reflektionspotentials und der argumentativen Kompetenz aller Beschäftigten.

Eine solche "Demokratisierung" des kritischen Bewußtseins braucht heute nicht mehr als "idealistische" Forderung diskreditiert zu werden, machen sich doch - wie schon erläutert - auch unter der Herrschaft der ökonomischen Rationalität in den Unternehmungen Entwicklungstendenzen breit, die auf eine Reintegration von Hand- und Kopfarbeit, d.h. auf eine Ent-Taylorisierung organisatorischer Strukturen gerichtet sind. Die frühere Ausdifferenzierung von disponierenden und ausführenden Funktionen wird zunehmend rückgängig gemacht und durch eine Anreicherung der Arbeitsprozesse mit dezentralen Entscheidungskompetenzen wieder

---

259   Vgl. oben S. 60.

zusammengeführt.[260] Diese Diffusion von Managementfunktionen in die bislang bloß ausführenden Arbeitsprozesse läßt in Zukunft tendenziell viele Mitarbeiter zu einem - mehr oder weniger - selbständigen, individuell verantwortlichen Entscheidungsträger werden. Und genau diese sich bereits abzeichnende - und hier und dort auch schon neu gewonnene - Freiheit vieler Organisationsmitglieder ist es dann auch, die die Forderung nach einer ethischen Selbstverpflichtung an **jedermann** akut und aktuell werden läßt: Mehr und mehr wachsen den Mitarbeitern gewisse Entscheidungskompetenzen zu, die verantwortlich genutzt werden müssen.

Eine ähnliche Entwicklung legt - das wurde schon erwähnt[261] - ja auch die strategische Unternehmensführung nahe. In dem Maße, wie sich immer deutlicher abzeichnet, daß die zentrale strategische Planung allein nicht ausreichen wird, eine verläßliche Basis für das strategische Management abzugeben, müssen strategische Überwachungsprozesse dezentral und multipersonal angelegt werden. Diese Prozesse sind für ihre Funktionsfähigkeit aber auf das strategische Mitdenken des wachsamen Mitarbeiters angewiesen.

Der personelle Ansatzpunkt zur Implementation einer Unternehmensethik sollte also nicht so mißverstanden werden, als ob es hier nur um die Entwicklung weniger, besonders ausgewählter Personen ginge. Insbesondere kann es nicht das letzte Ziel sein, nach klassischem Vorbild bloß eine elitäre "Managerethik" für obere Führungskräfte zu installieren. Damit soll natürlich wiederum nicht geleugnet werden, daß in Abhängigkeit von der Größe ihres Verantwortungsbereiches die Bedeutung einer ethischen Sensibilisierung von Mitarbeitern für die Gesamtorganisation unter-

---

260   Vgl. dazu genauer Kern/Schumann (Arbeitsteilung), Piore/Sabel (Massenproduktion), Osterloh (Vision), P. Ulrich (Rationalisierungskonzepte).

261   Vgl. oben S. 155 ff.

schiedlich ist: Je höher die Führungsposition und je weitreichender die Konsequenzen der zu treffenden Entscheidungen sind, umso vordringlicher ist sicherlich eine ethische Sensibilisierung der entsprechenden Führungskräfte. Die vorrangige Bedeutung einer Managerethik für obere Führungskräfte resultiert ferner aus der Überlegung, daß die **Vorbildfunktion** von Führungskräften ganz gewiß einen nicht unbeachtlichen Effekt auf die ethische Sensibilisierung der untergebenen Mitarbeiter haben kann. Die Personalentwicklung ist auch hier insoweit nicht eine Aufgabe, die abschließend und endgültig an entsprechende Abteilungen delegiert werden kann, sondern bleibt in den Gesamtzusammenhang der Arbeitsvollzüge eingebunden ("learning by doing").

Das ethische Leitbild eines dialogorientierten Organisationsbürgers muß sich nun allerdings als eine realistische Vorstellung erweisen, damit es als **praktikable** Grundlage für Maßnahmen der Personalentwicklung wirksam werden kann. Es darf - mit anderen Worten - nicht in einem "unüberbrückbaren" Gegensatz zu den tatsächlichen und in vielen Fällen ja deutlich verbesserungsbedürftigen Moralvorstellungen von Managern stehen, wie sie aus empirischen Untersuchungen bekannt sind.[262] Dazu muß gezeigt werden, daß dieses Leitbild am Ende einer **realistischen Entwicklungskonzeption** der moralischen Urteilskraft nicht nur des Managers, sondern des Menschen überhaupt stehen kann.

Auf der Suche nach einer solchen Entwicklungskonzeption kann man auf die bereits differenziert ausgearbeiteten Untersuchungen von Piaget, Kohlberg und Habermas zurückgreifen.[263] Die dort

---

262   Vgl. dazu oben S. 46 ff.

263   Vgl. Piaget (Urteil), Kohlberg (Entwicklung), Habermas (Moralbewußtsein), S. 127 ff.; einen Überblick über die breite Rezeption dieser Theorie gibt Bertram (Sozialisation). Eine umfassende Lehrbuchdarstellung wurde jüngst von Oser/Althof (Selbstbestimmung) vorgelegt.

vertretene These einer stufenförmigen Entwicklung moralischer Urteilskraft trifft sich mit unserer Zielvorstellung einer moralischen Entwicklung: sie sieht in der Herstellung der Dialogfähigkeit ebenfalls die höchste Stufe der Entwicklung moralischer Urteilskraft. Das ethische Prinzip des Dialoges stellt aus dieser Perspektive einer stufenförmigen Entwicklungslogik also keine isolierte ethische Forderung dar, die bloß - kontrafaktisch - den herrschenden Moralvorstellungen gegenübergestellt wird. Die Entwicklung eines moralischen Bewußtseins erweist sich hier ganz im Gegenteil als eine schrittweise sich entfaltende Orientierung an einem universalen ethischen Prinzip, im Idealfall: dem Dialog.[264]

Diese Tendenz zur Entwicklung eines moralischen Bewußtseins macht sich prinzipiell bei jedermann bemerkbar - es ist allerdings eine Frage der besonderen Umstände, wie weit sich dieses Entwicklungspotential im Einzelfall entfaltet. Hier ist insbesondere auf die allgemeinen Sozialisationsbedingungen hinzuweisen, wie sie sich etwa in der Schule, in der Berufsausbildung oder am Arbeitsplatz in der Vergangenheit herausgebildet haben.

Die Annahme einer solchen Stufenhierarchie der Moralentwicklung wurde erstmals von dem Entwicklungspsychologen Jean Piaget anhand empirischer Untersuchungen der moralischen Urteilsbildung bei Kindern eingeführt. Dieser Grundansatz wurde dann von Lawrence/Kohlberg systematisch weitergeführt und zu einer entwicklungslogischen Drei-Stadien-Sequenz mit jeweils zwei Entwicklungsstufen ausgearbeitet:[265]

---

264 Vgl. dazu Osterloh (Unternehmensethik), S. 147.
265 Vgl. Kohlberg (Moral Stages); zur Darstellung hier vgl. auch Apel (Ethik), S. 59 ff.

(1) Auf der **vorkonventionellen Ebene** werden Regeln ausschließlich aus egozentrischer Motivation heraus befolgt. Man reagiert auf die Maßstäbe von "Gut" und "Böse" nur wegen der physischen oder lustbetonten Konsequenzen, die mit ihnen verbunden sind.

Auf **Stufe 1** ("Orientierung an Strafe und Gehorsam") gehorcht das Individuum den Normen nur aus Furcht vor Strafe oder aufgrund seiner physischen oder psychischen Unterlegenheit gegenüber Autoritäten. Der menschliche Wert der durchgesetzten Normen bleibt dabei völlig belanglos; die Vermeidung von Strafe wird vielmehr als reiner Selbstzweck verfolgt.

Auf **Stufe 2** ("naiv egoistische Orientierung") orientiert sich das Individuum an Normen, mit denen sich die Befriedigung eigener Bedürfnisse erreichen läßt. Elemente von Fairneß und Gerechtigkeit treten zwar auf, sie werden aber instrumentell im Sinne einer Gleichwertigkeit der Austauschbeziehungen abgehandelt ("Kratzt Du meinen Rücken, dann kratze ich Dir Deinen").

(2) Auf der folgenden **konventionellen Ebene** orientiert sich das Handeln des Individuums an den Normen der Gruppe, Familie oder Nation, die als Träger der Ordnung auftreten, ohne Rücksicht auf unmittelbare oder offensichtliche Konsequenzen. Seine Einstellung ist bestimmt durch Loyalität und Unterstützung der für das Individuum relevanten Bezugsgruppen.

Auf **Stufe 3** ("interpersonale Konkordanz") wird die normative Orientierung durch Konformität gegenüber dem Mehrheitsverhalten bestimmt. Es gilt, die Zustimmung der anderen durch Nettsein zu gewinnen; man will ein guter Freund, eine gute Tochter etc. sein.

Auf **Stufe 4** ("Orientierung an Gesetz und Ordnung") herrscht die Ausrichtung an vorgefundenen Autoritäten, fixierten Regeln und an der Aufrechterhaltung der sozialen Ordnung vor. Das rechte Verhalten besteht darin, daß man seine Pflicht tut und die gegebene soziale Ordnung um ihrer selbst willen aufrecht erhält. Regeln gelten also schon als solche.

(3) Auf der **nachkonventionellen Ebene** schließlich herrscht ein deutliches Bemühen vor, das Handeln an moralischen Werten und Prinzipien zu orientieren, die unabhängig davon Anerkennung finden, welche Gruppen oder Personen diese Prinzipien vertreten oder ob man von diesen Prinzipien selbst einen Vorteil hat. Es wird jetzt erstmals deutlich, daß zwischen **faktisch anerkannten** Normen und **anerkennungswürdigen** Normen unterschieden werden muß.

Auf **Stufe 5** ("legalistische Vertragsorientierung") orientiert sich das Individuum an Maßstäben, die von der gesamten Gesellschaft kritisch überprüft und akzeptiert worden sind. Es herrscht ein deutliches Bewußtsein der Relativität persönlicher Ansichten und eine entsprechende Forderung nach Regeln für Verfahren der (faktischen) Konsensbildung vor. Die persönlichen Pflichten definieren sich über Verträge, die man eingeht. Kohlberg sieht in dieser Stufe die "offizielle" Moral der amerikanischen Verfassung repräsentiert.

Auf **Stufe 6** ("Orientierung am Gewissen oder an Prinzipien") beurteilt der Einzelne die Rechtmäßigkeit des Handelns an einer Gewissensentscheidung im Einklang mit selbstgewählten ethischen Prinzipien, nicht nur an den zugewiesenen sozialen Rollen. Die gewählten Prinzipien sind abstrakt (wie beispielsweise der Kategorische Imperativ von Kant) und nicht konkrete moralische Regeln, wie z.B. die 10 Gebote. Es handelt sich jedoch im Kern um universale Prinzipien der Gerechtigkeit.

Auf dieser höchsten Entwicklungsstufe des Kohlbergschen Schemas geht es allerdings ersichtlich erst um die Grundprinzipien einer **monologischen** Ethik. Im Zentrum stehen einsame Gewissensentscheidungen und selbstgewählte ethische Referenzen. Es wird in diesem Entwicklungskonzept übersehen, daß der Einzelne erst in der **dialogischen** Vergewisserung mit (allen) anderen eine begründete ethische Orientierung gewinnen kann. Das Kohlbergsche Stufenschema der Entwicklung moralischer Urteilsfähigkeit unterschlägt also gewissermaßen noch jenen Universalisierungsschritt, der in post-traditionalen Gesellschaften unabdingbar ist, um die Pluralität der Lebensformen in friedlicher Weise miteinander verträglich zu machen.[266]

Diesen letzten Schritt hin auf eine umfassende Entwicklungskonzeption der Moral, die gewissermaßen eine Erweiterung des Kohlberg-Schemas um eine **siebte Stufe** erforderlich macht, hat Habermas vollzogen.[267] Er versuchte, die Entwicklungslogik der moralischen Urteilskraft auf ein einheitliches Programm zu beziehen, indem er die Orientierung an der universalen Diskursethik als das oberste Ziel von Rechtfertigungsbemühungen und moralischen Entwicklungsaufgaben hinzufügte. Hierbei wird das Ziel der individuellen Entwicklung nicht mehr in einer Vielzahl von beliebigen privaten Moralen gesehen, sondern auf ein einziges Prinzip bezogen, nämlich den allgemeinen und freien Diskurs (Konsens). Das Prinzip der Rechtfertigung von Normen ist dann "... nicht mehr der monologisch anwendbare Grundsatz der Verallgemeinerungsfähigkeit, sondern das gemeinschaftlich befolgte Verfahren der diskursiven Einlösung von normativen Geltungsansprüchen."[268]

---

266   Vgl. dazu oben S. 63 ff. und Apel (Ethik), S. 62.
267   Vgl. Habermas (Moralbewußtsein), S. 127 ff.; ders. (Materialismus), S. 63 ff.; ders. (Gerechtigkeit), S. 291 ff.
268   Habermas (Materialismus), S. 84 f.

Ob man allerdings davon ausgehen kann, daß dieser Brückenschlag von Stufe 6 nach Stufe 7 eine realistische Grundlage hat, das hängt ersichtlich davon ab, daß die oberste Entwicklungsstufe keine (philosophisch eingeführte) Wunschvorstellung darstellt, sondern lebenspraktisch zurückgebunden werden kann. Genau aus diesem Grunde hatten wir ja versucht, deutlich zu machen, daß die Unterscheidung von "Kompromiß" und "Konsens" nicht als Ausdruck des Unterschieds zwischen den Positionen des "Realismus" und "Idealismus" mißdeutet werden darf, sondern aus der lebenspraktischen **Erfahrung** heraus rekonstruiert werden kann. So gesehen kann die von Habermas eingeführte siebte Stufe der Entwicklung moralischer Urteilskraft auch nicht als aufgesetzte Utopie diskreditiert werden; vielmehr begegnet uns in ihr ein Stück gelungenen, auf die Sicherung des Friedens gerichteten Lebens.

b) Maßnahmen zur Entwicklung der moralischen Urteilskraft

Unter Bezug auf das Stufenschema der Moralentwicklung von Kohlberg können nun praktische Möglichkeiten zur Verbesserung der herrschenden Moralvorstellungen von Personen in Organisationen diskutiert werden. Die möglichen Maßnahmen für die ethische Sensibilisierung sollen zu diesem Zweck danach unterschieden werden, ob sie an der **Ausbildung** oder an der **Weiterbildung** ansetzen. Dabei gilt es aber immer zu bedenken, daß isolierte Bildungsmaßnahmen, die keine adäquate Anschlußerfahrung in der Arbeitswelt nach sich ziehen, in ihrem Erfolg sehr begrenzt bleiben.[269] Wer im Rahmen von Bildungsmaßnahmen in die moralische Urteilskraft eingeübt wird, nach seiner Rückkehr in

---

269   Vgl. Lempert (Bedingungen).

die Arbeitswelt aber mit einem dialogfeindlichen Betriebsklima konfrontiert wird, der wird natürlich nach einiger Zeit in seinen Bemühungen wieder nachlassen, zu einer Verbesserung der Verhältnisse beizutragen. Das verweist nur noch einmal auf die notwendige Korrespondenz zwischen Personen und Strukturen: Wo man sich bloß um einen dieser beiden Ansatzpunkte in der ethischen Sensibilisierung bemüht, wird das Gesamtprogramm mit großer Wahrscheinlichkeit scheitern.

(1) Ansätze in der Ausbildung

Für die persönliche Entwicklung eines moralischen Bewußtseins ist bereits die Phase vor dem Eintritt in die organisierte Arbeitswelt prägend, insbesondere auch durch die pädagogischen Einflüsse in den diversen Ausbildungsinstitutionen. Dort stellt sich vom Prinzip her nämlich gar nicht die Frage, **ob** eine sozial-moralische Erziehung betrieben werden sollte, sondern nur, auf **welches** Ziel hin die moralische Orientierung der Auszubildenden entwickelt werden soll: unausweichlich ist jeder Erzieher in seiner Institution als ein sozial-moralischer Agent mit normativen Grundüberzeugungen tätig, die er explizit oder implizit weiter zu vermitteln trachtet.[270] Es ist deshalb davon auszugehen, daß alle Mitarbeiter in Organisationen gewisse moralische Orientierungen zum Ausdruck bringen, die ihnen schon von den verschiedensten Sozialisationsinstanzen im Zuge ihrer Ausbildung anerzogen wurden.

Vor diesem Hintergrund mag ein kurzer Blick auf einige **empirische** Ergebnisse zur Frage der Moralentwicklung in schulischen Bildungseinrichtungen interessant sein. Es ist hier bemerkenswert festzustellen, daß neben den herkömmlichen Wert-

---

270   Vgl. dazu etwa Schläfli (Förderung), S. 8.

vermittlungskonzeptionen im Zuge des traditionellen **"Kulturübertragungsansatzes"** (Indoktrination von Werten) und der **"romantischen Schule"** (Zugestehen eines freien persönlichen Reifungsprozesses) die ausdrückliche Orientierung am Kohlbergschen Stufenschema neuerdings eine immer größere Bedeutung gewinnt.[271] Dieser pädagogische Orientierungswandel kommt nicht von ungefähr und hat jene weitreichenden Einsichten auf seiner Seite, die wir bei der Fundierung des Dialogprinzips bereits rekonstruiert haben. Man kann gewissermaßen davon ausgehen, daß die Kohlbergsche Entwicklungstheorie mittlerweile zum vorherrschenden Paradigma für die moralische Sozialisationsforschung überhaupt geworden ist.[272]

In Übereinstimmung mit dem Anspruch des Kohlbergschen Stufenschemas, eine **empirische** Theorie der moralischen Entwicklung darzustellen, wurde das Stufenkonzept bislang allerdings hauptsächlich diagnostisch verwendet. In zahlreichen Studien sollte die moralische Urteilskraft bestimmter Personen auf der Stufenhierarchie eingeordnet werden, um eine empirische Situationsbeschreibung der herrschenden Moralvorstellungen zu gewinnen. Solche Untersuchungen wurden in den letzten Jahren hauptsächlich bei Auszubildenden und Facharbeitern vorgenommen.[273] Dabei konnte z.B. auch gezeigt werden, wie verschiedene Sozialisationsbedingungen die individuelle Entwicklung moralischer Urteilskraft positiv oder negativ beeinflussen. So hat etwa Lind festgestellt, daß

---

271 Vgl. ebd., S. 8 ff.; ferner Oser/Althof (Selbstbestimmung), S. 89 ff., wo auch auf Grundgedanken einer "Diskurspädagogik" eingegangen wird.

272 Vgl. dazu Bertram (Sozialisation), S. 717, der im Jahre 1980 feststellt, daß sich von ca. 800 publizierten Artikeln zur moralischen Sozialisation seit 1968 mehr als 2/3 am Entwicklungsmodell moralischer Urteilsbildung von Kohlberg orientieren.

273 Vgl. dazu insbesondere Lind (Moralische Entwicklung), Lempert (Moralisches Denken), Hoff/Lempert/Lappe (Persönlichkeitsentwicklung).

die Lehrzeit einen förderlichen Einfluß auf die moralisch-kognitive Entwicklung von Lehrlingen hat. Dennoch sei der Effekt gering im Vergleich zu der stimulierenden Wirkung der schulischen **Allgemeinbildung**. Der beobachtete Zuwachs an moralischer Urteilsfähigkeit lag bei den untersuchten Lehrlingen unter den Werten für gleichaltrige Gymnasiasten. Die berufliche Bildung sei zwar der moralisch-kognitiven Entwicklung förderlich, sie nütze aber die individuellen Entwicklungspotentiale nicht in dem Maße aus, wie dies möglich erscheint. Dies hänge wohl damit zusammen, daß die Lehrlingsausbildung ihren wesentlichen Zweck in der Übung praktisch-handwerklicher Fertigkeiten sieht und nur einen geringen Anteil allgemeinbildender Elemente enthält. Aus seinen Befunden zieht Lind den folgenden Schluß: "Es ist daher unabdingbar, daß der technisch-ökonomische Fortschritt durch entsprechende Anstrengungen im Bereich der sogenannten Allgemeinbildung parallelisiert wird, um bei allen Teilnehmern am Wirtschaftsleben ein hohes Maß an moralischer Urteilsfähigkeit und sozialer Verantwortungsbereitschaft zu entwickeln. Dies bedeutet vor allem, daß Bildungsunterschiede verringert und bislang stark vernachlässigte Bevölkerungsgruppen durch mehr Allgemeinbildung befähigt werden, an gesellschaftlichen und betrieblichen Entscheidungen aktiv teilzuhaben."[274]

Diese Forderungen von Lind verweisen auf die Möglichkeit und die Notwendigkeit, den **empirischen** Anspruch des Kohlbergschen Stufenschemas für die Zwecke einer gezielten Ausbildung moralischer Urteilskraft **normativ** zu wenden. In diesem Zusammenhang ist es von besonderer praktischer Bedeutung, daß schon zahlreiche (gezielte) **Interventionsstudien** durchgeführt wurden, die bestimmte curriculare Lehrziele formuliert und auf ihre Tauglichkeit zur Förderung sozial-moralischer Kompetenz im Sinne des

---

274   Lind (Moralische Entwicklung), S. 312.

Stufenmodells hin überprüft haben. Das zusammenfassende Ergebnis dieser Felduntersuchungen ist für unsere Bemühungen um eine Unternehmensethik insofern ermutigend, als die gezielte Entwicklung sozial-moralischer Kompetenz offensichtlich mit guten Erfolgen möglich ist.

So kommt Schläfli in einer kritischen Revision von 56 bekannt gewordenen Interventionsstudien nach dem Kohlberg-Schema[275] zu dem Ergebnis, daß etwa 60 % der ausgewerteten moralischen Erziehungsprogramme in der Förderung des sozial-moralischen Urteils erfolgreich gewesen sind. Dies war speziell dann der Fall, wenn die Programme länger als fünf Wochen dauerten und wenn die Teilnehmer in intensive und kontroverse Dilemmadiskussionen mit interaktivem Gedankenaustausch einbezogen wurden.[276] Im allgemeinen waren die Veränderungen allerdings nicht sehr groß. Seine eigenen Ergebnisse einer Interventionsstudie bei Bank-lehrlingen faßt Schläfli in das folgende positive Fazit: "Die erhal-tenen Resultate sind in jedem Fall ein Beleg dafür, daß in der Lehrlingsausbildung, nebst der Erziehung zum beruflichen Erfolg, die Schulung sozial-moralischer Kompetenz möglich ist. Lehrlinge werden freier im Ausdruck, toleranter in Bezug auf mögliche gegenteilige Meinungen, sensibler für den sozial-moralischen Bereich. Sie erhalten ein größeres Wissen über die normativen Netzwerke, die ihr System und ihr Denken bestimmen."[277]

Die moralische Sozialisationsforschung auf der Basis des Kohl-berg-Modells kann mit ihren vielfältigen positiven Ergebnissen - die hier natürlich nur angedeutet werden können - folglich eine

---

275 Vgl. Schläfli (Förderung), S. 57 ff.; ferner Oster/Althof (Selbstbestim-mung), S. 147 ff.

276 Vgl. Schäfli (Förderung), S. 60 f.

277 Ebd., S. 254; ein ähnliche positives Fazit ziehen Oser/Althof (Selbst-bestimmung), S. 155.

hinreichende Grundlage dafür abgeben, welche Maßnahmen man zur ethischen Sensibilisierung des individuellen Handelns ergreifen kann. Dabei dürfte es im Prinzip keinen Unterschied machen, ob diese Maßnahmen zur moralischen Sozialisation im Bereich der hier diskutierten Lehrlingsausbildung eingesetzt oder aber im Zusammenhang mit der akademischen Ausbildung von Führungskräftenachwuchs angestrebt werden.

Über den möglichen Erfolg ethischer Bildungsanstrengungen im Hochschulbereich gibt es allerdings bislang nur aus den USA erste Untersuchungsergebnisse. Sie belegen der Grundtendenz nach durchaus signifikante Einstellungsänderungen bei den Studenten, die an Kursen in "business ethics" teilgenommen haben. Skeptisch beurteilt wird allerdings die Frage nach der praktischen Wirkungsmächtigkeit der theoretischen Unterrichtsprogramme, ob also der erreichte Einstellungswandel sich in betrieblichen Entscheidungssituationen auch signifikant niederschlägt.[278] Studien über die Dauerhaftigkeit einer ethischen Sensibilisierung in der Unternehmenspraxis müßten allerdings als Längsschnittuntersuchungen angelegt werden, aus denen die spezifischen Wirkungen der betrieblichen Sozialisationsbedingungen als Einflußfaktor hinreichend ersichtlich werden. Es mag sich dann möglicherweise

---

278 Der Sinn unternehmensethischer Schulungsbemühungen wird dabei durchaus nicht überall geteilt. Skeptisch beurteilt wird etwa die Frage der praktischen Wirkungsmächtigkeit der doch "bloß" theoretischen Unterrichtsprogramme - vgl. dazu etwa Wynd/Mager (Attitudes) oder Mathison (Relevancy) - oder die Konzeption der gängigen Lehrbuchansätze - vgl. dazu etwa Kerner Furman (Questioning).
Insgesamt überwiegen jedoch jene positiven Einschätzungen und empirischen Bestätigungen für die Vermutung, daß mit Kursen in Business Ethics tatsächlich etwas "bewirkt" werden könne - vgl. dazu etwa Strong/Hoffman (Relevance), Weber (Impact), T. Jones (Education). Zahlreiche weitere Beiträge über die Probleme des "Teaching of Business Ethics" finden sich vor allem in den beiden Zeitschriften "Organizational Behavior Teaching Review" und "Journal of Business Ethics".

zeigen, daß eine moralisch bedenkliche Praxis letztlich stärker ist als alle guten Vorsätze.

Unabhängig von dieser Frage der praktischen Wirkungsmächtigkeit sind natürlich insbesondere die betriebswirtschaftlichen Fakultäten aufgerufen, tragfähige Konzeptionen für eine Integration der Unternehmensethik in den Hochschulunterricht zu entwickeln. Zweckmäßigerweise sollten in diesem Zusammenhang die zahlreichen Erfahrungen aus den Vereinigten Staaten mit berücksichtigt werden, wo die Diskussion über Ziele, Methoden und Inhalte einer Lehre der "business ethics" schon seit über 10 Jahren eine gute Tradition hat.[279] Die Diskussion über die Vor- und Nachteile bestimmter Ausbildungskonzepte führt dort in der Grundtendenz zu dem Ergebnis, daß die Einbeziehung ethischer Ausbildungsziele in ein MBA-Curriculum sinnvollerweise als **integrative Gesamtlösung** anzulegen ist. Insofern wird einem "Integrationsmodell" deutlich der Vorzug gegeben vor einem "Isolationsmodell", bei dem die Wirtschafts- und Unternehmensethik in separaten Veranstaltungszyklen abgehandelt wird.[280]

Das **Isolationsmodell** wird häufig deswegen praktiziert und gefordert, weil Philosophen für entsprechende Zusatzveranstaltungen schnell gewonnen werden können. Nachhaltige Ausbildungserfolge werden so allerdings kaum zu erzielen sein. Separate Kurse über Wirtschafts- und Unternehmensethik erwecken bei den Studenten nämlich den Eindruck, als ob hier

---

279 Vgl. dazu etwa einen Bericht des Center for the Study of Values (Report) und die grundlegende Bestandsaufnahme von Powers/Vogel (Ethics) aus dem Jahre 1980; eine aktuelle Vergleichsstudie über die Verbreitung der Ausbildung in "Business Ethics" für Großbritannien, Europa und die USA gibt Mahoney (Teaching).

280 Ein deutliches Plädoyer für Integrationsmodelle führen in diesem Sinne etwa Castro (Report), Gandz/Hayes (Teaching), Baxter/Rarick (Education), Dunfee/Robertson (Curriculum).

Dinge behandelt werden, die dem ökonomischen Denken im wesentlichen fremd ist. Man lernt, betriebswirtschaftliche Entscheidungen **auch** unter ethischen Gesichtspunkten zu beurteilen, sich im übrigen aber als Führungskraft weiterhin rein ökonomisch-rational zu verhalten.[281] Statt die Distanz zwischen Ökonomie und Ethik zu überwinden, besteht bei der Isolationslösung tendenziell die Gefahr eines "Oberlehrereffektes" in dem Sinne, daß die Ethik sich moralisierend gegen die Vertreter des ökonomischen Denkens wendet. Die traditionelle Entfremdung zwischen beiden Disziplinen wird dann eher festgeschrieben als aufgehoben.

Dieses Problem einer fachfremden "Zusatzperspektive" versucht man mit der Konzeption des **Integrationsmodells** zu vermeiden. Hier geht es darum, ethische Reflektionen zu einem zentralen und gleichberechtigten Bestandteil im Rahmen einer ganzheitlichen Ausbildung von Führungskräften zu machen. Eine wichtige Orientierungshilfe könnte in diesem Zusammenhang insbesondere das Wharton-Modell bieten.[282] Das Konzept dieser business-school sieht für jeden Studenten die verpflichtende Teilnahme an einem Grundkurs über Ethik vor. Dort werden die verschiedensten Ansätze der praktischen Philosophie/Ethik vorgestellt und intensiv diskutiert. Diese grundlegenden Kenntnisse werden dann in den verschiedenen Funktionallehren (z.B. Marketing, Finanzen, Personalführung, Unternehmenspolitik) im Zusammenhang mit spezifischen Fallstudienbearbeitungen wieder aufgerufen. Auf diese Weise - so das Ziel der Ausbildung - sollen ethische Reflektionen für die zukünftigen Entscheidungsträger genauso selbstverständlich werden wie etwa der Umgang mit den Kategorien der Kostenrechnung.

---

281 Vgl. dazu Dunfee/Robertson (Curriculum), S. 848.
282 Vgl. ebd., S. 847 ff.

Die praktische Einführung eines solchen Integrationsmodells ist natürlich an zahlreiche Voraussetzungen geknüpft, die im heutigen Massenbetrieb an den betriebswirtschaftlichen Fakultäten in Deutschland nicht ohne weiteres gegeben sind. An vorderster Stelle ist die Bereitschaft wichtig, fakultätsübergreifende Maßnahmen zur Implementation einer Wirtschafts- und Unternehmensethik überhaupt in Gang zu setzen. Speziell eine dialogorientierte Ausbildung würde es darüber hinaus erforderlich machen, geeignete Möglichkeiten zur Einübung in rationales Argumentieren über Normen im Studienablauf zu schaffen. Gerade dieses Ausbildungsziel kann ja nicht bloß durch eine rein theoretische Wissensvermittlung über analytische Ethik errreicht werden. Es wäre vielmehr notwendig, in Kleingruppen durch Diskussion von Fallstudien über **moralische Dilemmasituationen** jene argumentative Kompetenz zu entwikkeln, die dann auch in der Praxis zur Lösung ethischer Konflikte benötigt wird.

(2) Ansätze in der Weiterbildung

Bemühungen im Rahmen der inner- und außerbetrieblichen Weiterbildung treffen im Unterschied zur Ausbildung auf eine noch ungünstigere Ausgangssituation; denn die Zielgruppen für moralische Entwicklungsprozesse haben durch die langjährige betriebliche Sozialisation in aller Regel verfestigte moralische Orientierungen aufgebaut. Man hält oft diese - über lange Zeit gelebten und eingeschliffenen - Wertvorstellungen als persönliche Handlungsgrundlagen uneingeschränkt für richtig und - sofern man Pluralismus und Freiheit für oberste und unhinterfragbare Werte ansieht - betrachtet man diese nicht einmal mehr als argumentationszugänglich. In einer solchen Situation müssen tiefverwurzelte

"Basisannahmen"[283] über das Leben im Betrieb und die Rolle der Unternehmung in der Gesellschaft, über den Umgang mit Kollegen und über das Weltbild im allgemeinen aufgebrochen werden; kurz: Es muß erst die **Bereitschaft** aufgebaut werden, die eigene subjektive Interessen- und Wertposition zu überschreiten und in Frage zu stellen.

Ersichtlich treffen sich hier also - wie schon oben bemerkt - die Personalentwicklung mit der Organisationsentwicklung. Dort sind Modelle entworfen und praktisch getestet worden, die geeignet erscheinen, die Infragestellung der eigenen Wertorientierungen zu befördern und eine Bereitschaft zu erzeugen, sich eine moralische Urteilskompetenz anzueignen.[284] Im Ergebnis muß es gelingen, die fundamentale lebenspraktische Unterscheidung zwischen Konsens und Kompromiß für sich nachzuvollziehen und den Wert und die Bedeutung einer friedlichen Konfliktlösung auch für betriebliche Prozesse zu erkennen.

Einen sinnvollen Ansatzpunkt mag in diesem Zusammenhang eine Konzeption darstellen, die seit einiger Zeit vom GRID-Institut zur Einübung in die moralische Urteilskraft praktiziert wird; diese Konzeption erscheint insbesondere deshalb geeignet, weil sie explizit auf dem dargestellten Kohlberg-Modell als Grundlage für die Entwicklung moralischer Urteilskraft aufbaut.[285]

Bekanntlich zielt das GRID-Konzept in der Managementweiterbildung ganz allgemein schon immer auf einen situationsunab-

---

283 Zur Bedeutung der Basisannahmen in der Unternehmenskultur vgl. Schein (Culture), S. 3 f.

284 Einen knappen Überblick über diverse praktische Ansätze des "Ethik-Trainings" in US-amerikanischen Unternehmungen gibt Harrington (Ethics).

285 Vgl. Blake/Mouton (Beyond Preaching), und im größeren Zusammenhang des "Grid-Konzepts" Blake/Mouton/McCanse (Change).

hängigen Führungsstil ab, der neben der Aufgabenorientierung (technisch-ökonomische Komponente) gleichberechtigt auch die Mitarbeiterorientierung (sozial-moralische Komponente) als Maßstab des persönlichen Führungshandelns berücksichtigte ("9-9-Führungsstil").[286] Überdies ist von der methodischen Vermittlung dieses Führungskonzeptes her eine stark ausgeprägte Kommunikationsorientierung der Schulungsteilnehmer auf der Grundlage von Gruppenarbeiten vorgesehen. In solchen Gruppendiskussionen werden dann beispielsweise gezielt Mitarbeiter aus den verschiedensten Hierarchieebenen und Funktionsbereichen des Unternehmens zusammengebracht, um bestimmte Probleme aus den unterschiedlichsten Perspektiven der Betroffenen diskutieren zu können. Dabei soll auch eine gewisse gegenseitige Anonymität gewährleistet sein, damit sich hierarchische Abhängigkeitsverhältnisse später nicht in Repressionen niederschlagen können.

Dieser kommunikative Grundcharakter des GRID-Konzeptes zur Organisations- und Personalentwicklung bietet methodisch eine günstige Voraussetzung, um als Grundlage für die Entwicklung eines "Dialogethik-Trainings" herangezogen zu werden. Es ginge dann darum, in heterogen besetzten Kleingruppen praxisrelevante ethische Problemstellungen aus dem eigenen Erfahrungshintergrund des Unternehmens zu diskutieren und zu einvernehmlichen Entscheidungsvorschlägen zu gelangen. Dies scheint - zumindest vom Kerngedanken her - genau diejenige Einübung in eine dialogische Praxis darzustellen, wie sie im Rahmen einer diskursethischen "Weiterbildungsveranstaltung" möglich und notwendig wäre.

Von besonderer Bedeutung ist dabei allerdings, daß man nicht bei der bloßen Entscheidungsfindung für den gerade diskutierten

---

286   Vgl. Blake/Mouton (Grid), und dies. (Development).

ethischen Konflikt stehen bleibt, sondern im Sinne einer **nach-gängigen Meta-Betrachtung** auch über die Art und Weise reflektiert, **wie** man zusammen diskutiert hat, welche Rollen dabei die einzelnen Diskursteilnehmer gespielt haben, wie die Einwände vorgetragen worden sind usw., alles mit dem Ziel, jedem einzelnen bewußt werden zu lassen, ob man tatsächlich einen Konsens erreicht hat oder mehr oder weniger nur bei einem Kompromiß stehengeblieben ist oder stehen bleiben mußte. Erst wenn man eine derartige kritische Selbstvergewisserung über die Bedeutung und die Vorgehensweise zur Konsenserzielung mit hinzunimmt, kann es schrittweise gelingen, die aus Beispielen und Gegenbeispielen von mißlungenen und gelungenen Verständigungsprozessen gelernten Erfahrungen schließlich als Überzeugung zu verfestigen.

Zur Überwindung der Transferproblematik, also der Anwendung gewonnener Überzeugungen in der praktischen Arbeitssituation, wäre es selbstverständlich förderlich, wenn solche Seminare von der Unternehmensführung als **betriebsinterne** Veranstaltungen durchgeführt und unterstützt würden, ohne daß die Teilnehmer Repressionen befürchten müssen. Das verweist noch einmal auf die Notwendigkeit betrieblicher Sozialisationsbedingungen, die einer Personalentwicklung förderlich wären. Es darf - mit anderen Worten - nicht nur um eine einmalige Fortbildungsveranstaltung unter den Lernbedingungen eines Seminars gehen, sondern das Unternehmen selbst muß im weiteren Sinne zu einer "moralischen Lernstatt" werden, die geeignete Bedingungen zur Einübung und Verfestigung moralischer Urteilskraft bietet.

c) Individualpsychologische Voraussetzungen der Argumentationsbereitschaft (G. Blickle)

Neben der Entwicklung der moralischen Urteilskraft als Fähigkeits-**potential** stellt die Förderung und Stabilisierung der Argumentations-**bereitschaft** einen weiteren Baustein im Rahmen eines Personalentwicklungsansatzes dar, der sich am Leitbild des Organisationsbürgers orientiert. Unter Argumentationsbereitschaft soll das Bestreben verstanden werden, wahrgenommene Wert-, Meinungs- und Interessengegensätze zunächst als solche zu akzeptieren und dann den Versuch zu unternehmen, eine solche Einigung zwischen den widerstreitenden Positionen zu suchen, der alle beteiligten Parteien aus freier Einsicht zustimmen können. Wie empirische Studien einer Arbeitsgruppe um Tjosvold zeigen,[287] äußert sich die ernsthafte Argumentationsbereitschaft in folgenden Handlungsweisen:

- Personen mit einer hohen sachbezogenen Konsensmotivation in Argumentationen stellen viele Fragen.

- Sie sind an den Argumenten der anderen Seite stark interessiert.

- Sie nehmen Gegenargumente zur eigenen Position positiv auf, d.h. sie bewerten diese als vernünftig und nützlich.

- Sie bewahren sich einen kritischen Blick für die argumentativen Schwächen der anderen Positionen.

- Sie diskutieren (zeitlich) ausgiebig.

- Sie wollen der anderen Seite helfen.

- Sie suchen ein Ergebnis, das den verschiedenen Standpunkten stark Rechnung trägt.

---

287 Vgl. Tjosvold (Decision Making); Tjosvold/Deemer (Controversery).

Um die Förderung und Stabilisierung der Argumentationsbereitschaft zu begünstigen, ist es notwendig, die relevanten Einflußfaktoren differenzierter zu betrachten. Die Psychologie unterscheidet hier einerseits **personale** Bedingungen (z.B. Motive) und andererseits **kontextuelle** Faktoren (z.B. Betriebsklima).

Hinsichtlich der interindividuell variierenden personalen Bedingungen für die Entwicklung der Argumentationsbereitschaft lassen sich vor allem zwei Aspekte unterscheiden, nämlich zum einen die persönliche **Neigung** (Disposition), einen rationalen Konsens durch Argumentation anzustreben, und zum anderen die positive **Einstellung** zu rationalen Konsenslösungen (im Unterschied etwa zu machtinduzierten Lösungen). Neigungen und Einstellungen sieht die Psychologie als voneinander unabhängig an: Sie können sich gegenseitig ergänzen oder im Gegensatz zueinander stehen.

Der eher umgangssprachliche Ausdruck der "persönlichen Neigung" kann sich dabei auf zwei Arten von theoretischen Begriffen beziehen, nämlich auf die sog. "Motive" und die sog. "Traits" (Charakterzüge). Unter Motiven werden gewisse Merkmale zur Verhaltenserklärung verstanden, die relativ zeitüberdauernd (stabil) bestimmte Bezüge einer Person zur Umwelt thematisieren; man spricht in diesem Sinne dann von Machtmotiv, Leistungsmotiv oder eben auch vom Konsensmotiv. Motive werden durch Situationsbedingungen angeregt. Sie beeinflussen dann, was die Person in einer bestimmten Situation wahrnimmt, wie sie die Information verarbeitet, welche Ziele sie präferiert, wie sie sich gegenüber anderen Personen verhält und welche Situationsaspekte im Gedächtnis behalten werden. Motive in diesem Sinne sind - im Gegensatz zu Werten, rational gewonnenen Überzeugungen oder Einstellungen - nicht bewußt; deshalb ist es z.B. möglich, daß Personen Machtausübung aus Überzeugung ablehnen, dafür auch gute Gründe anführen, gleichwohl aber ein stark ausgeprägtes Machtmotiv haben.

Während Motive **zielorientierte** Persönlichkeitsmerkmale darstellen, werden unter Traits (Charakterzüge) **reaktions**orientierte Persönlichkeitsmerkmale verstanden. Es sind dies relativ breite und zeitlich stabile Dispositionen zu bestimmten reaktiven Verhaltensweisen, die konsistent in verschiedenen Situationen auftreten. Das Fünf-Faktoren-Modell der Persönlichkeit von Costa und McCrae stellt dabei einen faktorenanalytischen Versuch zur Gesamtbeschreibung der Persönlichkeit auf der Basis von Traits dar.[288] Die fünf Faktoren sind: Extraversion, Emotionale Stabilität, Liebenswürdigkeit, Gewissenhaftigkeit und Offenheit gegenüber Erfahrungen.

Für die Entwicklung der Argumentationsbereitschaft scheinen dabei insbesondere die Traits "Gewissenhaftigkeit" und "Liebenswürdigkeit" von Bedeutung zu sein. Der Charakterzug der Gewissenhaftigkeit zeichnet sich durch folgende spezifische Eigenschaften aus: Vorsicht, Umsicht, Verantwortungsbewußtsein, Systematik, Planung, Ausdauer, Strebsamkeit und Fleiß. Zwischen dem Charakterzug der Gewissenhaftigkeit und dem Leistungsmotiv besteht ein enger positiver Zusammenhang, denn hoch Leistungsmotivierte sind in der Regel auch sehr gewissenhaft. Der Trait der Liebenswürdigkeit bezieht sich auf folgende Eigenschaften: Gutmütigkeit, Wohlwollen, Flexibilität, Höflichkeit, Kooperativität, Weichherzigkeit, Vertrauen (gegenüber anderen), Toleranz und Bereitschaft zum Verzeihen.

Neben Motiven und Traits als Ausdruck persönlicher Neigung spielt die positive oder negative **Einstellung** zu sachbezogenen Argumentationen eine wichtige Rolle. Derartige Einstellungen von Individuen können - ganz abgesehen von ihrem Sozialisationshintergrund - ganz wesentlich durch die jeweilige Organisations-

---

288   Vgl. dazu Amelang/Bartussek (Persönlichkeitspsychologie), Borkenau/
Ostendorf (Modell).

kultur geprägt werden. Dabei kommt dem Vorgesetzten sowie der Bezugsgruppe der Kollegen eine wesentliche Vermittlungsfunktion zu. Es sind insbesondere zwei Persönlichkeitsmerkmale, die Personen für die Übernahme von Einstellungen und Werthaltungen empfänglich machen. Dies ist zum einen der bereits erwähnte Trait der Gewissenhaftigkeit und zum anderen das sogenannte sozialisierte Machtmotiv. Bei dem Trait der **Gewissenhaftigkeit** ist der Einfluß der Organisationskultur offensichtlich, denn das zu zeigende Verantwortungsbewußtsein ist ja auf eine inhaltliche Konkretisierung angewiesen, die ihrerseits über die Organisationskultur vermittelt werden kann. Dem **sozialisierten Machtmotiv** liegt nach McClelland demgegenüber folgende Struktur zugrunde:[289] Eine Person möchte sich selbst stark fühlen und auf andere Einfluß ausüben können; sie stellt dazu ihre persönlichen Strebungen in den Dienst einer höheren Autorität, etwa in der Unternehmenshierarchie. Um sich der übertragenen Macht als fähig und würdig zu erweisen, muß die Person zur Selbstkontrolle fähig und zum Verzicht auf eigene Interessen willens sein. Statt persönlicher Bedürfnisse und Sympathien steht die Erfüllung von Pflichten im Vordergrund. Dieses persönliche Opfer soll dann auch zu einer gerechten Belohnung führen.

Dieser Mechanismus spielt insbesondere für den Aufstieg von Personen in Großunternehmen eine bedeutsame Rolle. Um die personalen Bedingungen bei der Förderung und Stabilisierung der Argumentationsbereitschaft nutzen zu können, sind demnach insbesondere die Traits der Gewissenhaftigkeit und der Liebenswürdigkeit sowie das Leistungs- und das sozialisierte Machtmotiv relevant. Dies zeigt, daß zur Förderung sachlicher Argumentationsbereitschaft im Rahmen der Personalauswahl und -entwicklung in Unternehmen keine Persönlichkeitsmerkmale erforderlich sind, die dem Unternehmen wesensfremd sind.

---

289   McClelland (Power).

d) Sozialpsychologische Voraussetzungen

(1) Die Bedeutung des Betriebsklimas (G. Blickle)

Starke Anreize für die Aktualisierung der persönlichen Argumentationsbereitschaft können auch vom **Betriebsklima** ausgehen. Das Betriebsklima kennzeichnet die Besonderheit der sozialen Beziehungen in einer Organisation. In einem vertrauensgeprägten und kooperativen Betriebsklima ist die Problemdurchdringung in Argumentationen höher, es werden mehr Lösungsalternativen gesucht und die Bereitschaft, die beschlossene Lösung umzusetzen, ist größer als in einem mißtrauensbestimmten und unkooperativen Betriebsklima.[290]

1. Kooperation: Das Ausmaß **kooperativen Verhaltens** hängt von der Gruppengröße, der Kommunikationshäufigkeit zwischen den Gruppenmitgliedern, dem Ausmaß der persönlichen Betroffenheit vom Ergebnis der Interaktion, dem Ausmaß der Sichtbarkeit des Verhaltens, den Erwartungen in bezug auf die Kooperationsbereitschaft der anderen Gruppenmitglieder, der Transparenz moralischer Beurteilungsdimensionen sowie der Aufklärung der Gruppenmitglieder über förderliche Kooperationsbedingungen ab. Face-to-Face-Kommunikation ist für kooperatives Handeln in dreierlei Hinsicht förderlich: Sie bewirkt zum einen eine Humanisierung der Wahrnehmung des Gegenübers, d.h. der Gegenspieler wird als "alter ego" mit Wünschen, Hoffnungen und sonstigen Emotionen, in die man sich hineindenken kann, wahrgenommen. Face-to-Face Kommunikation erhöht zum anderen die eigene Anteilnahme und Beteiligung, und sie bewirkt drittens, daß über das Problematische einer Interaktionssituation selbst diskutiert

---

290   Vgl. Zand (Trust).

wird. Auch eine kleine Gruppengröße dürfte mehrere Wirkungen gleichzeitig haben. Je kleiner die Gruppe, desto höher ist die Kommunikationsfrequenz zwischen allen Gruppenmitgliedern, desto weniger zerfällt die Gesamtgruppe in antagonistische Subgruppen und desto weniger anonym bleibt der Einzelne.[291]

Der Einzelne kann durch folgende Verhaltensweisen beim Gegenüber Vertrauen aufbauen: Das eigene Verhalten sollte für andere vorhersagbar und verläßlich sein. Zusagen sollten erfüllt und Versprechen eingehalten werden. Im Verhalten sollte eine wohlwollende Intention zum Ausdruck kommen. Auch Diskretion im Umgang mit vertraulichen Mitteilungen, ein offenes Ohr für neue Ideen sowie Offenheit beim Gespräch über Meinungen und Einschätzungen sind von Bedeutung. Schließlich spielt die Erreichbarkeit ebenfalls eine bedeutende Rolle für den Aufbau von Kooperation: man sollte sich nicht entziehen, wenn man von anderen gebraucht wird.[292]

2. Offenheit: Neben der Kooperation spielt das wahrgenommene **Recht der "freien Meinungsäußerung"** am Arbeitsplatz, gegenüber dem Vorgesetzten und in bezug auf das Unternehmen, für die Aktualisierung der Argumenationsbereitschaft ebenfalls eine wichtige Rolle. Wie eine empirische Studie zeigte,[293] führt eine Politik freier Meinungsäußerung weder zu ökonomischen Einbußen noch zu Orientierungsverlusten bei den Beschäftigten. Allerdings beurteilen sowohl Manager als auch Nicht-Manager das Ausmaß ihrer Möglichkeit, sich in ihrem Unternehmen frei zu äußern, als defizitär. Teilt man die Organisationsmitglieder in bezug auf die wahrgenommene Redefreiheit ein, dann zeigen sich folgende

---

291   Vgl. Dawes (Social Dilemmas).
292   Vgl. Bierhoff/Müller (Kooperation).
293   Vgl. Gordon/Infante (Freedom).

konvergente Beurteilungen ihrer sonstigen Arbeitsverhältnisse: Organisationsmitglieder, die eine große Redefreiheit in ihrem Unternehmen genießen, glauben, daß sie auch sonst als Organisationsmitglieder mehr Recht haben, sie beurteilen die Qualität des Arbeitsplatzes ("Work-life Quality") als besser, und sie nehmen die Entscheidungsprozesse als partizipativer wahr. Die Arbeitszufriedenheit ist bei ihnen größer, ebenso die Zufriedenheit mit dem Vorgesetzten und mit den Kollegen. Schließlich ist bei diesen Organisationsmitgliedern die organisationale Bindung höher, sie beurteilen die Produktqualität als besser und nehmen eine höhere wirtschaftliche Stabilität ihres Unternehmens wahr.

Eine derartige Offenheit läßt sich durch folgende Einstellungen und Handlungsweisen in Entscheidungssituationen fördern:

- Man sollte nicht von vorneherein unterstellen, daß eine einmütige Einschätzung vorliegt, sondern daß unterschiedliche Meinungen, Bewertungen und Interessen existieren.

- Man sollte andere dazu ermutigen, abweichende Meinungen, Fragen oder Kritik offen zu äußern.

- Man sollte gegen Selbstzensur und Meinungswächtertum in Entscheidungsgremien vorgehen.

- Der Vorgesetzte sollte sich in der Anfangsphase der Entscheidungsbildung mit eigenen Meinungen und Bewertungen zurückhalten.

- Je nach Problemlage ist es günstig, Externe wie z.B. Experten hinzuzuziehen, die neue Gesichtspunkte ins Spiel bringen.

- Die vorläufig akzeptierten Alternativen sollten durch die Benennung eines "Advocatus diaboli" einer näheren Prüfung unterzogen werden.

Beim "Advocatus diaboli"-Verfahren wird eine Person oder eine Gruppe beauftragt, Gegenargumente gegen eine vorläufig präferierte Lösungsalternative zu entwickeln. Die dialektische Erforschungs-Methode ist eine Weiterentwicklung des "Advocatus diaboli"-Verfahrens. Dort werden zunächst die stillschweigenden situativen Annahmen der vorläufig präferierten Lösungsalternativen identifiziert, um dann auf der Basis alternativer Annahmen einen Gegenvorschlag zu entwickeln.

Die Mißachtung solcher Zusammenhänge war ein wesentlicher Grund für die bereits erwähnte Challenger-Katastrophe bei der NASA.[294] Die Entscheidungsträger wollten auf jeden Fall rasch einen vorzeigbaren Erfolg und setzten sich selbst damit unter einen dysfunktionalen Zeitdruck. Kritische Punkte durften nicht mehr angesprochen werden, relevante Informationen wurden nicht zur Kenntnis genommen, und es fand keine Suche nach Alternativen statt.[295]

(2) Betriebliche Sozialisationsbedingungen

Inwieweit Kontextfaktoren für die Ausbildung und Stabilisierung moralischer Urteilskraft förderlich sind, wurde insbesondere auch durch einige Untersuchungen von Lempert und Mitarbeitern am Max-Planck-Institut für Bildungsforschung gezeigt.[296] Diese Studien wurden als Längsschnittuntersuchungen angelegt und hatten als Schwerpunkt die Untersuchung der moralischen Urteils-

---

294   vgl. oben S. 23 ff.

295   Vgl. Moorhead/Ference/Neck (Groupthink).

296   Vgl. dazu Hoff/Lempert/Lappe (Persönlichkeitsentwicklung), sowie Lempert (Bedingungen).

fähigkeit (nicht des moralischen Handelns) von 21 gelernten Metallfacharbeitern zum Gegenstand.[297]

Diese wurden im Alter von rund 23 Jahren erstmals intensiv interviewt und bei der Arbeit beobachtet und danach sieben Jahre lang in ihrer Entwicklung verfolgt. Neben anderen Persönlichkeitsmerkmalen wurde ihre moralische Urteilsfähigkeit anhand ihrer Stellungnahmen zu fünf betrieblichen, politischen und privaten Konflikten festgestellt und zu Umständen und Ereignissen aus ihrer Kindheit, Schulzeit und Lehre, vor allem aber zu Gegebenheiten und Begebenheiten ihrer späteren Erwerbstätigkeit und ihres Privatlebens in Beziehung gesetzt.

Die Entwicklung der moralischen Urteilsfähigkeit verlief durchwegs im Sinne des Aufstiegs zu höheren Entwicklungsstufen des Kohlbergschen Schemas. Im Alter von 23 Jahren dachten fünf der 21 Facharbeiter noch mehr oder weniger vorkonventionell, 13 dagegen überwiegend oder ausschließlich konventionell, drei postkonventionell. Mit 30 dagegen waren alle früher vorkonventionellen Personen zum konventionellen Urteilen übergegangen und ein vormals konventionell argumentierender Facharbeiter hatte die postkonventionelle Ebene erreicht. Lempert betont, daß diese Ergebnisse nach der einschlägigen Forschungsliteratur auch zu erwarten waren. Neu seien hingegen die Befunde über die **sozialen Entwicklungsbedingungen** der moralischen Urteilsfähigkeit. Dazu gehören nach seiner Untersuchung ganz konkret:[298]

---

297   Vgl. hierzu und zum folgenden Lempert (Bedingungen), S. 150 ff.
298   Vgl. ebd., S. 150 ff. (in großenteils wörtlicher Wiedergabe).

1. Die **offene Konfrontation** mit sozialen Problemen und Konflikten statt Unterdrückung, Verdrängung und Umlenkung sozialer Schwierigkeiten; solche Erfahrungen führten häufig zu psychischen, kognitiven Konflikten, die nur auf einem höheren Reflexionsniveau gelöst werden könnten;

2. Chancen zur Teilnahme an echten, weitgehend **"symmetrischen" Kommunikationsprozessen,** bei denen alle Beteiligten sich äußern können und angehört werden; dadurch werde die Wahrnehmung, Äußerung und Beurteilung gegensätzlicher Orientierungen erleichtert.

3. Möglichkeiten der **Partizipation an kooperativen Entscheidungen;** dadurch werde die Identifikation mit den Regeln und Ergebnissen der Zusammenarbeit begünstigt und diese zu verbindlichen Maßstäben und Motiven individuellen Handelns gemacht.

4. **Stabile Wertschätzung durch Autoritäten,** auch durch gleichgestellte Personen. Eine solche Wertschätzung schaffe und steigere das Vertrauen zu anderen und gleichzeitig das Selbstvertrauen; sie schaffe Gefühle der sozialen Zugehörigkeit und ermögliche das Verstehen und die Anerkennung anderer Menschen. Lempert weist besonders darauf hin, daß stabile Wertschätzungen auch mit darüber bestimmen, wie die übrigen sozialen Entwicklungsbedingungen moralischer Orientierungen erfahren und verarbeitet werden, etwa ob soziale Verantwortung als Macht verstanden und strategisch mißbraucht oder als moralische Verpflichtung wahrgenommen wird.

5. **Informationen über soziale Folgen individuellen (Fehl-) Verhaltens und Handelns** anstelle unbegründeter Befehle und Verbote; eine solche Information bewirke mit der Zeit die selbständige Vorwegnahme und antizipative Berücksich-

tigung von Konsequenzen, die das eigene Tun und Unterlassen für das Wohl und Wehe anderer Menschen haben wird.

6. **Verwicklung in Widersprüche** zwischen voneinander abweichenden Regeln, Normen und Werten vor dem Hintergrund gemeinsamer Grundsätze, wie Achtung der Würde, Freiheit und Gleichberechtigung aller Menschen; eine solche Konfrontation mit normativen Konflikten (statt eingeschworener Harmonie) bewirke eine Orientierungskrise, deren selbständige Verarbeitung das Verstehen, die Anerkennung und Anwendung der allgemeingültigen Prinzipien begünstigt.

7. **Fähigkeitsangemessene Zuweisung von Verantwortung,** d.h. Gewährung von Vertrauen **und** Verpflichtung zur Rechenschaft für das eigene Leben und insbesondere für andere Personen. Zu einer solchen Zuweisung angemessener Verantwortung muß dann auch die deutliche und realistische Zuschreibung dieser Verantwortung stehen, die nicht eine falsche Zurechnung von Handlungsfolgen vornimmt. Auf diese Weise werde der Einzelne zu verbindlichen Entscheidungen genötigt und kann kaum in relativistische Beliebigkeit ausweichen.

Man erkennt in diesen sieben Problemkomplexen sehr deutlich die Bedeutung der innerbetrieblichen Rahmenbedingungen für den Erfolg einer gezielten Entwicklung der moralischen Urteilskraft. Es wird dabei zugleich einsichtlg, daß diese Erfolge nicht alleine mit isolierten Maßnahmen der Aus- und Weiterbildung erreicht werden können, sondern auf korrespondierende Bedingungen in den gesamten Lebenszusammenhängen der Arbeitswelt angewiesen sind.

e) Reaktionsformen gegen unethische Zumutungen

Der Betrieb als "moralische Lernstatt" - das ist natürlich die günstigste Situation für die Entfaltung moralischer Urteilskraft. Realistischerweise wird man aber davon ausgehen müssen, daß der einzelne Mitarbeiter heute nicht immer schon auf besonders kongeniale betriebliche Bedingungen stößt, wenn er sich bemüht, ethischen Bedenken zum Durchbruch zu verhelfen. Es muß schon bedenklich stimmen, wenn Manager neuerdings ein Ende des "Ethik-Gesäusels" verlangen und wenn Forderungen nach einem "gesunden kapitalistischen Beißinstinkt" oder nach "kapitalistischem Kampfgeist" auf tosenden Beifall eines großen Auditoriums stoßen.[299]

Es mag vor diesem Hintergrund durchaus klug sein, als Mitarbeiter ein Repertoire an Strategien verfügbar zu halten, um sich in Organisationen gegen unethische Zumutungen zu wehren. In diesem Zusammenhang kann insbesondere eine Klassifikation von Nielsen nützlich sein, der das grundsätzliche Spektrum an Reaktionsmöglichkeiten auf unethische Zumutungen näher zu präzisieren versuchte.[300] Er diskutiert 10 Handlungsmöglichkeiten kritisch auf ihr Potential zur Lösung ethischer Probleme und korrespondiert dabei nahtlos mit unseren Zielvorstellungen einer (idealerweise) dialogorientierten Konsensbildung.[301] Aufgrund praktischer Fallstudien kommt er im einzelnen zur folgenden Bestandsaufnahme an Reaktionsformen gegen unethische Zumutungen:[302]

---

299 Vgl. dazu den Bericht von Cornelßen (Moral), S. 49.

300 Vgl. dazu Nielsen (Managers), und ders. (Responses); die aufgezählten Reaktionsformen passen sich im Grundsatz in die schon von Hirschman (Exit) früher aufgezeigten Alternativen von "Abwanderung" und "Widerspruch" ein.

301 Vgl. dazu Nielsen (Dialogic Leadership), S. 765 ff.

302 Vgl. zum folgenden Nielsen (Managers), S. 312 ff.

(1) **Kündigung ("Leave").** Die Option der "Abwanderung" könnte zwar möglicherweise gewisse positive Wirkungen hervorrufen, weil die betroffenen Unternehmungen durch den Verlust verantwortungsbewußter Führungskräfte zum Nachdenken veranlaßt werden. Eine solche positive Einschätzung der Wirkung dieser Reaktionsform wird jedoch meistens nicht angebracht sein. Nachdem jeder ersetzbar ist, bleiben angedrohte oder realisierte Abwanderungen nach dem Prinzip: "Love it or leave it!" praktisch bedeutungslos. Überdies werden dadurch Argumentationsprozesse abgeschnitten, die verantwortungsbewußte Führungskräfte vielleicht gern in Gang bringen würden. Unethische Praktiken würden sich dann letztlich sogar noch verstärken.

(2) **Gedankenloser Gehorsam ("Not think about it").** Die Vorteile eines gedankenlosen Verzichts auf ethische Reflektionen jedweder Art liegen für den einzelnen Manager hauptsächlich in der psychologisch wichtigen Vermeidung von persönlichen Verunsicherungen. Der Ärger, den man sich dadurch momentan erspart, wird allerdings bei der regelmäßigen Eskalation ethischer Problemstellungen später nur noch größer. Von daher sollte jeder Entscheidungsträger verstehen lernen, daß eine ethische Herausforderung sich nicht von selbst löst, indem man sie ignoriert oder aussitzt.

(3) **Karriereorientierter Opportunismus ("Go along and get along").** Das "aktive Mitläufertum" ist in der Unternehmenspraxis wohl die bedeutsamste und auch die ethisch bedenklichste Grundhaltung. Diese Variante der Anpassung an bestehende Verhältnisse wirft nämlich gegenüber dem gedankenlosen Gehorsam die Frage der persönlichen Mitverantwortung für unethische Praktiken in verstärktem Maße auf. Führungskräfte sollten sich demnach fragen, ob sie durch ihr Handeln die bestehenden unethischen Zumutungen lediglich dulden oder diese auch noch verstärken.

194

Die übrigen von Nielsen diskutierten Reaktionsformen auf unethische Zumutungen beziehen sich auf die unterschiedlichen Möglichkeiten des **"Widerspruchs"**, den Einzelne geltend machen können.

(4) **Sabotage** ("Sabotage"). Gewiß wird man mit heimlichen Sabotageaktionen die eine oder andere unethische Zumutung - zumindest kurzfristig - zum Erliegen bringen können. Als grundsätzlicher Verzicht auf jegliche Argumentation ist Sabotage jedoch unter ethischen Gesichtspunkten abzulehnen; im übrigen muß davon ausgegangen werden, daß solche Formen der Gewalt mit Gegengewalt beantwortet werden.

(5) **Heimliches "Verpfeifen"** ("Secretly blow the whistle"). Die diversen Varianten des "whistle-blowing" - gelegentlich auch als "Alarmrufen" eingedeutscht - gehören in den Vereinigten Staaten zu den vorrangig diskutierten Möglichkeiten für die Behandlung ethischer Problemfälle.[303] Im Grundsatz geht es dabei darum, unethische Praktiken einem möglichst breiten Publikum zur Kenntnis zu bringen. Dabei haben anonyme Enthüllungen im wesentlichen zwei Vorteile: Sie erzielen eine effektive Wirkung und schützen den Ankläger vor Repressionen. Obwohl dies sicher gelegentlich das einzig probate Mittel gegen unethische Zumutungen sein kann, wird man dem heimlichen "Verpfeifen" skeptisch gegenüberstehen müssen. Es schafft eine Atmosphäre gegenseitiger Verleumdungen und ruft regelmäßig Inquisitionskampagnen hervor, durch die mißliebige Verräter enttarnt werden sollen. Dann müssen u.U. auch Unschuldige leiden.

---

303   Vgl. etwa Behrman (Ethics), S. 137 ff., sowie unser Fallbeispiel auf S. 19 ff. Einen umfassenden Überblick zum "whistle blowing" geben Elliston et al. (Whistleblowing).

(6) **Heimliches Drohen mit Publizität** ("Secretly threaten to blow the whistle"). Solche Drohungen gegen die eigene Organisation rufen im Prinzip dieselben Vor- und Nachteile wie eine sofortige anonyme Anzeige hervor. Nielsen weist in diesem Zusammemhang auch darauf hin, daß die fehlende Dialogbereitschaft den "whistle-blower" völlig im Unklaren darüber läßt, ob seine Einwände ethisch berechtigt sind. Hier wird noch einmal deutlich, daß die "Privatisierung" der Kritik am Bestehenden immer mit der Gefahr der ungerechtfertigten Willkür verbunden ist.

(7) **Öffentliches "Verpfeifen"** ("Publicly blow the whistle"). Ein couragiertes persönliches Auftreten gegen unethische Zumutungen vor aller Öffentlichkeit macht einen Ankläger glaubhaft und wird eine hohe Resonanz verbuchen können. Dabei steht der "whistle-blower" natürlich in der Gefahr, negative Sanktionen bis hin zur Kündigung hinnehmen zu müssen. Es ist auch nicht klar, ob er letztlich überhaupt eine Veränderung unethischer Praktiken bewirkt. Ohne einen (im Dialog herbeigeführten) Rückhalt im Kollegium werden öffentich exponierte Ankläger zusammen mit ihrem Anliegen nämlich leicht ausgegrenzt; die Organisationsgemeinschaft distanziert sich von einem "Verräter" und verfestigt dabei häufig sogar noch ihre eigenen unethischen Praktiken.

(8) **Protest** ("Protest"). Einsame Proteste gegen bestehende Regelungen, die ohne überzeugenden Argumentationshaushalt vorgebracht werden, vermögen in aller Regel lediglich das persönliche Befinden des Betroffenen zu verbessern. Eine Veränderung bestehender Praktiken vermögen sie regelmäßig nicht zu bewirken, solange der Protestierende einfach umgangen oder gemaßregelt werden kann.

(9) **Bewußte Widerrede** ("Conscientiously object"). Der Versuch eines gewissenhaft begründeten Einwandes gegen bestimmte unethische Zumutungen entspricht zwar vom Grundgedanken her völlig unserer Idee der argumentativen Verständigungsorientierung. Unter den ungünstigen Situationsbedingungen in repressiven Organisationen werden solche Einwände jedoch meist nicht unvoreingenommen zur Kenntnis genommen und diskutiert. Statt dessen ist mit negativen Sanktionen für kritische und abtrünnige Meinungsäußerungen zu rechnen. Ohne entsprechenden Rückhalt in Form organisatorischer Regelungen wird der Einzelne deswegen regelmäßig überfordert sein, wenn er ethische Reflektionsprozesse anstoßen will.

(10) **Schrittweise Konsensbildung** ("Negotiate and build consensus for a change in the unethical behavior"). Um ethische Initiativen nicht an den restriktiven Situationsumständen scheitern zu lassen, empfiehlt Nielsen eine schrittweise Überzeugungsarbeit, die auf einer Ausweitung von argumentativen Verhandlungsprozessen mit betroffenen Kollegen und den relevanten Entscheidungsträgern aufgebaut werden soll. Es geht dabei vor allem um ein Aufbrechen der vielfach vorherrschenden Befangenheit und Atmosphäre des gegenseitigen Mißtrauens, wodurch die meisten Führungskräfte dazu veranlaßt werden, auf ethische Argumente "sicherheitshalber" nicht einzugehen. Gestartet werden muß also im Grundsatz nichts anderes als der Versuch, jene kalkülisierende Machtorientierung, die ethische Probleme nicht nur hervorruft, sondern auch ihre Lösung nachhaltig behindert, sukzessive in eine Dialogorientierung zu transformieren - auch wenn es dazu im Vorfeld "strategischer Verhandlungsinitiativen" bedarf.[304]

---

304 Zur prinzipiellen Berechtigung eines solchen "emanzipatorischen Vorgriffs" durch strategisches Handeln vgl. Apel (Transformation), Bd. II, S. 434, und ders. (Verantwortung).

Zusammenfassend machen diese Überlegungen von Nielsen darauf aufmerksam, daß Mitarbeiter in Organisationen gegen unethische Zumutungen jedweder Art nicht ganz wehrlos sind. Mit Ausnahme der beiden Varianten der "Duldung" (Optionen 2 und 3) kann man die skizzierten Möglichkeiten als eine Bestandsaufnahme derjenigen Handlungspotentiale verstehen, auf die man einen "Organisationsbürger" im Interesse der Lösung ethischer Konfliktsituationen aufmerksam machen sollte. Die Entscheidung für die eine oder andere Reaktionsweise ist natürlich in jedem Einzelfall schwer, gilt es doch auch die Konsequenzen sorgfältig mit zu bedenken, die aus Reaktionen der betrieblichen Machthierarchie resultieren können. Das eingangs zitierte Beispiel der Ingenieure, die im Interesse der Sicherheit des Nahverkehrssystems bestimmte Produktänderungen forderten und als Folge davon entlassen wurden, mag hier als Mahnung dienen.[305] Unter ungünstigen Situationsbedingungen ist jeder ethische Rigorismus fehl am Platze, der einen "Männermut vor Königsthronen" fordert, ohne die u.U. verfügbaren realistischeren Handlungsmöglichkeiten zu beachten.

---

305   Vgl. dazu oben S. 19 ff.

4. Ethische Orientierung des Führungshandelns: Führungsethik

Die vorgeschlagenen Maßnahmen der Organisations- und Personalentwicklung sind zwar notwendig, aber nicht hinreichend zur ethischen Sensibilisierung der Unternehmung. Durch sie können ja nur - wie erwähnt - **Potentiale** in Form allgemeiner Regelungen und persönlicher Dispositionen angelegt werden, ohne daß damit schon vorentschieden wäre, wie in einem bestimmten Augenblick situationsgerecht zu handeln ist. Demzufolge muß das in den Strukturen und Personen angelegte Potential allererst situationsgerecht aktiviert werden. Diese **situationsgerechte Aktivierung** ist nach dem klassischen Verständnis der Managementlehre ganz allgemein die Aufgabe der Funktion "Führung".[306] Dementsprechend wird diese Funktion auch unmittelbar durch die Forderung nach einer ethischen Sensibilisierung der Unternehmung betroffen: Eine **Führungsethik** wird zum notwendigen Bestandteil der Unternehmensethik.[307] Konzeptionell wird die Führungsethik dabei in ihrer eigenständigen Wirkungsmächtigkeit durch das Ausmaß an Freiheit bestimmt, das der einzelnen Führungskraft durch Delegation von Entscheidungsbefugnissen organisatorisch eingeräumt wird. Je größer die Handlungsspielräume einer Führungskraft ausgelegt werden, umso wichtiger wird dann natürlich ein verantwortungsvoller Umgang mit den Ressourcen (Aktivierung der Potentiale), umso bedeutungsvoller wird die Führungsethik im Funktionszusammenhang der Unternehmung.

---

306 Vgl. dazu Steinmann/Schreyögg (Management), S. 541 ff.

307 Zur Problematik der Abgrenzung von Wirtschafts-, Unternehmens- und Individualethik vgl. Enderle (Führungsethik) und ders. (Führungsverantwortung); zum Themenkreis der Führungsethik vgl. auch Bayer (Führungsethik) und Schmidt (Führungsethik).

Diese grundsätzliche Vorstellung von einer Führungsethik läßt sich nun genauer spezifizieren. In der Managementlehre wird traditionellerweise die Vorgesetztenrolle durch zwei Teilfunktionen der Führung konkretisiert: die Lokomotionsfunktion und die Kohäsionsfunktion. Die **Lokomotionsfunktion** bezieht sich auf die zielgerechte Erfüllung der Aufgaben. Die **Kohäsionsfunktion** richtet das Augenmerk auf den langfristigen Zusammenhalt der Arbeitsgruppe. Erst beide Funktionen zusammen können die nachhaltige Aufgabenerfüllung sicherstellen: Bloße Zielorientierung kann zum kurzfristigen Raubbau an den Kräften führen, und der Zusammenhalt der Gruppe stellt für sich allein genommen keinen ökonomisch sinnvollen Zweck dar.

Diese Doppelrolle des Vorgesetzten als Fachmann (Lokomotionsfunktion) und Integrator (Kohäsionsfunktion) wird unter **strategischen** Gesichtspunkten neuerdings um eine dritte Dimension erweitert: die Rolle des Vorgesetzten als "Spielmacher".[308] In dieser Spielmacherrolle kommt zum Ausdruck, daß der Vorgesetzte nicht nur für die zielführende Durchsetzung einer gegebenen Unternehmensstrategie verantwortlich ist, sondern seine Mitarbeiter auch für kritische Begleitüberlegungen motivieren muß, die auf eine u.U. notwendig werdende Revision der Strategie abzielen. In dem Maße nämlich, wie die strategische Planung allein nicht mehr in der Lage ist, einen im großen und ganzen richtigen strategischen Kurs für die Unternehmung zu entwerfen, wird es - wie mehrfach betont - notwendig, unternehmensweit und dezentral strategische Wachsamkeits- und Umsteuerungspotentiale in den organisatorischen und personellen Ressourcen anzulegen mit dem Ziel, rechtzeitig strategische Bedrohungen identifizieren und darauf geeignet reagieren zu können.[309]

---

308   Vgl. Reichart (Führungsethik), sowie Hohl/Knicker (Spielmacher).

309   Es geht hier letztlich um die organisatorischen und personellen Bedingungen der strategischen Kontrolle; vgl. dazu Steinmann/Schreyögg (Umsetzung).

Die situationsgerechte Aktivierung dieser kritischen Potentiale wird unter strategischen Gesichtspunkten dann zur **dritten wichtigen** Rolle des Vorgesetzten. Das verkompliziert seine Aufgabe beträchtlich, muß er doch jetzt darüber entscheiden, wann es geboten ist, die Aktivitäten der Arbeitsgruppe auf die **Erfüllung** der Unternehmensstrategie zu richten (Lokomotions- und Kohäsionsfunktion) und wann es erforderlich wird, Initiativen und Hinweisen aus der Arbeitsgruppe oder der Gesamtorganisation nachzugehen, die auf eine kritische **Infragestellung** der Strategie gerichtet sind. Es mag etwa sein, daß schwache Signale über Maßnahmen der Konkurrenz aufgefangen wurden, die evaluiert und kritisch daraufhin bewertet werden müssen, welche Konsequenzen daraus für die eigene Strategie zu ziehen sind. Der Vorgesetzte modifiziert hier gleichsam die Regeln des Spiels, er wird zum Spielmacher, indem er (mit seiner Arbeitsgruppe) darüber befindet, ob, wann und in welchem Ausmaß Energien auf die kritische Evaluation der Strategie gerichtet werden müssen und wann umgekehrt deren Realisierung im Vordergrund stehen soll.

Diese strategische Erweiterung der Vorgesetztenrolle trifft sich nun - wie schon bei den Managementfunktionen Organisation und Personal - auch bei der Managementfunktion Führung mit den Anforderungen an eine ethische Sensibilisierung der Unternehmung. Die Spielmacherrolle des Vorgesetzten bezieht sich in diesem Zusammenhang jedoch nicht auf **strategische**, sondern auf **ethische Bedrohungen.** Der Vorgesetzte muß ein feines Gespür dafür haben oder entwickeln, wann es notwendig wird, ethischen Reflexionen in der Arbeitsgruppe Raum zu geben. Er ändert dann wiederum die Spielregeln der Arbeitsgruppe, weg von der Dominanz des Effizienzziels hin zur ethischen Orientierung. Das mag etwa notwendig sein und dazu dienen, um überhaupt Informationen über ethisch kritische Situationen zu registrieren und zu bewerten, es mag aber auch dazu dienen, in dialogischen Prozessen eine Entscheidung über weitere Maßnahmen zu finden und im Konsens durchzuführen, sei es daß die Arbeitsgruppe selbst eine Lösung finden und realisieren kann, sei es daß das Problem an übergeordnete Stellen weitergegeben werden muß (ethical displacement).[310]

Mit dieser Einbeziehung ethischer Reflektionen in die Vorgesetztenrolle bekommt diese - im Sinne unserer früheren Sprachregelung[311] - eine republikanische Wendung. Das Fremdziel wird als ethischer Imperativ auch auf der Vorgesetztenebene wirksam; das folgt dann auch schon aus dem früher aufgezeigten Modell zur ethischen und ökonomischen Handlungsorientierung der Unternehmung.[312] Zugleich ist damit auch über das Verhältnis von strategischer und (unternehmens-)ethischer Rollenanforderung im Sinne einer Verordnung ethischer Imperative entschieden. Das Konzept der Vorgesetztenrolle läßt sich dann wie in Abbildung 8 darstellen.[313]

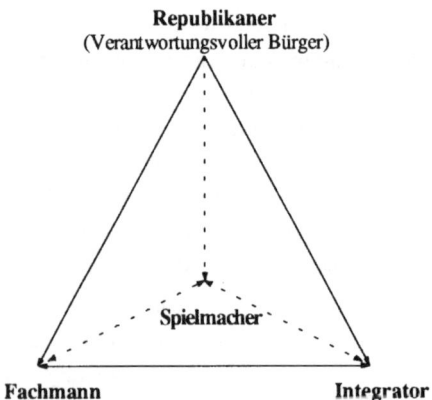

Abb. 8: Die republikanische Rolle der Führungskraft

---

310 Vgl. dazu DeGeorge (Ethical Analysis).
311 Vgl. oben S. 96.
312 Vgl. oben S. 122.
313 Vgl. dazu Löhr/Bischof (Leitung), S. 25

Man sieht also, daß eine wirklich ernst genommene Unternehmens-ethik auch Konsequenzen für die Vorgesetztenrolle hat. Wie diese Vorgesetztenrolle dann im Spannungsfeld von strategischen Auf-gaben und ethischen Anforderungen genauerhin wahrgenommen werden soll, das wird durch die **Führungsethik** (mit) vorstruk-turiert. Daß diese im Grundsatz partizipativ orientiert sein muß, im klassischen Sprachgebrauch also z.B. der demokratische und nicht der autoritäre Führungsstil gefragt ist, das ergibt sich nicht nur aus dieser kurzen Reflektion über die neue Rolle des Vorgesetzten, sondern folgt natürlich auch schon aus den oben angedeuteten Grundorientierungen für eine ethische Sensibilisierung der Mana-gementfunktionen "Organisation" und "Personal". Die Aktivierung der dort anzulegenden ethischen Potentiale wird dem Vorgesetzten nur gelingen, wenn die Führungsethik diese Grundorientierungen nicht konterkariert.

Ob das hier skizzierte veränderte Rollenverständnis praktische Bedeutung erlangen kann, hängt natürlich auch davon ab, inwieweit die regulative Idee argumentativer Verständigung bereits an das vorherrschende Tätigkeitsprofil von Managern anschließt. In diesem Zusammenhang mögen eine Reihe von empirischen Unter-suchungen aufschlußreich sein, die den Einfluß eines argumen-tativen Kommunikationsstils auf die **direkte** Vorgesetzten-Unter-gebenen-Beziehung zum Gegenstand hatten. Die zentralen Ergeb-nisse von Infante und Gordon[314] lassen sich wie folgt zusammen-fassen.

-    Vorgesetzte mit einem argumentativen Kommunikationsstil werden von ihren Untergebenen als besonders einflußreich im Unternehmen wahrgenommen.

---

314   Vgl. zum folgenden Infante/Gordon (Superior), dies. (Effectiveness), dies. (Subordinates), dies. (Employees); vgl. zusammenfassend auch Blickle (Argumentationsintegrität).

- Mit zunehmender Argumentativität und abnehmender verbaler Aggressivität des Vorgesetzten nimmt die Argumentativität von Untergebenen zu.

- Untergebene mit einem argumentativen Kommunikationsstil werden in bezug auf ihr Kommunikationsverhalten von ihren Vorgesetzten als besonders effektiv, präzise und aufmerksam beurteilt.

- Ein argumentativer Kommunikationsstil von Vorgesetzten hat aber keinen wesentlichen Einfluß auf die Arbeitszufriedenheit ihrer Untergebenen.

Auch auf der **lateralen** Kommunikationsebene führt ein argumentativer Kommunikationsstil zu einer positiven Beurteilung der Einflußeffektivität durch Kollegen.[315] Es konnte festgestellt werden,[316] daß argumentative Personen in Kleingruppen von den anderen Gruppenmitgliedern als Meinungsführer eingeschätzt wurden. Sie erhielten allerdings nicht nur positive Bewertungen, sondern wurden auch als konfliktträchtiger und als weniger sensibel erlebt. Dies ist u.a. darauf zurückzuführen, daß diese Personen durch ihre hartnäckige "Eigensinnigkeit" verfrühte Kompromisse verhindern und durch ihre Beiträge die Anzahl der diskutierten Alternativen vergrößern. Es zeigte sich außerdem, daß mit zunehmender Argumentativität Personen immer mehr Meinungsführerschaft zugeschrieben wurde. Allerdings sind "extrem" argumentative Personen weniger starke Meinungsführer als "hoch" argumentative Personen. Das gleiche Muster ergab sich auch beim tatsächlichen Einfluß auf die Gruppenentscheidung: "Hoch" argumentative Personen hatten den stärksten Einfluß, der auch höher war als der von "extrem" argumentativen Personen.

---

315 Vgl. Yukl/Tracey (Peers).
316 Vgl. Schultz (Argumentativeness).

Die bisher umfangreichste Studie zum Zusammenhang von Tätigkeits- und Beziehungsanforderungen einerseits und dem Kommunikationsstil andererseits wurde von Kipnis und Schmidt bei amerikanischen Krankenhausgeschäftsführern durchgeführt.[317] Da in den Vereinigten Staaten das Gesundheitswesen privatwirtschaftlich organisiert ist, kann deren Tätigkeit durchaus als Managementtätigkeit klassifiziert werden.[318] Erhoben wurden u.a. der Tätigkeitsdruck, das Ausmaß der Rollenambiguität und die Intensität von Rollenkonflikten. Die Manager mit einem argumentativen Kommunikationsstil schnitten in bezug auf ihre Managementleistung am besten ab. Es zeigte sich in dieser Studie weiterhin, daß das Ausmaß des Tätigkeitsdrucks, der Rollenambiguität sowie die Intensität von Rollenkonflikten bei einem argumentativen Kommunikationsstil von den Managern selbst als am geringsten beurteilt wurden. Neben dem argumentativen Kommunikationsstil fanden Kipnis und Mitarbeiter noch einen anderen Kommunikationsstil. Er war durch eine hohe Intensität qualitativ breit gestreuter interpersonaler Beeinflussungsversuche gekennzeichnet. Dieser "opportunistische" Kommunikationsstil war jedoch im Sinne einer Bewältigung von Tätigkeitsanforderungen weniger erfolgreich und resultierte in einem intensiven Streßerleben.

Ein argumentativer Kommunikationsstil stellt also durchaus eine realistische Handlungsmöglichkeit für Führungskräfte in Unternehmen dar. Allerdings werden jene Manager, die "extrem rational" argumentieren, von ihren Mitarbeitern und Kollegen häufig als eigensinnig und hartnäckig erlebt, was darauf hindeutet, daß die emotionale Seite in Verständigungsprozessen in ihrer Bedeutung nicht unterschätzt werden darf.

---

317   Vgl. Kipnis/Schmidt (Styles).
318   Vgl. Kotter (Macht), 1986,S. 80-90.

VIII. Unternehmensethik im Spiegel von Nachbardisziplinen: offene Probleme

Die bisherigen Ausführungen haben bereits deutlich werden lassen, daß das Thema Unternehmensethik vielfältige interdisziplinäre Bezüge hat. Philosophische, rechtliche und auch psychologische Aspekte sind an zentralen Stellen bereits in die Ausführungen eingeflossen. Darüber hinaus gibt es aber auch Schnittstellen zu einer Reihe anderer Disziplinen, die im Lichte der dort herrschenden Auffassungen noch einer Klärung bedürfen. Dazu zählen die ökonomischen Disziplinen (Betriebswirtschaftslehre, Volkswirtschaftslehre) ebenso wie z.B. die Soziologie. Alle diese Disziplinen haben sich bereits in der Vergangenheit mehr oder weniger intensiv mit dem Thema der Wirtschafts- und Unternehmensethik beschäftigt. Dadurch sind einige zentrale **Konfrontationslinien** deutlich geworden, die nachfolgend im Sinne einer knappen Bestandsaufnahme dargestellt werden sollen.

1. Unternehmensethik und Betriebswirtschaftslehre

Das Verhältnis der (deutschen) Betriebswirtschaftslehre zur Unternehmensethik ist nach wie vor ambivalent. Auf der einen Seite ist eine Reihe von Publikationen zu registrieren, die unternehmensethische Fragestellungen im Management, der Produktion, der Steuerlehre oder auch des Marketing thematisieren.[319] Auch in neu

---

319 Zum bibliographischen Überblick vgl. Müller/Diefenbacher (Wirtschaft), S. 167 ff., sowie den Band 11 der Kieler Bibliographien zu aktuellen ökonomischen Themen: ZBW (Ethik), S. 43 ff.

erschienenen betriebswirtschaftlichen Handwörterbüchern[320] und Lehrbüchern zur Allgemeinen Betriebswirtschaftslehre[321] finden sich mehr oder weniger ausführliche Darstellungen zur Unternehmensethik. Diese Anzeichen einer gewissen fachlichen Rezeption und gelegentlich auch positiven Akzeptanz des Themas[322] dürfen aber nicht darüber hinwegtäuschen, daß eine allgemein anerkannte konzeptionelle Integration der Unternehmensethik in das Lehrgebäude der Betriebswirtschaftslehre bisher noch nicht stattgefunden hat.

Auf der anderen Seite stehen mehr oder weniger aggressiv formulierte Versuche, eine solche Integration zu verhindern.[323] Soweit diese Einlassungen behaupten, daß durch die Unternehmensethik das Gewinnprinzip als unverzichtbarer Maßstab unternehmerischer Effizienz in seiner Steuerungsfunktion teilweise oder vollständig außer Kraft gesetzt werden soll, ist natürlich weniger unsere hier vertretene Position betroffen als die fundamentalkritische Auffassung von P. Ulrich.[324] Wir hatten ja bei unseren Ausführungen über das Verhältnis von Unternehmensethik und Gewinnprinzip deutlich gemacht, daß die Legitimation des Gewinnprinzips Teil einer vorgängigen wirtschaftsethischen Entscheidung ist, die auf

---

320 So etwa in den Neuauflagen des Handwörterbuchs der Betriebswirtschaft, 3. Teilband, Sp. 4331 ff., des Handwörterbuches der Organisation, Sp. 2451 ff., sowie des Handwörterbuches des Personalwesens, Sp. 843 ff. und Sp. 1283 ff.

321 Vgl. dazu etwa den Abschnitt in Bea/Dichtl/Schweitzer (Betriebswirtschaftslehre), S. 298 ff.

322 Vgl. in diesem Sinne etwa die intensiv diskutierten "Münsteraner Thesen" der dortigen Hochschullehrer für Betriebswirtschaft, hier zitiert als Hochschullehrer (Erwartungen).

323 Vgl. wieder Schneider (Betriebswirtschaftslehre), S. 136 f.; deutlich moderater und sachkundiger neuerdings auch Hax (Unternehmensethik)

324 Vgl. dazu oben S. 123 ff.

der Ebene der Wirtschaftsordnung getroffen werden muß und für die Unternehmung nicht mehr beliebig zur Disposition steht.[325]

Weitere Vorbehalte betreffen insbesondere die Frage der Begründbarkeit von Normen. Man argumentiert in der Tradition der "Werturteilsfreiheit" der Wissenschaften und beharrt auf der Auffassung, daß normative Entscheidungen letztlich nur auf der Grundlage "privater Basiswerturteile" in die Welt treten. Symptomatisch für diese Sichtweise sind die Vorwürfe von D. Schneider, einem der radikalsten betriebswirtschaftlichen Kritiker der Unternehmensethik. Er verlangt, daß unternehmensethische Normen mindestens vier Bedingungen genügen müßten, wobei diese nach unserer Einschätzung allerdings völlig an dem vorbeigehen, was eine Unternehmensethik überhaupt leisten kann. Diese Bedingungen wären:[326]

(1) Es seien die einzelnen ethischen Grundsätze (Basiswerturteile) offenzulegen, die von den Verfechtern einer Unternehmensethik vertreten werden; eine solche Klärung fehle bisher in deren Schrifttum. Auch wenn mit dieser Forderung nur hypothetische (und nicht kategorische) Werturteile angesprochen sein sollten, so wird doch die elementare Einsicht verkannt, daß eine moderne Ethik immer nur eine **Verfahrenslehre** sein kann, die keine inhaltlichen Basiswerturteile abgeben will. Der ethische Grundsatz ist das Verfahren der rationalen Argumentation, dessen sich die Betroffenen selbst befleißigen müssen, um situationsgerecht zu friedensstiftenden Regelungen zu kommen.

(2) Es müßten Entscheidungsregeln für solche Fälle angegeben werden, wo einzelne ethische Grundsätze sich widersprechen.

---

325   Vgl. oben S. 94 ff.
326   Vgl. Schneider (Betriebswirtschaftslehre), S. 136 f.

Diese Forderung verkennt offensichtlich, daß die Dialogethik genau eine solche "Entscheidungsregel" darstellt - allerdings nicht im inhaltlichen Sinne, wie es Schneider wohl vorschwebt, sondern als Verfahrensregel. Weitergehende inhaltliche Schiedsrichterleistungen sind von der Wissenschaft schon deswegen nicht zu erwarten, weil Lösungen von (inhaltlichen) Normenkonflikten niemals für alle Zeiten und alle Situationen vorentschieden werden können. Die Realisierung des Friedensziels verlangt auch hier wieder die Abwägung situationsspezifischer Argumente im praktischen Diskurs zwischen den Betroffenen selbst, nicht amtsautoritäre wissenschaftliche Gutachten oder Vorschriften.

(3) Es müßten Handlungsnormen angegeben werden, wie Verstöße gegen ethische Grundsätze in ihren Folgen begrenzt werden können. D. Schneider erwartet von den "Rufern nach Unternehmensethik" die Angabe von Richtlinien, wie sich eine Gesellschaft gegen "Ethikverstöße" durch einzelne Defektierer schützen kann. Auch hier sind wiederum offensichtlich nicht einfach Verstöße gegen das prozessuale Argumentationsgebot gemeint: es geht Schneider wohl weniger um einen Schutz vor denjenigen, die als Skeptiker den Dialog verweigern,[327] sondern um die Sanktionierung von konkreten Verstößen gegen inhaltliche gesellschaftliche Normen, wie etwa dem Tötungsverbot. Selbstverständlich muß es immer dem gesellschaftlichen Dialog anheim gestellt bleiben, was mit solchen Defektierern geschehen soll: die kulturellen Normen und das Rechtssystem stellen hier jene faktischen Antworten dar, die beständig auf ihre Berechtigung hin geprüft werden müssen. Kein Wissenschaftler kann dabei jedoch für die Gesellschaft entscheiden, welches "Strafmaß" als angemessen anzusehen ist. Das heißt jedoch noch nicht, daß er sich "drückt", denn er kann natür-

---

327 Hierzu wurde schon einiges gesagt, vgl. etwa Habermas (Diskursethik), S. 86 ff.

lich auf Grund von empirisch zugänglichen Erfahrungen Wissen über die (vermutliche) Wirkung von Institutionen und Strafandrohungen in bestimmten Situationen entwickeln.

(4) Ethisches Handeln verlange Begründungsschritte, um von einem ethischen Grundsatz auf das im Einzelfall zu verfolgende Ziel, die zulässigen Handlungsmöglichkeiten und Mitteleinsätze zu schließen. Wenn wir diese Forderung richtig auslegen, geht es hier um zwei Probleme: (1) die **deduktive** Ableitung von Zielen und Mitteln aus inhaltlichen Grundsätzen und (2) um die Frage, **wer** diese Operation durchführen soll: der Wissenschaftler oder der Praktiker. Unsere Ausführungen dazu sind eindeutig. Unternehmensethische Bemühungen können eine friedensstiftende Kraft nur dann entfalten, wenn die je kontingenten Bedingungen des Einzelfalles (Interessenlagen, Ressourcenausstattung, Wirkungswissen etc.) Gegenstand einer praktischen Beurteilung werden. Die Einsicht in die Vorzugswürdigkeit einer Lösung müssen alle Betroffenen im Dialog selbst finden. Sie kann nicht von einem Wissenschaftler, gleichsam als "moralischem Gutachter", vorgegeben werden. Da das oberste ethische Prinzip notwendigerweise ein **formales** Ziel sein muß, ist natürlich auch die Vorstellung absurd, es ließen sich irgendwelche **inhaltlichen** Prinzipien, Ziele und Maßnahmen daraus "deduzieren". Gerade wenn man als Wissenschaftler undogmatisch bleiben will, muß man zwangsläufig in Rechnung stellen, daß nur aus der jeweiligen praktischen Situation heraus jene einmaligen Gründe gewonnen werden können, die ein moralisches Urteil "gerecht" werden lassen. Alle weitergehenden Forderungen, wie sie etwa von D. Schneider im Ruf nach inhaltlichen Vorschriften erhoben werden, verkennen die Rolle der Ethik in modernen Gesellschaften.

Die Vorbehalte gegen eine Unternehmensethik gipfeln schließlich dort, wo - wohl auch wissenschaftspsychologisch bedingt - die eigene **Fachgeschichte** zur Instanz erhoben wird.[328] Man verweist hier gerne auf das Scheitern der "normativen Betriebswirtschaftslehre", wie sie in den 30er Jahren insbesondere von Nicklisch vertreten wurde.[329] Die sicherlich nicht unverständliche Angst, die hinter derartigen Plädoyers steht, wurzelt in der Vorstellung, daß eine Betriebswirtschaftslehre, die sich nicht bloß als Erfahrungswissenschaft verstehe, sondern auch ethische Probleme in sich aufnehme, wieder zum Steigbügelhalter diktatorischer Regime würde, wie Nicklisch zur Zeit des Nationalsozialismus. Man warnt deshalb vor der Gefahr der ethisch-normativen Betrachtungsweise, "... anderen Menschen die eigenen Moralvorstellungen aufzuzwingen und so zum "Handwerkszeug" der Feinde einer offenen Gesellschaft zu werden."[330]

Es besteht kein Zweifel darüber, daß die Ansätze älterer Betriebswirte, das Fach ethisch-normativ auszurichten, von Anfang an hätten scharf kritisiert werden können und müssen, und zwar gerade deshalb, weil diese Ansätze in ihrer philosophischen Begründungsbasis unhaltbar waren. Entschieden zurückzuweisen sind jedoch Versuche wie der von D. Schneider, unter Hinweis auf solche historischen Entgleisungen alle neueren Bemühungen um eine triftige Anbindung der Betriebswirtschaftslehre an die philosophische Grundlagendiskussion zu diskreditieren.[331] Das Argument muß vielmehr genau umgekehrt lauten: Gerade weil man angesichts der zunehmenden faktischen Bedeutung der "Werturteilsfreiheit" der Wissenschaften früher auf eine ernsthafte

---

328 So etwa Schneider (Unternehmensethik), S. 887 ff.
329 Vgl. Nicklisch (Nationalsozialismus), ders. (Staat), ders. (Betriebswirtschaft).
330 Schneider (Unternehmensethik), S. 889.
331 Vgl. ebd., S. 889.

philosophische Auseinandersetzung mit den normativen Grundlagen des Wirtschaftens verzichtet hat, konnten sich überhaupt unkritische und (bloß) bekenntnishafte Ansätze in der Wirtschaftswissenschaft entwickeln und praktisch durchsetzen.[332] So gesehen kann es also gar nicht um die Wiederholung einer geschichtlichen Erfahrung gehen, wie Schneider unterstellt. Ganz im Gegenteil gilt es noch einmal den energischen Versuch zu machen, die Vernunft auch in normativen Fragen zur Geltung zu bringen, weil andernfalls die Irrationalität der schlichten Dezision Platz zu greifen droht.[333]

Das Fazit aus diesen Anmerkungen sollte die Aufforderung an die Betriebswirtschaftslehre sein, sich zunächst einmal ernsthaft auf die Wirtschafts- und Unternehmensethik einzulassen, um von dort her ihre eigenen normativen Grundlagen kritisch zu rekonstruieren.[334] Das schließt selbstverständlich überhaupt nicht aus, daß die Betriebswirtschaftslehre sich nach wie vor um die ökonomische Effizienz im Bereich der Mittelwahlen bemühen muß, ganz im Gegenteil. Dies mag sogar soweit gehen, daß man eine **"reine"** ökonomische Theorie entwickelt, die von ihrem empirisch-normativen Bezugsfeld absieht, um die spezifischen Wirkungen ökonomisch rational durchkalkulierten Handelns deutlich zu machen. Auf diese Weise wird es ja möglich, die Wirkungen eines ideal befolgten ökonomischen Rationalprinzips zu durchschauen und zu verstehen.[335]

---

332   Vgl. dazu Thiel (Grundlagenkrise), S. 48 ff., insbes. S. 63.

333   Vgl. oben S. 68 f.

334   Vgl. dazu Löhr (Unternehmensethik).

335   Vgl. zu dieser Argumentation Kötter (ökonomische Realität), S. 41 ff., insbes. S. 52; zur Bedeutung solcher "Idealmodelle" in den Sozialwissenschaften vgl. auch Peters (Integration), S. 237.

Eine solche Betrachtungsweise ist aber hochselektiv und von daher in jedem Falle **begründungsbedürftig**. Sie ist nach unserer Auffassung nur dann legitim, wenn sie einen substantiellen Beitrag zur friedlichen Bewältigung ökonomisch bedingter Konflikte in der Gesellschaft zu leisten vermag; denn genau dies ist die Aufgabe der Wirtschaftswissenschaften.[336] Bei dieser Aufgabenstellung geht es um ein empirisches und um ein normatives Problem. Beide kulminieren in der Frage: Wieviel Effizienz(-steigerung) ist in unserer gegebenen historischen Situation sozialverträglich möglich?

2. Unternehmensethik und volkswirtschaftliche Wettbewerbstheorie

Im Rahmen der nationalökonomischen Theorie wird neuerdings immer stärker zur Möglichkeit einer Unternehmensethik in der Marktwirtschaft Stellung genommen; das ist auch verständlich, da ja mit der Entscheidung über die Wirtschaftsordnung auch über die ökonomische Rolle der Unternehmung befunden wird und deshalb das Verhältnis zur ethischen Dimension unternehmerischen Handelns der Klärung bedarf.

Traditionellerweise wird diese Möglichkeitsfrage mit der Verpflichtung in Verbindung gebracht, Handlungsspielräume auf der Ebene der Einzelwirtschaft nachzuweisen, die ja eine Abweichung vom ökonomisch vorgegebenen Ziel der Gewinnmaximierung allererst denkbar machen. Diese Argumentationsstrategie lastet dann letztlich der Betriebswirtschaftslehre die Beweispflicht auf, **theoretisch** zu klären, wann unternehmensethisches Handeln systematisch möglich sei, d.h. von einem Unternehmen im Alleingang gegen die radikal verstandene Wettbewerbslogik des Marktes

---

336   Vgl. dazu noch einmal oben S. 97 ff.

gehandelt werden könne. Soweit sich die Betriebswirtschaftslehre diesem von der volkswirtschaftlichen Theorie aufgeworfenen Problem überhaupt stellt, muß sie folglich unter Bezug auf die verschiedenen Wettbewerbstheorien zeigen, wo und inwieweit eine eigenständige Unternehmensethik im Denkgebäude dieser Theorien noch Platz hat. Die Diskussion hat dabei gezeigt, daß für eine derartige Integration der Unternehmensethik in ökonomische Wettbewerbstheorien nur sehr schwer zu argumentieren ist. Das sei nachfolgend an einigen zentralen wettbewerbstheoretischen Ansätzen aufgezeigt.[337]

Im Hinblick auf die Allgemeine Gleichgewichtstheorie (AGT) der **Neoklassik** wird eingewandt, daß auf deren Grundlage die notwendigen Handlungsspielräume für eine Unternehmensethik systematisch nicht auszumachen seien.[338] Unternehmensführung heißt hier nur, die Marktimperative zu entschlüsseln und unternehmensintern durch Einsatz der Managementfunktionen in eine optimale Allokation der Ressourcen umzusetzen. Die Gewinnmaximierung wird so zur notwendigen und zugleich hinreichenden Bedingung für das Überleben der Unternehmung, eine Situation, die theoretisch im statischen Modell der vollkommenen Konkurrenz abgebildet wird. In dieser Lehrbuchsituation der neoklassischen Wettbewerbstheorie ist die Unternehmung als ein (zumindest partiell) eigenständiges wirtschaftliches Aktionszentrum nicht denkbar, es wird beherrscht von der Nachfrage der souveränen Konsumenten. Daher kann es weder eine eigenständige Unternehmensstrategie geben (technische Dimension), noch - hier wichtig - ein Handeln, das von anderen als nur gewinnorientierten Kalkulationen geleitet wird (normative Dimension). Die Betriebswirtschaftslehre hat dann bloß die Umsetzung der rechtlichen und

---

337 Zum Überblick über die wichtigsten wettbewerbstheoretischen Grundströmungen vgl. Heuß (Wettbewerb).

338 Vgl. dazu eingehend Kötter (Fundierungsprobleme).

ökonomischen Rahmenbedingungen in unternehmerisches Handeln zum Gegenstand; sie stellt sich gleichsam als Verlängerung der Nationalökonomie in die Unternehmensführung dar.[339] Für Ethik ist per definitionem kein Platz.[340]

Um Platz für Unternehmensstrategie und Unternehmensethik zu schaffen, müßte man dann entweder auf theoretischer Ebene die Wettbewerbstheorie **konzeptionell** anders als in der AGT ansetzen oder der Managementtheoretiker müßte **empirisch** im Sinne einer Abweichung vom Ideal auf wesentliche und dauerhafte diskretionäre Handlungsspielräume auf einzelwirtschaftlicher Ebene verweisen können, die strategisches Handeln oder die Verfolgung unternehmensethischer Ziele (ohne Existenzbedrohung durch den Wettbewerb) möglich machen, indem etwa auf die Machtstellung der Großunternehmung verwiesen wird.[341]

---

339 Das kommt dann auch in entsprechenden Lehrbuchbezeichnungen wie "managerial economics" zum Ausdruck; vgl. das bekannte Harvard-Lehrbuch gleichen Titels von Christensen/Vancil/Marshall (Economics).

340 Zu erinnern ist hier an die scharfe Polemik von Milton Friedman gegen die in der US.-Managementlehre seit langem populäre und noch immer propagierte "Idee der gesellschaftlichen Verantwortung der Unternehmensführung" (social responsibility of business). In einer Wettbewerbswirtschaft kann (darf) es nach Friedman keine Unternehmensethik, kein gesellschaftlich verantwortliches Handeln in einem anderen Sinne als dem der Gewinnmaximierung geben; denn wer am Marktgeschehen teilnehme, habe ja einen Nutzen davon, oder er nehme eben nicht teil. In dieser Gedankenwelt gibt es keine andere Verantwortung, keine andere Ethik, als die Verantwortung des Einzelnen für sich selbst. Die Gesellschaft wird als eine Summe von Individuen gedacht, deren Interessenausgleich sich vollständig und ohne Rest über den Markt vollzieht. Vgl. dazu Friedman (Profits).

341 Vgl. dazu etwa schon den berühmten Aufsatz von Knight (Competition) aus dem Jahre 1923, sowie aus den sechziger Jahren den Sammelband von Mason (Corporation) mit dem Beitrag von Kaysen (Power); ferner Tolksdorf (Wettbewerbstheorie), Eichner (Megacorp), und Epstein (Corporate power).

Gegen eine derartige Argumentationsstrategie liegt dann natürlich der Hinweis nahe, daß Unternehmensethik zwar gelegentlich (je nach Situation) im Alleingang einmal möglich sei, aber nicht grundsätzlich eingefordert werden könne. Kritisch sei an dieser Sichtweise insbesondere auch, daß gerade marktmächtige Unternehmungen in einen unauflöslichen ethischen Konflikt geraten. Soll die Machtstellung für unternehmensethisches Handeln genützt werden oder sollen solche Unternehmen im Sinne der Ethik des Marktes handeln, also so, als ob sie unter vollständigem Wettbewerb operierten? Nach der Logik der neoklassischen Theorie müßte also abgewogen werden zwischen "Effizienz" und "Gerechtigkeit"; beides zusammen läßt sich nicht konfliktfrei realisieren.[342]

Angesichts dieser konzeptionellen Schwierigkeiten liegt es nahe, statt der AGT die **industrieökonomischen** Ansätze als Wettbewerbsparadigma heranzuziehen. Die Begründung von Handlungsspielräumen für das Unternehmen gerät hier nämlich insofern in das Blickfeld, als es in der Industrieökonomik im Kern um die Frage nach der Vermittlung von AGT und Unternehmensstrategie geht. Die Lösung liegt dabei (bekanntlich) in der Konzession, daß nicht (nur) die Branchenstruktur (beschrieben durch Eintrittsbarrieren, Zahl und Größe der Wettbewerber, Substitutionsprodukte, Macht von Lieferanten und Abnehmern) die Strategie und damit die Rentabilität einer Unternehmung bestimmt, sondern **umgekehrt** die Branchenstruktur (auch) der strategischen Beeinflussung durch die Unternehmung zugänglich ist, um nachhaltige **überdurchschnittliche** Renditen zu erreichen.[343]

---

342 In diesem Sinne etwa die Einlassungen von Kötter (Fundierungsprobleme), S. 135 f.

343 Man vgl. dazu insbesondere die Arbeiten von Porter (Wettbewerbsstrategie), und ders. (Wettbewerbsvorteile); für einen Überblick vgl. Caves (Industrial Organization); präzise auf den Punkt gebracht ist die Problematik der Vermittlung des IO-Paradigmas mit der Unternehmensstrategie bei Porter (Contributions), S. 605 ff.

Wenn die Wettbewerbsposition der Unternehmung derart gedacht wird, dann entsteht (u.U.) auch ein Spielraum, um unternehmensethische Zielvorstellungen mit der Wettbewerbstheorie verträglich zu machen. Dieser Spielraum verdankt sich dann letztlich eben der überdurchschnittlichen Rentabilität, die man im Verhältnis zur Konkurrenz erzielen kann. Je mehr es also gelingt, sich gegenüber der Konkurrenz durch eine geschickte Unternehmensstrategie immer wieder einen (dauerhaften) strategischen Wettbewerbsvorteil zu verschaffen, umso eher wird aus der Sicht der industrieökonomischen Ansätze dann auch ein unternehmensethischer "Alleingang" möglich sein. Es bleibt allerdings dabei: Auch in diesem gedanklichen Bezugsrahmen ist die Möglichkeit eines solchen Alleingangs von den je unterschiedlichen **empirischen** Bedingungen abhängig, in der sich eine Unternehmung gerade befindet und/oder die sie für die Zukunft antizipiert. Es werden positive zukünftige Erwartungen bezüglich der Schaffung und Realisierung unternehmensstrategischer Erfolgspotentiale vorausgesetzt, die unternehmensethisches Handeln in der Gegenwart motivieren.

Gegenüber diesen ersten beiden wettbewerbstheoretischen Ansätzen mag sich ein erfolgreicheres Plädoyer für eine Unternehmensethik im Rahmen von **dynamischen,** besser: **evolutionären Wettbewerbstheorien** eröffnen.[344] Allerdings gilt es auch hier wieder, sorgfältig auf Unterschiede der verschiedenen Ansätze zu achten. Je mehr diese Ansätze den Unternehmer zum kreativen Initiativzentrum hochstilisieren, so könnte man vermuten, umso mehr verlieren die volkswirtschaftlichen Wettbewerbsstrukturen an scharf disziplinierender Kraft, umso weniger ginge es dann um

---

344   So neuerdings auch Ulrich (Herausforderung), S. 533; zur Bedeutung derartiger theoretischer Ansätze für die Unternehmensstrategie vgl. Barney (Competition). Vgl. zur Unterscheidung von "dynamischen" und "evolutionären" Wettbewerbsprozessen Kerber (Marktprozesse), S 70 ff.

bloß reaktive Anpassung, sondern um proaktive **Gestaltung unter Ungewißheit**.[345] So bleibt auf der einen Seite in der Wettbewerbstheorie von Kirzner der die vorhandenen Möglichkeiten des Marktes entdeckende und ausschöpfende Unternehmer an die objektiv **vorgegebenen** Rahmendaten (der Welt) gebunden, innerhalb derer er dazu beiträgt, daß ein Marktgleichgewicht erreicht wird.[346] Im Gegensatz dazu entschlüsselt der Schumpetersche Unternehmer nicht bloß die objektiv gegebenen Bedingungen und findet so seine Marktchancen; vielmehr gestaltet er diese Bedingungen durch eigenes **innovatives** Handeln grundlegend.[347] Der Kirznersche "findige" Unternehmer kann nur vorhandene, noch nicht bekannte Chancen zur Gewinnerzielung für sich entdecken und nutzen. Er leistet auf diese Weise allerdings wieder nur - zusammen mit den Konkurrenten - einen Beitrag zur langfristigen Entwicklung hin auf ein Gleichgewicht. Demgegenüber destabilisiert der Schumpetersche Unternehmer gegebene Zustände und öffnet auf diese Weise immer wieder den Raum der Möglichkeiten zur Gewinnerzielung, so daß es eigentlich nie zu einem Gleichgewicht kommen kann.[348]

---

345 Vgl. dazu Ricketts (Economics), S. 49 ff., und Kerber (Marktprozesse), S. 68 ff.

346 Vgl. Kirzer (Competition) und Ricketts (Economics), S. 49 ff.; zur Änderung dieser Position bei Kirzner vgl. Kerber (Marktprozesse), S. 68, Fußnote 136.

347 Littlechild (Comment), S. 38, bringt diesen Gegensatz, allerdings mit Bezug auf Shackle, wie folgt auf den Punkt: "For Kirzner, entrepreneurship is the *discovery* of something *existing*; for Shackle, imagination is the *creation* of something *new*."

348 Vgl. Schumpeter (Theorie) und Ricketts (Economics), S. 58 ff.; vgl. neuerdings auch Buchanan/Vanberg (Creative process), die Wettbewerbstheorien danach unterscheiden, ob dem Wettbewerbskonzept der "Modus der Entdeckung" oder der "Modus der Erschaffung" der Welt zugrunde liegt. Der erste Modus prägt die Neoklassik, der zweite ihre eigene Auffassung vom Markt als einem "creative process". Allein dieser letztere Modus sei der Markt- und Wettbewerbswirtschaft angemessen.

In dem Augenblick, wo der Wettbewerbsprozeß im Schumpeterschen Sinne als ein nach "vorne" offener Prozeß gedacht wird, wächst dem Unternehmer - so könnte man argumentieren - zwangsläufig eine höhere Verantwortung für die wirtschaftliche Entwicklung zu. Mehr als der Kirznersche Unternehmer, der ja im Zuge der "Entdeckung" bloß an gegebene Technologien (im weitesten Sinne) anknüpft und diese besser als andere ökonomisch zu verwerten weiß, bliebe der Schumpetersche Unternehmer dem Ganzen verpflichtet: seine Freiheit zur "schöpferischen Zerstörung" würde eher eine autonome ethische Disziplinierung seiner selbst erfordern und ermöglichen. Dabei bleibt es allerdings wiederum offen, ob und inwieweit ein Unternehmer kreative Ideen ungenutzt lassen kann, ohne vom Markt bestraft zu werden. Wann würde ein Unternehmer ausscheiden, weil er im Interesse ethischer Gesichtspunkte auf Marktchancen verzichtet oder nur bestimmte (für verantwortbar gehaltene) Chancen ergreift? Wird nicht auch in den dynamischen Wettbewerbskonzepten letztlich allein das Effizienzmotiv siegen? Eine klare Antwort auf diese Fragen nach der Möglichkeit einer Unternehmensethik läßt sich aufgrund des bisherigen Diskussionsstandes zur evolutorischen Wettbewerbstheorie anscheinend noch nicht geben.

In diesem Zusammenhang wäre dann auch das Problem zu bedenken, daß der **Geschichtsdeterminismus** der Neoklassik in Form der Vorstellung, der Wirtschaftsprozeß erreiche einen endgültigen Ruhezustand im totalen Konkurrenzgleichgewicht, in den dynamischen Wettbewerbstheorien wohl durch die Vorstellung einer **ziellosen Evolution** abgelöst wird, die letztlich beliebig ist und deshalb möglicherweise wiederum für ethische Reflektionen keinen systematischen Platz läßt. Gedankliche Hilfskonstruktionen wie die einer "spontanen Ordnung", von der man **hofft**, daß sie sich als

Ergebnis eines solchen Evolutionsprozesses einstellt,[349] helfen hier auch nicht recht weiter; denn um einen erreichten gesamtwirtschaftlichen Zustand ex post als eine **"Ordnung"** qualifizieren zu können, müßte man ja schon planerisch eine normative Zielvorstellung für die Gesamtwirtschaft ex ante entwickelt haben, die man als Meßlatte "von außen" an den beobachteten Zustand herantragen könnte. Das widerspricht aber dann dem nach vorne offenen Charakter der evolutorischen Wettbewerbstheorien, wenn und soweit man darin die Inkarnation des rein marktwirtschaftlichen Willens sieht:[350] der Terminus "Ordnung" wird in diesem Zusammenhang eher überflüssig.[351]

Es zeigt sich also an den untersuchten drei wettbewerbstheoretischen Grundkonzeptionen, wie schwierig es ist, unternehmensethische Forderungen stimmig in das jeweilige Wettbewerbsmodell zu integrieren. Diese Schwierigkeiten sind wohl - ohne hier ein abschließendes Urteil fällen zu wollen - bereits in den Voraussetzungen der ökonomischen Modellbildung selbst angelegt. Die Wettbewerbstheorien sind ja von vorneherein auf die Erklärung eines gesamtwirtschaftlichen Ordnungszusammenhanges aus einer eng verstandenen ökonomischen Rationalität heraus hin angelegt. Da diese Rationalität auf dem rein subjektiven Vorteilskalkül aufbaut, kann eine über diese Rationalität hinausreichende Ziel-

---

349 Vgl. Schneider (Marktwirtschaftlicher Wille), S. 42, in Anlehnung an von Hayek (Sprachverwirrung), S. 224 f.

350 Vgl. Schneider (Marktwirtschaftlicher Wille), S. 42.

351 Zur Vermittlung von wissenschaffendem evolutionären Wettbewerb und Anpassungsprozessen der individuellen Wirtschaftspläne durch das Preissystem vgl. Kerber (Marktprozesse), S. 72 ff.; inhärent ist dem ökonomischen System, daß es sich in ständiger Bewegung und zu jedem Zeitpunkt im Ungleichgewicht befindet: In den Worten von Lachmann (Economics), S. 61: "What emerges from our reflections is an image of the market as a particular kind of process, a continuous process without beginning or end, propelled by the interaction between the forces of equilibrium and the forces of change."

setzung unternehmerischen Handelns, wie sie die Unternehmensethik fordert, nachträglich auch an keiner Stelle des Gedankengebäudes mehr hineindefiniert werden. Je stringenter die ökonomische Wettbewerbslogik auf dieser Basis theoretisch modelliert wird, desto weniger Platz bleibt neben subjektiven Vorteilskalkulationen übrig. Ersichtlich haben wir es also mit einer **theoretischen "Problemschließung"** zu tun: aus den getroffenen Voraussetzungen wird lückenlos und stimmig deduziert (wie inbesondere im Fall der AGT). Eine Unternehmensethik wird damit zwangsläufig nur als empirische Abweichung vom theoretischen Ideal möglich.[352]

Bevor man in dieser Weise aber nationalökonomische Modellvorstellungen als Maßstab an die realen Wettbewerbsvorgänge anlegt, müßte für die Angemessenheit des Maßstabes, also der theoretischen Voraussetzungen, selbst argumentiert werden. Diese Forderung ist ja auch innerhalb der Nationalökonomie nicht neu; immerhin sind ja die theoretischen Konzeptionen der "Österreichischen Schule", in Abhebung von der AGT, genau der Versuch, eine **realistischere** Wettbewerbstheorie zu entwerfen.[353] Damit ist man aber bei wissenschaftstheoretischen Grundlagenfragen angelangt. In diesem Zusammenhang muß insbesondere auf die Fragwürdigkeit des "methodologischen Individualismus" angelsächsischer Provenienz hingewiesen werden, der in den letzten Jahrzehnten immer stärker zum Ausgangspunkt für sozialwissenschaftliche Theoriebildungen überhaupt gemacht wird.[354] In diesen "Rational-Choice" Ansätzen werden Entstehung und Wandel von Institutionen als Ergebnis (isolierter) individueller Vorteilskalkulationen zu erklären versucht: man anerkennt und befolgt nur solche

---

352 So schon die gedankliche Orientierung im Aufsatz von Knight (Competition).

353 In diesem Sinne neuerdings Kirzner (Ethics).

354 Vgl. Frey (Ökonomie).

Normen und Institutionen, von denen man sich einen persönlichen Nutzen verspricht. Institutionen werden dabei als Güter für je besondere Märkte aufgefaßt (Theorie der Verfügungsrechte[355]) oder der (einstimmigen) faktischen Abstimmung der Individuen (Vertragstheorie der Verfassung[356]) überantwortet. Die Vorstellung einer praktischen Vernunft, die sich diskursiven Verständigungsprozessen verdankt, hat in derartigen Gedankengebäuden keinen Platz; es geht hier nicht um das gemeinsame Herstellen des Vernünftigen auf der Grundlage guter Gründe, sondern um Kalkulationen von Individuen,[357] denen (bestenfalls) die Qualität des Vernünftigseins als schon von vornherein mitgegeben zugeschrieben wird.[358] Normensysteme werden dann letztlich der "Dispositionsmasse der einzelnen Individuen" zugeschlagen.[359]

Die Kritik hat gegenüber dem methodologischen Individualismus die wichtigsten Argumente zusammengetragen;[360] sie brauchen hier nicht noch einmal resümiert zu werden. Im Prinzip läuft die Kritik natürlich wieder auf das philosophische Grundlagenproblem hinaus, ob denn wirklich ökonomische **Theorien** und ökonomische Rationalität ohne eine regulative "Idee" prozessualer praktischer

---

355   Vgl. dazu Schüller (Property Rights) und Furubotn/Pejovich (Property Rights).

356   Vgl. Buchanan (Freedom), und als Überblick neuerdings Kliemt (Autonomie).

357   Vgl. Buchanan/Tullock (Calculus).

358   Dazu auch die ausführliche Analyse von Behrens (Grundlagen), hier insbes. S. 306: "Gerechtigkeit ist in diesem Sinne (des individualistischen Rationalismus, d. Verf.) also nicht das Ergebnis vernünftiger Entscheidungen, sondern Inhalt des Vernünftigseins." Grundlegend zum Verständnis von Rationalität auch Homann (Rationalität) und schon früher Hartfiel (Rationalität).

359   Vgl. Kötter (ökonomische Realität), S. 54.

360   Vgl. Ulrich (Transformation), S. 243 ff., Gerum (Verfügungsrechte), sowie weitere Beiträge in Budäus/Gerum/Zimmermann (Verfügungsrechte); vgl. neuerdings auch Peters (Integration), S. 237 ff., und Löhr/ Osterloh (Ökonomik).

Vernunft auskommen können, ob sich also alle Probleme, z.B. des "interpersonellen Nutzenvergleichs", der "kollektiven Wohlfahrtsfunktion", des Kriteriums der "Pareto-Optimalität" wirklich technisch-theoretisch lösen lassen.[361] Die von Seiten philosophischer Autoren, wie etwa Lorenzen, reklamierte vorgängige politische Praxis als Basis einer wissenschaftlichen Bemühung zur theoretischen Stützung dieser Praxis wäre dann auch überflüssig. Gesellschaftliche Spannungen, die ihren Ursprung erfahrungsgemäß gerade im Konflikt zwischen individuellen Vorstellungen und gesellschaftlichen Forderungen haben, wären ebenfalls gar nicht thematisierbar - wie überhaupt nur schwer zu sehen ist, wo unter dem Dogma des "methodologischen Individualismus" der Wirtschaftspolitik viel Raum gegeben werden kann.

Um Mißverständnissen vorzubeugen, sei hervorgehoben, daß natürlich nicht behauptet werden soll, ökonomische Gründe (z.B. die "Transaktionskosten") sollten bei der Gestaltung von Institutionen keine Rolle spielen; zu kritisieren ist nur die These der Theorie der Verfügungsrechte, diesen Gründen käme ein besonderes Gewicht zu oder sie seien gar die einzigen und würden im Gang der Geschichte die ausschlaggebende Rolle spielen.[362] Auf-

---

361 Die umfassende Analyse dieses Problems von P. Ulrich (Transformation), S. 243 ff., spricht jedenfalls eindeutig gegen diese Auffassung. Gerechtigkeit kann - wie der Frieden - nicht theoretisch bestimmt, sondern muß praktisch hergestellt werden. Ähnlich steht Buchanan (Freedom),S. 94 f. und S. 137 ff., für die Einsicht, daß die *tatsächliche* Zustimmung der Betroffenen für die Legitimation einer konkreten Ordnung (im Gegensatz zu theoretischen Argumentationen über einen hypothetischen Kontrakt) erforderlich ist. Bei Buchanan wird allerdings die Faktizität der Zustimmung nicht in Richtung einer "regulativen Idee" kommunikativer Rationalität transzendiert, die sich an Begründungsleistungen der Betroffenen orientiert.

362 Vgl. Kötter (ökonomische Realität), S. 54, sowie Steinmann/Gerum (Mitbestimmung), S. 92 ff. Zur Kritik der Transaktionskostentheorie siehe auch grundlegend Schneider (Unhaltbarkeit), S. 1237 ff., sowie ders. (Erklärung), S. 41 ff.

schluß über das politisch Vernünftige kann jedoch erst die ethisch-politische Abwägung aller Gründe für die Gestaltung von Institutionen geben, natürlich inklusive der Rolle der Transaktionskosten und unter Beachtung der historischen Ausgangsbedingungen.[363] Erst wenn man so vorgeht, ist das Primat der Politik (der praktischen Vernunft) vor der Wirtschaft (der technischen Vernunft) durchgehalten.

Wie dieses Primat freilich in der konkreten Wettbewerbssituation vom Unternehmer im Hinblick auf seine republikanische Verantwortung wahrgenommen werden kann, das läßt sich dann nicht noch einmal theoretisch vorweg bestimmen, etwa im Sinne von generellen Entscheidungsregeln. Nur angesichts der kontingenten Umstände des Einzelfalles läßt sich entscheiden, ob unternehmensethische Verantwortung tatsächlich "im Alleingang" ausgeübt werden kann, wie es manche Unternehmen etwa im Bereich der Ökologie schon tun, oder ob wettbewerbsneutrale Revisionen der bisherigen Spielregeln auf übergeordneter Ebene angemahnt werden müssen. Welche Bedingungen hier auch vorherrschen mögen, in jedem Falle steht dem Entscheidungsträger eine unternehmensethische Handlungsoption offen. Auch dort, wo keine Handlungsspielräume für den **"Alleingang"** bestehen, bleibt als Alternative immer noch die Aufforderung, **gemeinsame** Verbesserungen der Situation (mit) zu initiieren ("ethical displacement"). Dieser Kern des republikanischen Verständnisses der Unternehmerrolle kann nicht **theoretisch** unter Hinweis auf mangelnde Handlungsspielräume so verkürzt werden, daß das Unternehmen aus der unmittelbaren (Mit-)Verantwortung für ethische Probleme entlassen wird und Moral ausschließlich indirekt über die Rahmenordnung zur Geltung gebracht werden soll. Diese theoretische

---

363   Zu einem umfassenden dynamischen Handlungsmodell in dem hier intendierten Sinne vgl. neuerdings Peters (Integration), S. 77 ff.

Verkürzung würde verkennen, daß ethische Probleme unmittelbar **praktisch** sind und deshalb auch nur praktisch gelöst werden können.

3. Unternehmensethik und Soziologie

Wer im Zusammenhang mit unserem Thema den Blick auf die Soziologie richtet, wird von dort eigentlich immer nur etwas über "Moral" erfahren können. Das hat damit zu tun, daß die Soziologie als **Erfahrungswissenschaft** es mit der Beschreibung und Erklärung von sozialen Strukturen zu tun hat, nicht mit deren zielgerichteter Verbesserung.[364] Diese gestaltende Veränderung der Sozialstrukturen anzuleiten wäre nach klassischem Verständnis eine Aufgabe der (Sozial-)Politik. Gleichwohl hat sich in den letzten Jahren eine Auseinandersetzung zwischen den beiden dominierenden soziologischen Schulen, der Systemtheorie und der Handlungstheorie, entwickelt, in der auch implizit oder explizit zu den normativen Grundlagen einer Wirtschafts- und Unternehmensethik Stellung genommen worden ist.

Im Kern geht es dabei um die Frage, ob auch angesichts der Komplexität gesellschaftlicher (und hier speziell ökonomischer) Steuerungsprobleme eine kommunikative Verständigung über die Legitimationsgrundlagen für das Gesamtsystem "Wirtschaft" bzw. - innerhalb der Wirtschaft - für das Teilsystem "Unternehmung" noch möglich ist oder nicht. Die Unterschiede in den Antworten der Kontrahenten wurzeln bekanntlich - wie immer bei derartig weitreichenden Auseinandersetzungen - im Anfang der Theorie-

---

364 So neuerdings auch wieder mit explizitem Blick auf die Wirtschaftsethik Luhmann (Wirtschaftsethik), S. 134.

bildung:[365] **Habermas** beginnt in der Lebenswelt und nimmt an, daß dort ein verständigungsorientiertes Handeln (Herstellung eines gemeinsam geteilten Sinnes) noch möglich ist und zur Verhinderung einer weiterschreitenden Kolonialisierung der Lebenswelt durch das (ökonomische) System diesem entgegengesetzt werden muß.[366]

Für **Luhmann** dagegen besteht die Gesellschaft aus schon ausdifferenzierten Systemen, bei denen jeder Versuch einer normativen Gestaltung von außen aufgegeben werden muß.[367] Die Ausdifferenzierung der Gesellschaft unterliegt - so gesehen - keiner ethisch-politischen Kontrolle mehr. Es kann nur noch darum gehen, als distanzierter Beobachter systemischer Prozesse eine theoretische Analyse der vorgefundenen Ausdifferenzierung der Gesellschaft zu entwickeln. Dabei wird der Basisbegriff, das System, als "Innen-/Außen-Differenz" von System und Umwelt thematisiert. Diese Differenz entsteht durch Reduktion von Umweltkomplexität und dem daran anschließenden Versuch des Systems, eine sinnvolle Binnendifferenzierung aufzubauen. Solange es dem System gelingt, über das **Selektionskriterium "Sinn"** die Differenz zur Umwelt aufrecht zu erhalten und die eigene (reduzierte) Binnenkomplexität umweltadäquat fortzuentwickeln, ist sein Bestand gewährleistet.

Das Wort "Sinn" erhält hier also eine funktionale Bedeutung und kann deshalb nicht mehr originär ethisch-normativ wie in der Handlungstheorie gefaßt werden. Damit ist aber auch die Wirtschafts- und Unternehmensethik letztlich aus dem Gedankengebäude der Systemtheorie eliminiert.[368] Da das System "Wirtschaft" dem Code "Zahlung/Nichtzahlung" gehorcht, können seine Teil-

---

365   Vgl. dazu insbes. Gabriel (Organisationsgesellschaft), S. 191 ff.
366   Vgl. Habermas (Theorie).
367   Vgl. Luhmann (Soziale Systeme).
368   Vgl. Luhmann (Wirtschaftsethik), S. 134 ff.

systeme, die Unternehmungen und deren Subsysteme, die Umweltprobleme nur noch nach diesem Code wahrnehmen und codespezifisch reagieren. "Die Resonanz auf Umweltgegebenheiten und Umweltereignisse wird dann (bei Internalisierung von Umwelt über Mengen- und Nutzenkalküle, d.Verf.) durch Preise und durch Einfluß auf Preise geregelt. Preise sind einerseits ein kritisches Instrument zur Entdeckung von Umweltchancen. Wenn Preise steigen, ergeben sich dadurch Chancen der Produktionssteigerung, eingeschlossen Extraktion von Material und Energie aus der Umwelt. Wenn Preise fallen, stellt man Tätigkeiten ein, die sich nicht mehr rentieren. Geringe Vorteile stimulieren gleichwohl die Produktion, und zwar auch bei entfernten, vom Markt nicht wahrgenommenen Risiken katastrophaler Folgen; **und selbst wenn es eine Unternehmensverantwortung für solche Folgen gäbe, wäre es ökonomisch rational, sie außer acht zu lassen."**[369] Eine Unternehmensethik, noch dazu wenn sie dialogisch gedacht wird, kann es im Rahmen der Systemtheorie also nicht geben. Das kommt denn auch implizit in der Begrifflichkeit dieser Theorie zum Ausdruck, insbesondere natürlich im Begriff der "Kommunikation". Sie kann jedenfalls nicht als Kommunikation über rationale Gestaltung von Systemen, als wechselseitiger Austausch von Begründungsleistungen zur Herstellung von Konsens, begriffen werden.[370]

Genau diese Kommunikation muß aber Habermas beanspruchen, wenn er den Vorrang der über Verständigungsleistungen laufenden Sozialintegration vor der (von ihm ja als notwendig konzedierten) Systemintegration über bestimmte Steuerungsmechanismen aufrecht erhalten will. Die über Geld (Wirtschaft) oder Macht (Staat) integrierten Subsysteme bleiben über die Grundlagen des privaten

---

369   Luhmann (Kommunikation), S. 115 (Hervorhebung nicht im Original).
370   Vgl. Luhmann (Soziale Systeme), S. 237.

und des öffentlichen Rechts im normativen Kontext der Lebenswelt und ihres Funktionszusammenhanges von kultureller Reproduktion, sozialer Integration und Sozialisation verwurzelt. Darin finde, wie man empirisch zeigen könne, die "Systemautonomie" solcher Handlungsbereiche ihre Grenze.[371] Dank dieser anderen Ausgangsposition mag für Habermas ein auf der Ebene der **Gesamtwirtschaft** angesiedelter Konsens über Fragen der "Wirtschaftsethik" noch erzielbar sein. Wirtschaftsethik würde hier - wie das Recht - mittelbar integrierend wirken, nämlich insoweit, wie sich neben der rechtlichen auch die ethisch begründete Institutionalisierung der Steuerungsmedien (Geld, Macht) an normative Kontexte der Lebenswelt **anschließen** muß.[372] Man denke etwa an freiwillig vereinbarte Branchenkodizes für den Umweltschutz in großen Wirtschaftsbereichen, wie etwa der chemischen Industrie.

Anders verhält es sich dagegen, wenn es um das Subsystem **"Unternehmung"** geht. Ihm gegenüber greift nach Ansicht von Habermas das Medium "Geld", gemäß dem das System Wirtschaft codiert ist; deshalb ist eine Unternehmensethik zur Wirkungslosigkeit verurteilt. Der Systemimperativ greift gleichsam durch die Handlungsintentionen der Organisationsmitglieder hindurch und **erzwingt** ein erfolgsstrategisches (statt verständigungsorientiertes bzw. kommunikatives) Handeln. In Wirtschaftsbetrieben werde zwar auch normativ eingebettetes kommunikatives Handeln in Anspruch genommen; gleichwohl herrsche hier eine "normfreie Sozialität" insofern, "daß sich die Integration dieser Handlungssysteme **letztlich** nicht auf die sozialintegrativen Leistungen der von ihnen beanspruchten kommunikativen Handlungen und ihres lebensweltlichen Hintergrundes stützt. Nicht illokutionäre Bindungskräfte, sondern Steuerungsmedien halten das ökono-

---

371   So Habermas (Entgegnung), S. 404, FN 89.
372   Vgl. dazu ebd., S. 386.

mische ... Handlungssystem zusammen."[373] Das zeige sich unter anderem daran, daß diese Handlungsbereiche (in ihrer Gesamtheit) rechtlich **konstituiert** und nicht nur in ihrer kommunikativen Binnenstruktur rechtlich **überformt** seien; der Normalfall des Handelns stehe hier immer unter dem Vorbehalt des Rekurses auf eine vorgängige formale Regelung, gleichgültig, ob es sich nun um die privatrechtliche Regelung, des "Verkehrs der Warenbesitzer" (z.B. Gesellschaftsrecht, d. Verf.) oder um die kompetenzförmige Regelung des internen Verkehrs der Organisationsmitglieder handele.[374]

Sicherlich bedarf diese These im Lichte der oben vorgetragenen betriebswirtschaftlichen Argumente zum Verhältnis von effizienz-orientierten und ethisch sensiblen Organisationsstrukturen[375] noch der kritischen Prüfung. Gleichwohl ist festzuhalten, daß bis dato auch aus Sicht der Handlungstheorie kein Platz zu sein scheint für eine Unternehmensethik, die unternehmerische Entscheidungs-prozesse und deren Resultate gleichsam **intern** modifiziert.

Dieses Ergebnis deckt sich auch mit skeptischen Äußerungen von Habermas zur internen Wirksamkeit von Arbeiterselbstverwal-tungsmodellen im Kapitalismus.[376] Gleichwohl modifiziert sich der bisherige Befund, wenn man den weiteren Gedanken von Habermas aufgreift, daß neben Macht und Geld die **"Solidarität"** eine dritte Ressource sei, die es einer Gesellschaft ermögliche, ihren Bedarf an Steuerungsleistungen zu befriedigen.[377] Wenn es gelänge, so läßt sich die vage Vision von Habermas interpretieren, die sozialintegrative Kraft der Solidarität **von außen** gegen die

---

373   Ebd., S. 386.

374   Vgl. ebd., S. 386.

375   Vgl. oben S. 155 ff.

376   Vgl. Habermas (Krise) S. 156.

377   Vgl. ebd., S. 158.

"Macht des Geldes" in der Wirtschaft zur Geltung zu bringen, könnte sich eine erste Chance für die Durchsetzung ethischer Überlegungen auf Unternehmensebene ergeben. In diesem Sinne ließen sich etwa Solidaritätsaktionen von (spontanen) Aktions- oder Basisgruppen als Einflußversuche von außen gegen das System deuten. Allerdings würde auch für eine Unternehmensethik im hier vorgeschlagenen Sinne alles davon abhängen, ob die Ressource "Solidarität" Wirksamkeit nicht nur auf der Ebene des Gesamtsystems der Wirtschaft beanspruchen könnte, sondern auch auf der Ebene der Unternehmung effizient werden kann (indem die Unternehmensführung gleichsam unter Argumentationszwang und Handlungsdruck gesetzt wird, etwa zur Nutzung von Handlungsspielräumen oder zum "ethical displacement"). Resümierend muß man also eher skeptisch eingestellt sein, was den Beitrag der Soziologie zur Fundierung einer Unternehmensethik mit der Unternehmung als einem eigenständigen ethischen Aktor anbetrifft.

4. Zur systemtheoretischen Konjunktur im Recht

Diese hier nur angedeuteten Schwierigkeiten spiegeln sich auch in Versuchen wider, die Systemtheorie für das Recht fruchtbar zu machen.[378]

Neuere rechtssoziologische Untersuchungen unterscheiden eine Entwicklungslinie des Rechts, die vom formalen Recht über die Materialisierung des Rechts hin zur sogenannten **reflexiven Rationalität** des Rechts gehen soll. Das wirtschaftlich relevante bürgerliche Recht, wie es in den großen Kodifikationen des 19. Jahrhunderts seinen Niederschlag gefunden hat, sei zunächst rein

---

378   Vgl. Teubner (Recht), ders. (Elements), Teubner/Willke (Selbststeuerung) und Willke (Guidance).

formal gewesen und habe sich auf wenige, oft noch dazu dispositive Vorschriften beschränkt. In diesen Vorschriften seien für die Marktteilnehmer im wesentlichen nur formale Positionen mit ihren Rechten und Pflichten umrissen worden (z.B. als Käufer und Verkäufer), ohne in irgendeiner Weise inhaltliche Regelungen des Austauschprozesses vorzustrukturieren. Der vordringende Sozialstaatsgedanke habe dann zu einer immer stärkeren **materiellen** Verrechtlichung von Wirtschaft und Gesellschaft geführt. Diese Materialisierung (und die mit ihr einhergehende Bürokratisierung) habe eine Einschränkung der Effektivität des materiellen Rechts bewirkt, die vor allem in seiner mangelnden Kontrollkapazität für komplexe Systeme begründet sei. In diesem Zusammenhang wurde und wird immer wieder auf die auch von uns schon angesprochenen "strukturellen Grenzen" der Steuerungskapazität von materiellen Rechtsregelungen in hochentwickelten arbeitsteiligen Volkswirtschaften hingewiesen.[379]

Für eine Entbürokratisierung sei deshalb eine Entlastung des Rechtssystems durch **reflexive** Regelungen dringend erforderlich. Diese hätten die Aufgabe, "integrative Mechanismen für Verfahren und Organisation innerhalb der Teilsysteme selbst bereitzustellen, ihnen einen Modus der Selbststeuerung zu ermöglichen, der ihre Eigendynamik respektiert, ihnen aber jene gesellschaftlichen Restriktionen auferlegt, die aus den Bedingungen des Zusammenspiels aller Teile als Kontextregeln für jedes einzelne Teil folgen sollen".[380] In der Wirtschaft würde das etwa den Versuch zur Steuerung allein durch monetäre Anreize bedeuten; gesamtgesellschaftliche Rationalitäten ökonomischen Handelns lassen sich nur

---

379   Vgl. oben S. 115 f.
380   Teubner/Willke (Selbststeuerung), S. 4.

über die Sprache, die die Wirtschaft versteht, in die Subsysteme der Wirtschaft integrieren. Diese Sprache sind Preise.[381]

Die Schwierigkeit mit dieser Argumentation liegt wohl darin, daß hier einerseits eine autonome Systemevolution gedacht wird, die eigentlich nicht mehr von einem zentralen Aktor beherrscht werden kann, gleichwohl aber immer noch an dem Gedanken festgehalten wird, daß Rechtspolitik doch wirksam von einem zentralen Aktor, nämlich dem Gesetzgeber, betreibbar ist.[382] Der Gesetzgeber hat schlußendlich doch noch einen gewissen Gesamtüberblick über die Ausdifferenzierung der Teile und weiß noch, wo und wie er ansetzen muß, um die Teile im Interesse des Ganzen zwar nicht material, aber reflexiv zu steuern. Hier tut sich methodisch eine Aporie auf, die man nur auflösen kann, indem man entweder den Primat der Systemtheorie aufgibt und diese der Handlungstheorie nachordnet oder umgekehrt die Vorstellung einer einheitlichen Steuerungsmöglichkeit der Gesellschaft überhaupt fallen läßt. Vom Standpunkt einer Wirtschaftsethik aus müßte die erste Position eingenommen werden: Man müßte an der Vorstellung festhalten, daß es noch möglich ist, in diskursiven Verständigungsprozessen der praktischen Vernunft Geltung zu verschaffen und die institutionelle Gestaltung der Gesellschaft Legitimitätsanforderungen zu unterwerfen - auch und gerade durch die Rechtspolitik.[383] Die Unternehmung würde in diesem Konzept - dies allerdings gegen die obige Position von Habermas - dann auch noch eine wichtige Rolle spielen, indem sie autonome Anstöße für diskursive Prozesse

---

381   Vgl. Willke (Kontextsteuerung), S. 170; kritischer dazu aber Luhmann (Kommunikation), S. 116 ff.

382   Vgl. dazu auch die Diskussionen im Anschluß an die Vorschläge von Teubner und Willke in der Zeitschrift für Rechtssoziologie in den Jahrgängen 1984 und 1985. Teubner/Willke (Selbststeuerung), Luhmann (Probleme), Münch (Systemtheorie), Nahamowitz (Ideal).

383   Zu handlungstheoretischen Vorbehalten gegen systemtheoretische Rechtskonzeptionen vgl. auch Gröschner (Vorbehalte).

(auf betrieblicher und überbetrieblicher Ebene) über konfliktträchtige Bereiche der Unternehmensstrategie selbst gibt.

5. Ökologie und Unternehmensethik

In der aktuellen Diskussion um die Verantwortung der Unternehmensführung werden zwei Themenbereiche relativ isoliert nebeneinander behandelt, von denen man eigentlich eine engere Verknüpfung erwarten sollte: die ökologische und die ethische Herausforderung.[384] Die Differenzen zwischen beiden Ansätzen werden besonders auf der praktischen Ebene des unternehmerischen Handelns offenbar. Während man einer Unternehmensethik noch mehr oder weniger skeptisch gegenübersteht, ist man mit recht großem Engagement dabei, ökologische Forderungen in die Unternehmensstrategie und das praktische unternehmerische Handeln zu integrieren.[385] Eine vordergründige Erklärung für diese relative Konjunktur der Ökologie könnte darin liegen, daß sie sich im Alltag sehr viel aufdringlicher bemerkbar macht und konkrete Lösungen gegenständlicher faßbar sind: Das getrennte Sammeln von Problemmüll liefert eben direktere positive Erfahrungen als eine Reflektion über Gerechtigkeit.

---

384 Vgl. zum Diskussionsstand über eine ökologische Orientierung der Unternehmensführung insbesondere die Beiträge in Freimann (Herausforderung), Herms (Wirtschaftsethik), Bd. VII, Kreikebaum (Umweltschutz), Pfriem (Unternehmenspolitik), Seifert/Pfriem (Wirtschaftsethik), sowie Seidel/Menn (Betriebswirtschaft), Kreikebaum (Unternehmensplanung), Stahlmann (Fundierung), Stützel (Ethik); grundlegend zum Problemkreis der "ökologischen Ethik" vgl. Birnbacher (Ökologie).

385 Vgl. etwa einen entsprechenden Bericht des Umweltbundesamtes (Unternehmensführung); Winter (Unternehmen), ein Handbuch, das in der 5. Auflage bereits auf 600 Seiten Umfang angewachsen ist; die laufend aktualisierte Loseblattsammlung vom Bundesverband Junger Unternehmer (Umweltschutzberater); sowie Steger (Umweltmanagement).

Dieser vordergründige Unterschied zwischen Ökologie und Unternehmensethik löst sich aber schnell auf, wenn man den theoretischen Begründungen für ökologische Konzeptionen genauer nachgeht. In Anlehnung an Birnbacher kann man hier drei Leitvorstellungen eines ökologisch angemessenen Umganges mit der Natur unterscheiden, die in der gegenwärtigen Diskussion von Bedeutung sind: die Leitvorstellung der "Ehrfurcht vor dem Leben", die des "Bebauens und Bewahrens" und die der "Partnerschaft mit der Natur".[386]

Die Forderung nach einer **"Ehrfurcht vor dem Leben"** in allen seinen Erscheinungsformen geht auf Albert Schweitzer zurück und führt als rigoroses umweltethisches Prinzip zu einem starken Konservativismus, der eine Reihe nur schwer zu akzeptierender Konsequenzen nach sich zieht (ausnahmslose Verurteilung der Bevölkerungskontrolle, der nicht-vegetarischen Ernährung, des Einsatzes von Insektiziden und Herbiziden, usw.). Obgleich diese fundamentalökologische Position in neueren Ansätzen etwas relativiert wurde, blieb es als grundsätzliche Orientierungsregel doch bei der Idee, vor jeglichem Handeln gleichsam einen Unbedenklichkeitsnachweis einzufordern.

Das Modell des **"Bebauens und Bewahrens"** entstammt dem religiösen Denken und ist insbesondere im christlichen Weltbild verwurzelt.[387] Der Mensch als ebenbildlicher Stellvertreter Gottes erhält die Welt zu treuen Händen übergeben mit dem Auftrag, den anvertrauten Besitz ebenso zu verwalten, wie Gott es selbst tun würde: "Macht Euch die Erde untertan!" (Gen. 1,28). Richtig verstanden liegt hierin eine "nicht-despotische" Lesart des Herrschaftsauftrages im Gegensatz zu der zuweilen bevorzugten

---

386 Vgl. zum folgenden Birnbacher (Ethik).
387 Vgl. z.B. Kreikebaum (Umweltethik), S. 203 ff., und ders. (Kehrtwende).

"despotischen" Lesart im Sinne einer Ermächtigung des Menschen zur totalen ausbeuterischen Machtergreifung über die Natur.[388] Die Philosophie des "Bebauens und Bewahrens" fordert den Menschen im Gegensatz zur bloßen Ehrfurcht vor der Natur allerdings durchaus dazu auf, Eingriffe in die Natur vorzunehmen, diese aber so zu gestalten, daß die Natur nicht nur erhalten, sondern zur Realisierung ihrer produktiven und ästhetischen Potentiale gebracht wird.[389]

Das dritte Denkmodell sieht den Menschen in einer **"partnerschaftlichen Beziehung"** zur Natur. In ihrer Extremform wird diese Partnerschaft - insbesondere in systemökologischen Konzeptionen - als eine **symmetrische** Beziehung gedacht: der Mensch ist Teil der Natur und alle Eingriffe in die Natur ziehen Folgen nach sich, die wieder auf den Menschen zurückfallen. Während der Mensch nach dem christlichen Vorbild aus den natürlichen Kreisläufen quasi herauszutreten vermag - er ist ja nur Gast auf dieser Welt mit dem Auftrag, sie zur Entfaltung zu bringen -, weisen die neueren säkularisierten Ansätze des Partnerschaftsmodells eindringlich auf das unhintergehbare, gegenseitige Aufeinanderangewiesensein von Mensch und Natur hin: Wir sind nur von dieser Welt und müssen uns ihren (Evolutions-)Bedingungen anpassen, um zu überleben. Mit der Natur pfleglich umzugehen, ist also die unausweichliche Forderung und liegt immer im wohlverstandenen Interesse des Menschen selbst. Eine weniger radikale Version des Partnerschaftsmodells geht dagegen von einer **asymmetrischen** Beziehung zwischen Mensch und Natur aus, betont also das **Potential** des Menschen zur verantwortlichen (Um-) Gestaltung der Natur. Das Leitmotiv dieser Ansätze ist dementsprechend eine "zielgerichtete Evolution".

---

388   Vgl. dazu kritisch Amery (Vorsehung) und White (Ursachen).
389   Vgl. Kreikebaum (Umweltethik), S. 207.

Ersichtlich geben diese drei skizzierten Positionen unterschiedliche Antworten auf die Frage, **warum** und in **welcher Weise** ein Unternehmen umweltverantwortlich handeln sollte. Dabei scheint es so zu sein, daß die Vorstellung einer unauflöslichen **Einbindung** des Menschen in das System der Naturkreisläufe gegenwärtig eine besondere Anziehungs- und Überzeugungskraft entfaltet. Unter Bezug auf gewisse systemtheoretische Überlegungen versucht man dabei zu zeigen, daß Ökonomie und Ökologie nicht im Widerspruch zueinander stehen (müssen). Im Gegenteil: Eine ökologisch orientierte Unternehmensführung stellt sich als Gebot der **ökonomisch-strategischen** Vernunft im Sinn des langfristigen eigenen Überlebens dar. Wo die natürlichen Ressourcen für das Wirtschaften verbraucht oder zerstört werden, läßt sich nämlich auf Dauer kein ökonomischer Erfolg mehr erzielen.

Der Hinweis auf die Einbindung des Menschen in die Natur mag zwar durchaus zutreffend sein, legt in seiner systemtheoretischen Überformung aber die Gefahr nahe, eine ethische Begründung für das unternehmerische Handeln systematisch zu verfehlen. Eine vorgeblich ökologische Verantwortung der Unternehmensführung wäre weniger als eigenständiger Ausdruck einer ethischen Überzeugung denn als schlichtes ökonomisches Kalkül zu verstehen. Umweltschutz "zahlt sich aus" - ihn nicht zu praktizieren, führt zur allmählichen Erosion der menschlichen Handlungsgrundlagen.

Die Forderung nach ökologischem Handeln in diesem Sinne auf eine ökonomisch "leistbare Verantwortung" zu reduzieren, mag vielleicht in der Unternehmenspraxis für eine rasche Akzeptanz von

Umweltschutzforderungen sorgen,[390] entspricht aber noch nicht der Grundintention einer "ökologischen Ethik". Radikale Positionen gehen dort ja sogar soweit, der Natur ein **"Recht an sich"** zuzuschreiben, das dem menschlichen Handeln überaus restriktive Grenzen setzt. Aus dieser Perspektive bliebe jedes anders interpretierte Verhältnis des Menschen zur Natur notwendigerweise "anthropozentrisch verkürzt", würde also den Interessen des Menschen ungerechtfertigterweise eine Vorrangstellung vor den anderen Erscheinungen der Natur (Tiere, Pflanzen, unbelebte Materie) einräumen.[391]

Gegen derartige Radikalisierungen der Konzeption einer ökologischen Ethik ist aber daran festzuhalten, daß Fragen des Umgangs mit der Natur **unausweichlich** in einem **anthropozentrischen** Sinne thematisiert werden müssen. Jeder Versuch, eine Umweltethik überhaupt zu formulieren, ist schon vom ersten Ansatz her - will man metaphysische Positionen vermeiden - eine menschliche Konstruktionsleistung, insbesondere was die sprachlichen Unterscheidungen anbetrifft, die man zur Erschließung der Welt verwendet. Das wird spätestens in dem Augenblick deutlich, wo über die Triftigkeit der drei referierten ökologischen Standpunkte befunden werden soll. In diesem Augenblick sind nämlich Begründungsleistungen zu erbringen, d.h. die Verfechter jeder dieser Positionen müssen nachvollziehbare Gründe dafür vortragen, warum gerade ihre Position übernommen werden sollte.

---

390 Vgl. zu diesem Argument etwa Steger (Umweltmanagement), S. 37 ff., insbes. S. 50. Der Vorschlag einer freiwilligen Selbstbindung im Sinne der dialogischen Unternehmensethik wird dort im übrigen recht brüsk und ohne differenzierte Begründung zurückgewiesen: "Eine zunächst heftig boomende Debatte endete ... ziemlich kläglich und ohne vorweisbare Resultate." Ebd., S. 46.

391 Vgl. in diesem Sinne etwa Meyer-Abich (Frieden). Eine kritische Diskussion der verschiedenen ökologischen Lösungsansätze liefert Strey (Umweltethik).

Damit wird aber wiederum die Ebene der **Dialogethik** als Schiedsinstanz für Konflikte erreicht: um die aufgeworfene Streitfrage zu klären, müssen Argumentationsprozesse - wie sie in unserer Definition der Dialogethik vorgesehen sind - in Gang gebracht werden. Es wird also notwendig, die ökologische Debatte unter dem Gesichtspunkt der Dialogethik aufzuarbeiten: Welche der dort vorgetragenen Positionen sind bloße Behauptungen oder Appelle, und welche lassen sich mit guten Gründen verteidigen? Anders gefragt: Wo liegt der **rationale Kern** der vorgetragenen ökologischen Forderungen?[392]

Nach dieser vernunftethischen Klärung ökologischer Konzepte wäre dann allerdings auch die Frage nach der **Umsetzung** ökologischer Einsichten in die unternehmerische Entscheidungsfindung zu stellen. Im wesentlichen werden drei Ansätze diskutiert. Erstens könnten ökologische Anliegen zunächst als partikulare Interessen verstanden und implementiert werden, etwa im Sinne der Maximalforderung, einen Umweltschützer als "Vormund der Natur" in den Aufsichtsrat zu bestellen.[393] Zweitens gibt es im Konzept des "Sustainable Development" den Vorschlag, ökologische Anliegen als gleichberechtigtes Ziel in der Unternehmensführung zu verankern.[394] Drittens schließlich können ökologische Interessen als (unhintergehbare) Nebenbedingungen unternehmerischer Entscheidungen formuliert werden, die in gesetzlichen oder freiwillig kodifizierten Standards zum Ausdruck kommen.

---

392 Um eine Antwort auf diese Frage bemühen sich u.a. Wagner (Ökologische Umwelt), ders. ("Unternehmensethik"), Stitzel (Ethik) und ders. (Ökologie), sowie Nutzinger (Umweltproblematik).

393 Vgl. Stone (Umwelt).

394 So in der Version von Schmidheiny und dem Business Council for Sustainable Development (Changing), die Ökologie, Entwicklung und Ökonomie als Eckpfeiler der Unternehmenspolitik verankert sehen wollen.

IX. Schlußbetrachtung:
Inhaltliche versus formale Aspekte der Unternehmensethik

Der eine oder andere, der sich die Mühe gemacht hat, unserem Gedankengang von Anfang bis zum Ende zu folgen, wird sich nun vielleicht die Frage stellen: "Eine bloß formale Dialogethik - soll das alles gewesen sein?" Wo bleiben denn die Hinweise darauf, was ich hier und heute tun soll? Woran soll ich unterscheiden, was Gut und Böse ist? Diese Fragen sind verständlich; sogar betriebswirtschaftliche Hochschullehrer fragen ja ungeduldig (bei uns) an, welche unternehmerischen Tätigkeiten denn nun konkret ethisch bedenklich seien.[395] Angesichts der "Inhaltslosigkeit" der Dialogethik wird deren praktische Relevanz gelegentlich sogar rundum bestritten: das Prinzip sei zwar formal elegant, in Anbetracht der dringend zu lösenden Probleme praktisch jedoch belanglos. Man spricht in diesem Zusammenhang sogar vom "Absturz" der Dialogethik: ihre theoretische Stärke werde mit ihrer praktischen Schwäche erkauft.[396]

Mit solchen Anfragen und einer derartigen Kritik erwartet man allerdings von der Unternehmensethik mehr als sie bieten kann. Man erhofft sich Auskünfte darüber, **was** ethisch bedenklich sei - und will sich nicht mit einer "bloß" formalen Antwort in Gestalt unseres Vorschlages zufriedengeben, **wie** man in bestimmten Konfliktsituationen zu friedensstiftenden Lösungen kommen kann. Forderungen nach einer konkreten Hilfestellung für **bestimmte** Handlungssituationen - möglichst sogar in Form von Check-Listen - übersehen jedoch zweierlei: die beschränkte Kompetenz der

---

395   Vgl. Schneider (Kritik), S. 539.
396   Vgl. Reese-Schäfer (Habermas), S. 54 ff.

Wissenschaft und die beschränkte Regelungskapazität inhaltlicher Normen.

Einerseits ist in jedem Einzelfalle eine subtile Kenntnis der Handlungssituation notwendig, um konkret herausfinden zu können, was in dieser Situation zu tun ethisch geboten ist. Eine solche intime Kenntnis der Details haben jedoch nur die Betroffenen selber. Ihnen ist es deshalb aufgegeben, nach gerechten Lösungen für den Konfliktfall selbst zu suchen. Alles andere wäre eine unzulässige Anmaßung an Kompetenz von Seiten der Wissenschaft. Überdies muß die Einsicht in die Richtigkeit einer normativen Orientierung aber ohnehin allein von den Betroffenen gewonnen werden, weil ohne sie ja eine friedliche Konfliktlösung (per definitionem des Friedens) nicht möglich ist.

Andererseits kann eine inhaltliche Ethik, selbst wenn sie begründet werden könnte, konzeptionell nicht hinreichend sein, weil sie in spezifischen Handlungssituationen keine Antwort auf die Frage bereithält, **welche** konkrete Norm denn nun angewendet werden soll. Diese Frage scheint zwar vordergründig problemlos zu sein; jeder wird beispielsweise zustimmen, daß man niemals lügen soll. Bei genauerer Betrachtung stellt sich jedoch das konzeptionelle Problem, wie **konkurrierende** Normen gegeneinander abzuwägen sind: darf man lügen, um einem unschuldig Verfolgten das Leben zu retten? Hier hilft ein bloßer Katalog inhaltlicher Normen nicht viel weiter. Man muß sich in der Praxis auf die Suche nach guten Gründen für eine bestimmte Norm machen. Dann stößt man aber wieder auf die Frage nach dem Verfahren, **wie** man solche Gründe finden kann; diese Frage zielt auf eine prozessuale und nicht auf eine inhaltliche Antwort.

Derartige Fragen (und Antworten) sollten eigentlich einem Betriebswirt nicht fremd sein, hat er es doch sehr häufig mit Prozeßwissen zu tun. Erinnert sei nur an die strategische Unternehmensplanung. Die Betriebswirtschaftslehre stellt hierfür ein Wissen bereit, **wie** man zu bestimmten strategischen Plänen kommen kann, ohne diese vorweg schon zu kennen. Wie sollten inhaltliche Vorschläge auch möglich sein, ohne vorher ganz genau die gegebene strategische Situation daraufhin zu analysieren, wo dauerhafte strategische Wettbewerbsvorteile liegen könnten? Die Lehrbücher zur Unternehmensstrategie stellen deshalb ein **analytisches Prozeßwissen** zur Verfügung, etwa in Form der Porterschen Wettbewerbsanalyse,[397] und gehen nur exemplarisch (nämlich soweit es für Erläuterungszwecke notwendig ist) auf empirisches Wissen in Form von **Einzelfallbeispielen** ein. Diese Vorgehensweise ist nicht beliebig, sondern von der Sache her geboten. Genauso verhält es sich mit der Unternehmensethik.

Umgekehrt darf natürlich die Einsicht, daß eine Unternehmensethik von ihrem konzeptionellen Ausgangspunkt her formalen Charakter haben muß, aber auch nicht in dem Sinne gröblich mißverstanden werden, daß es nun um das (irrealistische) Unterfangen einer Infragestellung des gesamten Normenbestandes einer Gesellschaft ginge. Man wird im Gegenteil immer - auch in einer post-traditionalen Gesellschaft - auf einen gewissen Bestand an inhaltlichen normativen Orientierungen zurückgreifen können, der für die Handlungskoordination fraglos (und oft unbewußt) in Anspruch genommen wird, ohne daß dadurch besondere Konflikte aufgeworfen würden. Erst dort, wo (gravierende) Konflikte auftreten, muß man sich um Frieden durch argumentative Verständigung bemühen. Deshalb ist die dialoggestützte Friedenssicherung auch keine Aufforderung zur revolutionären Neugestaltung des gesellschaftlichen Normensystems, sondern ein Versuch zur **schrittweisen Verbesserung der Lebensbedingungen.**

---

397   Vgl. Porter (Wettbewerbsstrategie) und ders. (Wettbewerbsvorteile).

Um welche Themen es bei dieser Verbesserung in unserer heutigen Situation gehen mag, kann man häufig schon der öffentlichen Diskussion entnehmen. In dieser Diskussion zeichnen sich an der einen oder anderen Stelle auch schon einmal "Konsensinseln" ab; und wenn das nicht der Fall ist, so ist man sich doch wenigstens oft darüber einig, daß und wo ein für den (inneren oder äußeren) Frieden wichtiges Problem überhaupt gegeben ist. In der gesellschaftlichen Diskussion lassen sich deshalb häufig auch diejenigen Anfragen an die eigene Unternehmensstrategie finden, die für eine Unternehmensethik in den nächsten Jahren **inhaltlich** relevant werden könnten, etwa:[398]

1. Ist unsere Unternehmensstrategie konsensfähig, was die **Schonung der Umwelt** anbetrifft, oder lassen sich hier Verbesserungen erzielen?

2. Ist unsere Unternehmensstrategie konsensfähig, was die **Gleichberechtigung von Mann und Frau** im Betrieb anbetrifft (gleicher Lohn für gleiche Arbeit, gleiche Aufstiegschancen)?

3. Ist unsere Unternehmensstrategie konsensfähig im Hinblick auf den Konflikt zwischen **Kapital und Arbeit** (Verteilungsfragen, Arbeitsbedingungen, Mitbestimmung)?

4. Ist unsere Unternehmensstrategie konsensfähig, was die angewandte oder intendierte **Technologie** anbetrifft (Risiken für Arbeitnehmer und Gesellschaft)?

---

398   Vgl. dazu auch Lorenzen (Fundierungsprobleme), S. 53.

242

5. Ist unsere Unternehmensstrategie konsensfähig, was die Behandlung **internationaler Konfliktfelder** anbetrifft (Südafrika, Rüstungsexporte, Einsatz nicht vermehrbarer Ressourcen etc.)?

6. Ist unsere Unternehmensstrategie konsensfähig, was ihren Beitrag zur **effizienten Bedarfsdeckung** anbetrifft (effiziente und effektive Strategien)?

Diese wenigen Hinweise sollen und können natürlich keine inhaltlichen Lösungen für das einzelne Unternehmen oder die einzelne Branche vorwegnehmen. Sie sind nur Vermutungen darüber, in welchen Bereichen in Zukunft Verständigungsprozesse zwischen Unternehmung und Gesellschaft immer dringlicher zu werden scheinen, wo also eine Unternehmensethik im Spannungsfeld von ökonomischer Effizienz und Sozialverträglichkeit der Strategien ihre zukünftigen Wirkungsfelder haben kann.

Literaturverzeichnis

Albach, H. (Hrsg.) (Unternehmensethik): Unternehmensethik. Konzepte - Grenzen - Perspektiven, Wiesbaden 1992.

Albert, H. (Erkenntnis): Erkenntnis und Entscheidung, in: ders.: Kritische Vernunft und menschliche Praxis, Stuttgart 1977, S. 65-100.

Albert, H. (Traktat): Traktat über kritische Vernunft, 4. Aufl., Tübingen 1980.

Amelang, M. / Bartussek, D. (Persönlichkeitspsychologie): Differentielle Psychologie und Persönlichkeitsforschung, 3. Aufl. Stuttgart 1990.

Amery, C. (Vorsehung): Das Ende der Vorsehung. Die gnadenlosen Folgen des Christentums, Reinbek 1972.

Apel, K.-O. (Ethik): Weshalb benötigt der Mensch Ethik?, in: Apel, K.-O. / Böhler,D. / Rebel, K. (Hrsg.): Funkkolleg Praktische Philosophie / Ethik, Studientexte, Bd. 1, Weinheim / Basel 1984, S. 13-153.

Apel, K.-O. (Transformation): Transformation der Philosophie, 2 Bde., Frankfurt / M. 1973.

Apel, K.-O. (Verantwortung): Diskurs und Verantwortung. Das Problem des Übergangs zur postkonventionellen Moral, Frankfurt / M. 1988.

Apel, K.-O. (Verantwortungsethik): Diskursethik als Verantwortungsethik und das Problem der ökonomischen Rationalität, in: ders.: Diskurs und Verantwortung. Das Problem des Übergangs zur postkonventionellen Moral, Frankfurt / M. 1988, S. 270-305.

Arbeitsgemeinschaft Selbständiger Unternehmer ASU (Ethik): Ethik der Marktwirtschaft. Positionen und Argumente, Bonn 1990.

Arendt, H. (Eichmann): Eichmann in Jerusalem. Ein Bericht von der Banalität des Bösen, München 1964.

Arni, J.-L. (Umsetzung): Die ethische Grundlage der Wirtschaftsethik und die Umsetzung wirtschaftsethischer Forderungen, in: Wörz, M. / Dingwerth, P. / Öhlschläger, R. (Hrsg.): Moral als Kapital. Perspektiven des Dialogs zwischen Wirtschaft und Ethik, Stuttgart 1990, S. 261-270.

Barney, J.B. (Competition): Types of Competition and the Theory of Strategy: Toward an Integrative Framework, in: Academy of Management Review, Vol. 11 (1986), pp. 791-800.

Baumhart, R. (Businessmen): How Ethical Are Businessmen?, in: Harvard Business Review, Vol. 39 (1961), No. 4, pp. 6-19, cont'd pp. 156-176.

Baxter, G.D. / Rarick, Ch.A. (Education): Education for the Moral Development of Managers: Kohlberg's Stages of Moral Development and Integrative Education, in: Journal of Business Ethics, Vol. 6 (1987), pp. 243-248.

Bayer, H. (Hrsg.) (Führungsethik): Unternehmensführung und Führungsethik, Heidelberg 1985.

Bea, F.X. / Dichtl, E. / Schweitzer, M. (Hrsg) (Betriebswirtschaftslehre): Allgemeine Betriebswirtschaftslehre, Bd. 1: Grundfragen, 6. Aufl., Stuttgart 1992.

Beck, T. / Trümner, R. (Sonderbetriebsverfassung): Sonderbetriebsverfassung bei Risikotechnologien?, in: Arbeit und Recht, Jg. 37 (1989), S. 77-85.

Beck, U. (Gegengifte): Gegengifte. Die organisierte Unverantwortlichkeit, Frankfurt / M. 1988.

Beck, U. (Risikogesellschaft): Risikogesellschaft. Auf dem Weg in eine andere Moderne, Frankfurt / M. 1986.

Becker, G.S. (Behavior): The Economic Approach to Human Behavior, Chicago 1976.

Becker, H. / Fritzsche, D.J. (Attitudes): Business Ethics: A Cross-Cultural Comparison of Manager's Attitudes, in: Journal of Business Ethics, Vol. 6 (1987), pp. 289-295.

Becker, L.C. / Becker, Ch.B. (eds.) (Encyclopedia): Encyclopedia of Ethics, 2 Vol., New York / London 1992.

Becker, W. (Funktionswandel): Der Funktionswandel der Moral. Ist die klassische Ethik noch zeitgemäß?, in: Wissenschaftsmagazin der Frankfurter Universität, Heft 2-3 / 1985, S. 42-52.

Behrens, D. (Grundlagen): Die ökonomischen Grundlagen des Rechts. Politische Ökonomie als rationale Jurisprudenz, Tübingen 1986.

Behrman, J.N. (Ethics): Essays on Ethics in Business and the Professions, Englewood Cliffs 1988.

Bentham, J. (Introduction): An Introduction to the Principles of Morals and Legislation, London 1789.

Berthoin Antal, A. (Responsiveness): Institutionalizing Corporate Social Responsiveness: Lessons Learned from the MIGROS Experience, in: Research in Corporate Social Performance and Policy, Vol. 7 (1985), pp. 229-249.

Bertram, H. (Sozialisation): Moralische Sozialisation, in: Hurrelmann, K. / Ulich, D. (Hrsg.): Handbuch der Sozialisationsforschung, Weinheim / Basel 1980, S. 717-743.

Beyer, H. (Koordination): Interne Koordination und Partizipatives Management, Marburg 1993.

Biedenkopf, K. (Marktwirtschaft): Die gesellschaftliche Verantwortung des Unternehmers in der Marktwirtschaft, in: Gemper, B.B. (Hrsg.): Marktwirtschaft und soziale Verantwortung, Köln / Bonn 1973, S. 142-159.

Bierhoff, H.-W. / Müller, G.F. (Kooperation): Kooperation in Organisationen, in: Zeitschrift für Arbeits- und Organisationspsychologie, Jg. 36 (1993), S. 42-51.

Biervert, B. / Held, M. (Hrsg.) (Grundlagen): Ethische Grundlagen der ökonomischen Theorie, Frankfurt / New York 1989.

Biervert, B. / Held, M. (Hrsg.) (Theorie): Ökonomische Theorie und Ethik, Frankfurt / New York 1987.

Birnbacher, D. (Ethik): Ökologie, Ethik und neues Handeln, in: Zur Debatte. Themen der Katholischen Akademie in Bayern, Jg. 18 (1988), Heft 6, S. 16.

Birnbacher, D. (Ökologie): Ökologie und Ethik, Stuttgart 1986.

Blake, R. / Mouton, J.S. (Beyond Preaching): Beyond Preaching: Applying Sound Ethical Reasoning in Business, unpublished paper, Reading / Mass. 1988.

Blake, R. / Mouton, J.S. (Development): Building a Dynamic Corporation Through GRID Organization Development, Reading / Mass. 1969.

Blake, R. / Mouton, J.S. (Grid): The New Managerial Grid, Houston 1964.

Blake, R. / Mouton, J.S. / McCanse, A. (Change): Change by Design, Reading / Mass. 1989.

Bleicher, K. (Zukunft): Die Organisation mit Zukunft, in: IBM-Nachrichten, Jg. 38 (1988), Heft 292, S. 7-13.

Blickle, G. (Argumentationsintegrität): Argumentationsintegrität im Management. Eine psychologische Studie zu einem Leitkonzept der Kommunikation, Heidelberg 1993.

Böhm, H. (Unternehmensführung): Gesellschaftlich verantwortliche Unternehmensführung, Weilheim / Teck 1979.

Borkenau, P. / Ostendorf, F. (Modell): Untersuchungen zum Fünf-Faktoren-Modell der Persönlichkeit und seiner diagnostischen Erfassung, in: Zeitschrift für Differentielle und Diagnostische Psychologie, Jg. 10 (1989), S. 239-251.

Bosetzky, H. / Heinrich, P. (Organisation): Mensch und Organisation, Köln et al. 1980.

Brenner, St.N. / Molander, E.A. (Ethics): Is the Ethics of Business Changing?, in: Harvard Business Review, Vol. 55 (1977), No. 1, pp. 37-71.

Briefs, G. (Grenzmoral): Grenzmoral in der pluralistischen Gesellschaft, in: Beckerath, E. von / Meyer, F.W. / Müller-Armack, A. (Hrsg.): Wirtschaftsfragen der freien Welt, Frankfurt/M. 1957, S. 97-108..

Buchanan, J. (Freedom): Freedom in Constitutional Contract. Perspectives of a Political Economist, College Station / London 1977.

Buchanan, J. / Tullock, G. (Calculus): The Calculus of Consent. Logical Foundations of Constitutional Democracy, Ann Arbor 1962.

Buchanan, J.M. / Vanberg, V. (Creative Process): The Market as a Creative Process, in: Economics and Philosophy, Vol. 7 (1991), pp. 167-186.

Budäus,D. / Gerum, E. / Zimmermann, G. (Hrsg.) (Verfügungsrechte): Betriebswirtschaftslehre und Theorie der Verfügungsrechte, Wiesbaden 1988.

Bundesverband Junger Unternehmer BJU (Hrsg.) (Umweltschutzberater): Umweltschutzberater. Handbuch für wirtschaftliches Umweltmanagement im Unternehmen, Köln 1989.

Burns, T. / Stalker, G.M. (Management): The Management of Innovation, London 1961.

Carroll, A. (Business): Business & Society. Ethics and Stakeholder Management, 2nd ed., Cincinnati / Oh. 1993.

Castro, B. (Report): Business Ethics and Business Education: A Report from a Regional State University, in: Journal of Business Ethics, Vol. 8 (1989), pp. 479-486.

Caves, R.E. (Industrial Organization): Industrial Organization, Corporate Strategy and Structure: A Survey, in: Journal of Economic Literature, Vol 18 (1980), pp. 64-92.

Center for the Study of Values (Report): Report of the Committee for Education in Business Ethics, University of Delaware, Newark 1980.

Christenson, C.J. / Vancil, R.F. / Marshall, P.W. (Economics): Managerial Economics. Text and Cases, rev. ed., Homewood / Ill. 1973.

Conrad, P. / Sydow, J. (Organisationsklima): Organisationsklima, Berlin / New York 1984.

Cornelßen, I. (Moral): Das Kreuz mit der Moral, in: Management Wissen, Heft 8 / 1991, S. 49-52.

Dahm, K.-W. (Ethikvermittlung): Unternehmensbezogene Ethikvermittlung. Literaturbericht: Zur neueren Entwicklung der Wirtschaftsethik, in: Zeitschrift für Evangelische Ethik, Jg. 33 (1989), S. 121-147.

Dawes, R.M. (Social Dilemmas): Social Dilemmas, in: Annuasl Review of Psychology, Vol. 31 (1980), pp. 169-193.

DeGeorge, R.T. (Ethical Analysis): Using the Techniques of Ethical Analysis in Corporate Practice, in: Enderle, G. / Almond, B. / Argandona, A. (eds.): People in Corporations. Ethical Responsibilities and Corporate Effectiveness, Dordrecht et al. 1990, pp. 25-33.

DeGeorge, R.T. (Status): The Status of Business Ethics: Past and Future, in: Steinmann, H. / Löhr, A. (Hrsg.): Unternehmensethik, 2. Aufl., Stuttgart 1991, S. 491-508.

Deal, T. / Kennedy, A. (Cultures): Corporate Cultures. The Rites and Rituals of Corporate Life, Reading / Mass. 1982 (dt.: Unternehmenserfolg durch Unternehmenskultur, Bonn 1987).

Dierkes, M. / Zimmermann, H. (Hrsg.) (Geschäft): Ethik und ✕✕ Geschäft. Dimensionen und Grenzen unternehmerischer Verantwortung, Wiesbaden 1991.

Dobbing, J. (Hrsg.) (Infant Feeding): Infant Feeding. Anatomy of a Controversy 1973-1984, London et al. 1988.

Donaldson, T. / Werhane, P.H. (Hrsg.) (Ethical Issues): Ethical Issues in Business. A Philosophical Approach, 3rd ed., Englewood Cliffs 1988.

Dunfee, T. / Robertson, D. (Curriculum): Integrating Ethics into the Business School Curriculum, in: Journal of Business Ethics, Vol. 7 (1988), pp. 847-859.

Ehmke, H. (Staat): "Staat" und "Gesellschaft" als verfassungstheoretisches Problem, in: Staatsverfassung und Kirchenordnung, Festgabe für Rudolf Smend zum 80. Geburtstag, Tübingen 1962, S. 23 ff.

Eichner, A.S. (Megacorp): The Megacorp and Oligopoly: Micro Foundations of Macro Dynamics, Cambridge 1976.

Eilbirth, H. / Parket, J.R. (Officer): The Corporate Responsibility Officer, in: Business Horizons, Feb. 1973, pp. 45-51.

Elliston, F. / Keenan, J. / Lockhart, P. / van Schaick, J. (Whistleblowing): Whistleblowing Research. Methodological and Moral Issues, New York et al. 1985.

Enderle, G. (Hrsg.) (Ethik): Ethik und Wirtschaftswissenschaft, Berlin 1985.

Enderle, G. (Führungsethik): Zum Zusammenhang von Wirtschaftsethik, Unternehmensethik und Führungsethik, in: Steinmann, H. / Löhr, A. (Hrsg.): Unternehmensethik, 2. Aufl., Stuttgart 1991, S. 173-187.

Enderle, G. (Führungsverantwortung): Führungsverantwortung im Unternehmen - Grundsätzliche Überlegungen zu einem zentralen Begriff der Führungsethik, in: Kremm, R. / Hirsbrunner, D. (Hrsg.): Entwicklungspotentiale: Erkennen und Nutzen, Ein Lesebuch für die Praxis, Bern / Stuttgart 1991, S. 103-123.

Enderle, G. (Handlungsorientierte Wirtschaftsethik): Handlungsorientierte Wirtschaftsethik. Grundlagen und Anwendungen, Bern / Stuttgart 1993.

Enderle, G. (Leadership): Some Perspectives of Managerial Ethical Leadership, in: Journal of Business Ethics, Vol. 6 (1987), pp. 657-664.

Enderle, G. (Wirtschaftsethik): Wirtschaftsethik im Werden, Stuttgart 1988.

Enderle, G. / Homann, K. / Honecker, M. / Kerber, W. / Steinmann, H. (Hrsg.) (Lexikon): Lexikon der Wirtschaftsethik, Freiburg / Basel / Wien 1993.

Epstein, E.M. (Corporate Power): Dimensions of Corporate Power, in: California Management Review, Vol. 16 (1973 / 74), Part 1: Issue No. 2, pp. 9-23, Part 2: Issue No. 4, pp. 32-47.

Ewing, D. (Freedom): Freedom Inside the Organization: Bringing Civil Liberties to the Workplace, New York 1977.

Fix, D. / Kowalewsky, R. (Moral): Die Kraft der Moral, in: Wirtschaftswoche vom 15. Februar 1991, S. 61-62.

Frankena, W.K. (Ethik): Analytische Ethik, München 1981.

Frederick, W.C. / Davis, K. / Post, J.E. (Business): Business and Society. Corporate Strategy, Public Policy, Ethics, 6th ed., New York et al. 1988.

Freeman, R.E. (ed.) (State): Business Ethics. The State of the Art, New York / Oxford 1991.

Freimann, J. (Hrsg.) (Herausforderung): Ökologische Herausforderung der Betriebswirtschaftslehre, Wiesbaden 1990.

Frey, B.S. (Ökonomie): Ökonomie ist Sozialwissenschaft. Die Anwendung der Ökonomie auf neue Gebiete, München 1990.

Friedman, M. (Profits): The Social Responsibility of Business Is to Increase Its Profits, in: New York Times Magazine, 13. September 1970, pp. 32-33, cont'd pp. 122-126.

Fröbel, J. (System): System der Sozialen Politik, Mannheim 1847.

Furubotn, E. / Pejovich, S. (Property Rights): Property Rights and Economic Theory: A Survey of Recent Literature, in: Journal of Economic Literature, Vol. 10 (1972), pp. 1137-1162.

Gabele, E. / Kirsch, W. / Treffert, J. (Werte): Werte von Führungskräften der deutschen Wirtschaft. Eine empirische Analyse, München 1977.

Gabriel, K. (Organisationsgesellschaft): Analysen der Organisationsgesellschaft, Frankfurt / New York 1979.

Gandz, J. / Hayes, N. (Teaching): Teaching Business Ethics, in: Journal of Business Ethics, Vol. 7 (1988), pp. 657-669.

Gerum, E. (Arbeitsgestaltungspolitik): Grundfragen der Arbeitsgestaltungspolitik, Stuttgart 1981.

Gerum, E. (Unternehmensethik): Unternehmensethik und Unternehmensverfassung, in: Steinmann, H. / Löhr, A. (Hrsg.): Unternehmensethik, 2. Aufl., Stuttgart 1991, S. 141-152.

Gerum, E. (Verfügungsrechte): Unternehmensverfassung und Theorie der Verfügungsrechte. Einige Anmerkungen, in: Budäus, D. / Gerum, E. / Zimmermann, G. (Hrsg.): Betriebswirtschaftslehre und Theorie der Verfügungsrechte, Wiesbaden 1988, S. 23-45.

Gethmann, C.F. (Fundierung): Letztbegründung vs. lebensweltliche Fundierung des Wissens und Handelns, in: Forum für Philosophie Bad Homburg (Hrsg.): Philosophie und Begründung, Frankfurt / M. 1987, S. 268-302.

Giddens, A. (Soziologie): Interpretative Soziologie. Eine kritische Einführung, Frankfurt / New York 1984.

Gordon, W.I. / Infante, D.I. (Freedom): Freedom of Speech: Test of a Communication Model of Organizational Commitment, in: Communication Quarterly, Vol. 39 (1991), pp. 144-155.

Greiner, L.E. (Patterns): Patterns of Organization Change, in: Harvard Business Review, Vol. 45 (1967), No. 3, pp. 119-130.

Gröschner, R. (Fundierung): Zur rechtsphilosophischen Fundierung einer Unternehmensethik, in: Steinmann, H. / Löhr, A. (Hrsg.): Unternehmensethik, 2. Aufl., Stuttgart 1991, S. 103-123.

Gröschner, R. (Vorbehalte): Vorbehalte gegen systemtheoretische Rechtskonzeptionen, in: Der Staat, Jg. 26 (1987), Heft 4, S. 12-17.

Gutenberg, E. (Produktion): Grundlagen der Betriebswirtschaftslehre, 1. Bd.: Die Produktion, 22. Aufl., Berlin 1976.

Habermas, J. (Diskursethik): Diskursethik - Notizen zu einem Begründungsprogramm, in: ders.: Moralbewußtsein und kommunikatives Handeln, Frankfurt / M. 1983, S. 53-125.

Habermas, J. (Entgegnung): Entgegnung, in: Honneth, A. / Joas, H. (Hrsg.): Kommunikatives Handeln. Beiträge zu Jürgen Habermas' "Theorie des kommunikativen Handelns", Frankfurt / M. 1986, S. 327-405.

Habermas, J. (Gerechtigkeit): Gerechtigkeit und Solidarität. Eine Stellungnahme zur Diskussion über "Stufe 6", in: Edelstein, W. / Nunner-Winkler, G. (Hrsg.): Zur Bestimmung der Moral. Philosophische und sozialwissenschaftliche Beiträge zur Moralforschung, Frankfurt / M. 1986, S. 291-318.

Habermas, J. (Krise): Die Krise des Wohlfahrtsstaates und die Erschöpfung utopischer Energien, in: ders.: Die Neue Unübersichtlichkeit, Frankfurt / M. 1985, S. 141-163.

Habermas, J. (Materialismus): Zur Rekonstruktion des Historischen Materialismus, Frankfurt / M. 1976.

Habermas, J. (Moralbewußtsein): Moralbewußtsein und kommunikatives Handeln, in: ders.: Moralbewußtsein und kommunikatives Handeln, Frankfurt / M. 1983, S. 127-206.

Habermas, J. (Strukturwandel): Strukturwandel der Öffentlichkeit. Untersuchungen zu einer Kategorie der bürgerlichen Gesellschaft, Neuwied 1962.

Habermas, J. (Theorie): Theorie des kommunikativen Handelns, 2 Bde., Frankfurt / M. 1981.

Habermas, J. (Volkssouveränität): Volkssouveränität als Verfahren. Ein normativer Begriff von Öffentlichkeit, in: Merkur, Jg. 43 (1989), S. 465-477.

Hansen, U. (Marketing): Marketing und soziale Verantwortung, in: Die Betriebswirtschaft, Jg. 48 (1988), S. 711-721.

Hansen, U. / Schoenheit, I. (Hrsg.) (Verbraucherabteilungen): Verbraucherabteilungen in privaten und öffentlichen Unternehmen, Frankfurt / New York 1985.

Harrington, S.J. (Ethics): What Corporate America is Teaching About Ethics, in: Academy of Management Executive, Vol. 5 (1991), pp. 21-30.

Harrison, P. (Nestlé): Das Imperium Nestlé. Praktiken eines Nahrungsmittelkonzerns am Beispiel Südamerika, Nördlingen 1986.

Hartfiel, G. (Rationalität): Wirtschaftliche und soziale Rationalität, Stuttgart 1968.

Harvard Manager (Unternehmensethik): Unternehmensethik, Band 1, Hamburg (ohne Jahresangabe)

Hax, H. (Unternehmensethik): Unternehmensethik - Ordnungselement der Marktwirtschaft?, in: Zeitschrift für betriebswirtschaftliche Forschung, Jg. 45 (1993), S. 769-779.

Hengsbach, F. (Wirtschaftsethik): Wirtschaftsethik. Aufbruch, Konflikte, Perspektiven, Freiburg 1991.

Herms, E. et al. (Hrsg.) (Wirtschaftsethik): Theologische Aspekte der Wirtschaftsethik, Bd. I-VII, Mainz / Loccum 1986 ff.

Herrhausen, A. (Aufbruch): Deutsche Bank - Aufbruch in eine neue Dimension, in: Die Welt vom 11. März 1989, S. 7.

Hesse, H. (Hrsg.) (Wirtschaftswissenschaft): Wirtschaftswissenschaft und Ethik, Berlin 1988.

Heuß, E. (Wettbewerb): Wettbewerb, in: Handwörterbuch der Wirtschaftswissenschaft, hrsg. von Willi Albers ..., Band 8, Stuttgart et al. 1980, S. 679-697.

Hirschman, A.O. (Exit): Exit, Voice and Loyalty, Cambridge / Mass. 1970.

Hochschullehrer (Erwartungen): Hochschullehrer für Betriebswirtschaftslehre und Mitarbeiter der Wirtschaftswissenschaftlichen Fakultät der Westfälischen Wilhelms-Universität Münster: Erwartungen an eine Allgemeine Betriebswirtschaftslehre aus der Sicht von Forschung und Lehre, in: Die Betriebswirtschaft, Jg. 49 (1989), S. 655-661.

Hoff, E.-H. / Lempert, W. / Lappe, L. (Persönlichkeitsentwicklung): Persönlichkeitsentwicklung in Facharbeiterbiographien, Bern / Stuttgart / Toronto 1991.

Hoffman, W.M. / Mills Moore, J. (eds.) (Business Ethics): Business Ethics, New York 1984.

Hohl, E. / Knicker, T. (Spielmacher): Die Führungskraft als Spielmacher, in: Harvard Manager, Heft 2 / 1987, S. 83-90.

Homann, K. (Entstehung): Entstehung, Befolgung und Wandel moralischer Normen: Neuere Erklärungsansätze, in: Pappi, F.U. (Hrsg.): Wirtschaftsethik. Gesellschaftswissenschaftliche Perspektiven, Kiel 1989, S. 47-64.

Homann, K. (Funktion): Wirtschaftsethik. Die Funktion der Moral in der modernen Wirtschaft, in: Wieland, J. (Hrsg.): Wirtschaftsethik und Theorie der Gesellschaft, Frankfurt / M. 1993, S. 32-53.

Homann, K. (Ordnung): Marktwirtschaftliche Ordnung und Unternehmensethik, in: ZfB Ergänzungsheft 1/92, Unternehmensethik. Konzepte - Grenzen - Perspektiven, hrsg. von H. Albach, Wiesbaden 1992, S. 75-89.

Homann, K. (Philosophie): Philosophie und Ökonomik. Bemerkungen zur Interdisziplinarität, in: Jahrbuch für Neue Politische Ökonomie 1988, S. 99-127.

Homann, K. (Hrsg.) (Probleme): Aktuelle Probleme der Wirtschaftsethik, Berlin 1992.

Homann, K. (Rationalität): Rationalität und Demokratie, Tübingen 1988.

Homann, K. (Sinn): Der Sinn der Unternehmensethik in der Marktwirtschaft, in: Corsten, H. / Schuster, L. / Stauss, B. (Hrsg.): Die soziale Dimension der Unternehmung, Berlin 1991, S. 97-118.

Homann, K. / Blome-Drees, F. (Unternehmensethik): Wirtschafts- und Unternehmensethik, Göttingen 1992.

Homann, K. / Pies, I. (Gefangenendilemma): Wirtschaftsethik und Gefangenendilemma, in: Wirtschaftswissenschaftliches Studium, Jg. 20 (1991), S. 608-614.

Homann, K. / Pies, I. (Moderne): Wirtschaftsethik in der Moderne: Zur ökonomischen Theorie der Moral, in: Ethik und Sozialwissenschaften. Streitforum für Erwägungskultur, 1993 (im Erscheinen).

Hopt, K. (Insiderrecht): Europäisches und Deutsches Insiderrecht, in: Zeitschrift für Unternehmens- und Gesellschaftsrecht, Jg. 20 (1991), S. 17-73.

Hosmer, L.T. (Institutionalization): The Institutionalization of Unethical Behavior, in: Journal of Business Ethics, Vol. 6 (1987), pp. 439-447.

Hume, D. (Treatise): A Treatise on Human Nature, London 1738.

Hunt, S.D. / Vitell, S. (Marketing Ethics): A General Theory of Marketing Ethics, in: Journal of Macromarketing, Vol. 6 (1986), pp. 5-16.

Illich, I. (Entmündigung): Entmündigung durch Experten, Reinbek 1979.

Illich, I. (Fortschrittsmythen): Fortschrittsmythen, Reinbek 1978.

Infante, D.C. / Gordon, W.I. (Effectiveness): Superior and Subordinate Communication Profiles: Implications for Independent-Mindedness and Upward Effectiveness, in: Central States Speech Journal, Vol. 38 (1987), pp. 73-80.

Infante, D.C. / Gordon, W.I. (Employees): How Employees See The Boss: Test of an Argumentative and Affirming Model of Supervisors' Communicative Behavior, in: Western Journal of Speech Communication, Vol. 55 (1991), pp. 294-304.

Infante, D.C. / Gordon, W.I. (Subordinates): Argumentativeness and Affirming Communicator Style as Predictors of Satisfaction / Dissatisfaction with Subordinates, in: Communication Quarterly, Vol. 37 (1989), pp. 81-90.

Infante, D.C. / Gordon, W.I. (Superior): Superior's Argumentativeness and Verbal Aggressiveness As Predictors of Subordinates' Satisfaction, in: Human Communication Research, Vol. 12 (1985), pp. 117-125.

Inhetveen, R. (Geometrie): Konstruktive Geometrie. Eine formentheoretische Begründung der euklidischen Geometrie, Mannheim / Wien / Zürich 1983.

Irle, M. (Macht): Macht und Entscheidungen in Organisationen, Frankfurt / M. 1971.

Jackall, R. (Moral Mazes): Moral Mazes: Bureaucracy and Managerial Work, in: The McKinsey Quarterly, Spring 1984, pp. 28-44.

Jonas, H. (Verantwortung): Das Prinzip Verantwortung - Versuch einer Ethik für die technologische Zivilisation, Frankfurt / M. 1979.

Jones, T.M. (Education): Ethics Education in Business: Theoretical Considerations, in: The Organizational Behavior Teaching Review, Vol. 15 (1990), pp. 1-18.

Jones, T.M. / Gautschi III, F.H. (Future Executives): Will the Ethics of Business Change? A Survey of Future Executives, in: Journal of Business Ethics, Vol. 7 (1988), pp. 231-248.

Kambartel, F. (Argumentieren): Moralisches Argumentieren - Methodische Analysen zur Ethik, in: ders. (Hrsg.): Praktische Philosophie und konstruktive Wissenschaftstheorie, Frankfurt / M. 1974, S. 54-72.

Kamlah, W. / Lorenzen, P. (Propädeutik): Logische Propädeutik. Vorschule des vernünftigen Redens, 2. Aufl., Mannheim / Wien / Zürich 1973.

Kant, I. (Praktische Vernunft): Kritik der praktischen Vernunft, Riga 1788.

Kant, I. (Reine Vernunft): Kritik der reinen Vernunft, Riga 1781.

Katterle, S. (Betriebswirtschaftslehre): Normative und explikative Betriebswirtschaftslehre, Göttingen 1964.

Kaufmann, F.-X. / Kerber, W. / Zulehner, P.M. (Ethos): Ethos und Religion bei Führungskräften. Eine Studie im Auftrag des Arbeitskreises für Führungskräfte in der Wirtschaft, München 1986.

Kaysen, C. (Power): The Corporation: How Much Power? What Scope?, in: Mason, E. (ed.): The Corporation in Modern Society, 4. ed., Cambridge / Mass. 1961, pp. 85-105.

Keinhorst, H. (Betrachtungsweise): Die normative Betrachtungsweise in der Betriebswirtschaftslehre, Berlin 1956.

Kerber, Walter (Ethos): Zum Ethos von Führungskräften. Ergebnisse einer empirischen Untersuchung, in: Steinmann, H. / Löhr, A. (Hrsg.): Unternehmensethik, 2. Aufl., Stuttgart 1991, S. 303-313.

Kerber, Wolfgang (Marktprozesse): Evolutionäre Marktprozesse und Nachfragemacht, Baden-Baden 1989.

Kern, H. / Schumann, M. (Arbeitsteilung): Das Ende der Arbeitsteilung?, München 1984.

Kerner Furman, F. (Questioning): Teaching Business Ethics: Questioning the Assumptions, Seeking New Directions, in: Journal of Business Ethics, Vol. 9 (1990), pp. 31-38.

Kerner, J. / Maissen, T. (Verantwortungslosigkeit): Die kalkulierte Verantwortungslosigkeit, Reinbek 1980.

Kipnis, D. / Schmidt, S.M. (Styles): Upward-Influence Styles: Relationship with Performance Evaluations, Salary, and Stress, in: Administrative Science Quarterly, Vol. 33 (1988), pp. 528-542.

Kirzner, I. (Ethics): The Ethics of Competition, paper presented at an international workshop on "The Ethical Foundations of a Market Economy", Kiel Institute of World Economics, August 30-31, 1993 (to appear).

Kirzner, I.M. (Competition): Competition and Entrepreneurship, Chicago 1973.

Kliemt, H. (Autonomie): Autonomie als Grundlage kollektiver Beschlüsse, in: Bohnen, A. / Musgrave, A. (Hrsg.): Wege der Vernunft. Festschrift zum 70. Geburtstag von Hans Albert, Tübingen 1991, S. 261-285.

Kliemt, H. (Ethik): Ökonomik und Ethik, in: Wirtschaftswissenschaftliches Studium, Jg. 16 (1987), S. 113-118.

Knight, F.M. (Competition): The Ethics of Competition, in: The Quarterly Journal of Economics, Vol. 37 (1923), pp. 579-624.

Kohlberg, L. (Entwicklung): Zur kognitiven Entwicklung des Kindes. Drei Aufsätze, Frankfurt / M. 1974.

Kohlberg, L. (Moral Stages): Moral Stages and Moralization: The Cognitive-Developmental Approach, in: Lickona, T. (ed.): Moral Development and Behavior, New York 1976, pp. 31-53.

Kosiol, E. (Organisation): Organisation der Unternehmung, Wiesbaden 1962.

Koslowski, P. (Hrsg.) (Entwicklungen): Neuere Entwicklungen in der Wirtschaftsethik und Wirtschaftsphilosophie, Berlin 1992.

Koslowski, P. (Hrsg.) (Wirtschaftsethik): Neuere Entwicklungen in der Wirtschaftsethik und Wirtschaftsphilosophie, Berlin 1992.

Koslowski, P. (Kapitalismus): Ethik des Kapitalismus, 2. Aufl., Tübingen 1984.

Koslowski, P. (Prinzipien): Prinzipien der ethischen Ökonomie, Tübingen 1988.

Kotter, J.P. (Macht): Die Macht im Management, Landsberg 1986.

Kötter, R. (Fundierungsprobleme): Fundierungsprobleme einer Unternehmensethik im Rahmen der neoklassischen Gleichgewichtstheorie, in: Steinmann, H. / Löhr, A. (Hrsg.): Unternehmensethik, 2. Aufl., Stuttgart 1991, S. 125-138.

Kötter, R. (ökonomische Realität): Modell und ökonomische Realität. Die Relevanz der Gleichgewichtstheorie als Grundlage der ordnungs- und wirtschaftspolitischen Diskussion, in: Hödl, E. / Müller, G. (Hrsg.): Die Neoklassik und ihre Kritik, Frankfurt / M. 1986, S. 41-59.

Kraft, K.C. / Singhapakdi, A. (Social Responsibility): The Role of Ethics and Social Responsibility in Achieving Organizational Effectiveness: Students versus Managers, in: Journal of Business Ethics, Vol. 10 (1991), pp. 679-686.

Kreikebaum, H. (Hrsg.) (Umweltschutz): Integrierter Umweltschutz. Eine Herausforderung für das Innovationsmanagement, Wiesbaden 1990.

Kreikebaum, H. (Kehrtwende): Kehrtwende zur Zukunft, Neuhausen / Stuttgart 1988.

Kreikebaum, H. (Umweltethik): Grundzüge einer theologisch orientierten Umweltethik, in: Steinmann, H. / Löhr, A. (Hrsg.): Unternehmensethik, 2. Aufl., Stuttgart 1991, S. 213-224.

Kreikebaum, H. (Unternehmensplanung): Strategische Unternehmensplanung, 3. Aufl., Stuttgart 1989.

Krupinski, G. (Ethik): Ethik und Wirtschaftspraxis, in: Technologie und Management, Heft 3 / 1991, S. 13-19.

Kuhlmann, W. (Letztbegründung): Reflexive Letztbegründung. Untersuchungen zur Transzendentalpragmatik, Freiburg / München 1985.

Küng, H. (Gottesfrage): Ökonomie und Gottesfrage, in: Wirtschaftswissenschaftliches Studium, Jg. 16 (1987), S. 490-496.

Lachmann, L.M. (Economics): From Mises to Shackle: An Essay on Austrian Economics an the Kaleidic Society, in: The Journal of Economic Literature, Vol. 1976, pp. 54-62.

Lachmann, W. (Wirtschaft): Wirtschaft und Ethik, Stuttgart 1987.

Laczniak, G.R. / Murphy, P.E. (eds.) (Marketing Ethics): Marketing Ethics. Guidelines for Managers, Lexington / Massachusetts / Toronto 1985.

Lempert, W. (Bedingungen): Bedingungen sozialen Lernens im Betrieb, in: Degen, U. / Seyfried, B. / Wordelmann, P. (Hrsg.): Qualitätsverbesserungen in der betrieblichen Ausbildungsgestaltung. Fragen und Antworten, Berlin 1991, S. 147-159.

Lempert, W. (Moralisches Denken): Moralisches Denken. Seine Entwicklung jenseits der Kindheit und seine Beeinflußbarkeit in der Sekundarstufe II, Essen 1988.

Lenk, H. / Maring, M. (Hrsg.) (Ethik): Wirtschaft und Ethik, Stuttgart 1992.

Lewin, K. (Group Decision): Group Decision and Social Change, in: Maccoby, E.E. / Newcomb, T.M. / Hartley, E.L. (eds.): Readings in Social Psychology, 3rd ed., New York 1958, pp. 197-211.

Likert, R. (Organization): The Human Organization, New York et al. 1967.

Likert, R. (Patterns): New Patterns of Management, New York 1961.

Lind, G. (Moralische Entwicklung): Moralische Entwicklung in betrieblichen Organisationen, in: Steinmann, H. / Löhr, A. (Hrsg.): Unternehmensethik, 2. Aufl., Stuttgart 1991, S. 329-344.

Littlechild, S.C. (Comment): Comment: Radical Subjectivism or Radical Subversion?, in: Rizzo, M.J. (ed.): Time, Uncertainty, and Disequilibrium, Lexington et al. 1979, pp. 32-49.

Löhr, A. (Unternehmensethik): Unternehmensethik und Betriebswirtschaftslehre. Untersuchungen zur theoretischen Stützung der Unternehmenspraxis, Stuttgart 1991.

Löhr, A. / Bischof, B. (Leitung): Die Führungsfunktion Leitung. Eine rollentheoretische Verankerung im strategischen Managementprozeß, Diskussionsbeitrag Nr. 75 des Lehrstuhls für Allgemeine Betriebswirtschaftslehre und Unternehmensführung der Universität Erlangen-Nürnberg, Nürnberg 1993.

Löhr, A. / Kilian, S. (Urteilskraft): Die moralische Urteilskraft von Wirtschaftsstudenten. Ein Diagnoseversuch anhand des empirischen Forschungsstandes, Diskussionsbeitrag Nr. 74 des Lehrstuhls für Allgemeine Betriebswirtschaftslehre und Unternehmensführung der Universität Erlangen-Nürnberg, Nürnberg 1993.

Löhr, A. / Osterloh, M. (Ökonomik): Ökonomik und Ethik als Grundlage organisationaler Beziehungen, in: Staehle, W.H. / Sydow, J. (Hrsg.): Managementforschung 3, Berlin / New York 1993, S.109-155.

Lorenzen, P. (Denken): Methodisches Denken, Frankfurt / M. 1968.

Lorenzen, P. (Fundierungsprobleme): Philosophische Fundierungsprobleme einer Wirtschafts- und Unternehmensethik, in: Steinmann, H. / Löhr, A. (Hrsg.): Unternehmensethik, 2. Aufl., Stuttgart 1991, S. 35-67.

Lorenzen, P. (Lehrbuch): Lehrbuch der konstruktiven Wissenschaftstheorie, Mannheim / Wien / Zürich 1987.

Lorenzen, P. (Logik): Logik und Hermeneutik, in: ders.: Konstruktive Wissenschaftstheorie, Frankfurt / M. 1974, S. 11-21.

Lorenzen, P. (Normative Logic): Normative Logic and Ethics, 2nd ed., Mannheim / Wien / Zürich 1984.

Lueken, G.-L. (Inkommensurabilität): Inkommensurabilität als Problem rationalen Argumentierens, Stuttgart - Bad Cannstatt 1992.

Luhmann, N. (Kommunikation): Ökologische Kommunikation, Opladen 1986.

Luhmann, N. (Probleme): Einige Probleme mit "reflexivem Recht", in: Zeitschrift für Rechtssoziologie, Jg. 6 (1985), S. 1-18.

Luhmann, N. (Soziale Systeme): Soziale Systeme. Grundriß einer allgemeinen Theorie, Frankfurt / M. 1984.

Luhmann, N. (Wirtschaftsethik): Wirtschaftsethik - als Ethik?, in: Wieland, J. (Hrsg.): Wirtschaftsethik und Theorie der Gesellschaft, Frankfurt / M. 1993, S. 134-147.

Lydenberg, S.D. et al. (Rating): Rating America's Corporate Conscience. A provocative Guide to the Companies Behind the Products You Buy Every Day, Reading / Mass. et al. 1986.

Mahoney, J. (Teaching): Teaching Business Ethics in the UK, Europe, and the USA: A Comparative Study, London 1990.

Mason, E.S. (ed.) (Corporation): The Corporation in Modern Society, 4th ed., Cambridge / Mass. 1961.

Mathison, D. (Relevancy): Business Ethics Cases and Decision Models: A Call For Relevancy in the Classroom, in: Journal of Business Ethics, Vol. 7 (1988), pp. 777-782.

Matthews, J. / Goodpaster, K. / Nash, L. (Policies): Policies and Persons. A Casebook in Business Ethics, New York 1985.

Mayntz, R. et al. (Vollzugsprobleme): Vollzugsprobleme der Umweltpolitik, Wiesbaden 1978.

Mayring, Ph. (Einführung): Einführung in die qualitative Sozialforschung. Eine Anleitung zum qualitativen Denken, München 1990.

McClelland, D.C. (Power): Power: The Inner Experience, New York 1975.

Mestmäcker, E.-J. (Wiederkehr): Die Wiederkehr der bürgerlichen Gesellschaft und ihres Rechts, in: Die Zeit vom 2. August 1991, S. 18.

Meyer-Abich, K.M. (Frieden): Wege zum Frieden mit der Natur. Praktische Naturphilosophie für die Umweltpolitik, München 1986.

Meyer-Faje, A. / Ulrich, P. (Hrsg.) (Smith): Der andere Adam Smith. Beiträge zur Neubestimmung von Ökonomie als Politischer Ökonomie, Bern / Stuttgart 1991.

Milgram, St. (Autorität): Das Milgram-Experiment zur Gehorsamsbereitschaft gegenüber Autorität, Reinbek 1974.

Mittelstraß, J. (Begründungsstreit): Forschung, Begründung, Rekonstruktion. Wege aus dem Begründungsstreit, in: ders.: Der Flug der Eule, Frankfurt / M. 1989, S. 257-280.

Mittelstraß, J. (Dingler-Komplex): Wider den Dingler-Komplex, in: ders.: Die Möglichkeit von Wissenschaft, Frankfurt / M. 1974, S. 84-105.

Mittelstraß, J. (Eule): Der Flug der Eule. Von der Vernunft der Wissenschaft und der Aufgabe der Philosophie, Frankfurt / M. 1989.

Mittelstraß, J. (Interessen): Über Interessen, in: ders.: Methodologische Probleme einer normativ-kritischen Gesellschaftstheorie, Frankfurt / M. 1975, S. 126-159.

Mittelstraß, J. (Letztbegründung): Gibt es eine Letztbegründung?, in: ders.: Der Flug der Eule, Frankfurt / M. 1989, S. 281-312.

Moorhead, G. / Ference, R. / Neck, C.P. (Groupthink): Group Decision Fiascos Continue: Space Shuttle Challenger and a Revised Groupthink Framework, in: Human Relations, Vol. 44 (1991), pp. 539-550.

Müller, E. / Diefenbacher, H. (Hrsg.) (Wirtschaft): Wirtschaft und Ethik. Eine kommentierte Bibliographie, Heidelberg 1992.

Münch, R. (Systemtheorie): Die sprachlose Systemtheorie. Systemdifferenzierung, reflexives Recht, reflexive Selbststeuerung und Integration durch Indifferenz. Kommentar zu Gunther Teubner und Helmut Willke, in: Zeitschrift für Rechtssoziologie, Jg. 6 (1985), S. 19-28.

Muskie, E.S. / Greenwald III, D.J. (Audit Commission): The Nestlé Infant Formula Audit Commission as a Model, in: The Journal of Business Strategy, Vol. 6 (1986), Spring 1986, pp. 19-23.

Nahamowitz, P. (Ideal): "Reflexives Recht": Das unmögliche Ideal eines post-interventionistischen Steuerungskonzepts, in: Zeitschrift für Rechtssoziologie, Jg. 6 (1985), S. 29-44.

Nicklisch, H. (Betriebswirtschaft): Die Betriebswirtschaft, 7. Auflage der "Wirtschaftlichen Betriebslehre", Stuttgart 1929-1932.

Nicklisch, H. (Nationalsozialismus): Betriebswirtschaftslehre und Nationalsozialismus, in: Die Betriebswirtschaft, Jg. 26 (1933), S. 305-307.

Nicklisch, H. (Staat): Die Betriebswirtschaftslehre im nationalsozialistischen Staat, in: Die Betriebswirtschaft, Jg. 26 (1933), S. 173-177.

Nielsen, R.P. (Citizen): Arendt's Action Philosophy and the Manager as Eichmann, Richard III, Faust, or Institution Citizen, in: California Management Review, Vol. 26 (1983 / 84), pp. 191-201.

Nielsen, R.P. (Dialogic Leadership): Dialogic Leadership as Ethics Action (Praxis) Method, in: Journal of Business Ethics, Vol. 9 (1990), pp. 765-783.

Nielsen, R.P. (Managers): What Can Managers Do about Unethical Management?, in: Journal of Business Ethics, Vol. 6 (1987), pp. 309-320.

Nielsen, R.P. (Responses): Alternative Managerial Responses to Ethical Dilemmas, in: Planning Review, Nov. 1985, ohne Seitenangabe.

Nohria, N. / Eccles, R.G. (eds.) (Networks): Networks and Organizations, 1993.

Nutzinger, H.G. (Hrsg.) (Ethik): Wirtschaft und Ethik, Wiesbaden 1991.

Nutzinger, H.G. (Umweltproblematik): Zum Verhältnis von Ökonomie und Ethik am Beispiel der Umweltproblematik, in: ders (Hrsg.): Wirtschaft und Ethik, Wiesbaden 1991, S. 227-244.

Nystrom, P.C. / Starbuck, W.H. (Unlearn): To Avoid Organizational Crises, Unlearn, in: Organizational Dynamics, Vol. 12 (1983 / 84), Spring 1984, pp. 53-65.

Oppenrieder, B. (Implementationsprobleme): Implementationsprobleme einer Unternehmensethik, Diskussionsbeitrag Nr. 34 des Lehrstuhls für Allgemeine Betriebswirtschaftslehre und Unternehmensführung der Universität Erlangen-Nürnberg, Nürnberg 1986.

Oser, F. / Althof, W. (Selbstbestimmung): Moralische Selbstbestimmung. Modelle der Entwicklung und Erziehung im Wertebereich, Stuttgart 1992.

Osterloh, M. (Informationstechnologien): Der Einfluß neuer Informationstechnologien auf den Managementprozeß, in: Die Unternehmung, Jg. 46 (1992), S. 79-88.

Osterloh, M. (Unternehmensethik): Unternehmensethik und Unternehmenskultur, in: Steinmann, H. / Löhr, A. (Hrsg.): Unternehmensethik, 2. Aufl., Stuttgart 1991, S. 153-171.

Osterloh, M. (Vision): Industriesoziologische Vision ohne Bezug zur Managementlehre?, in: Die Betriebswirtschaft, Jg. 46 (1986), S. 610-624.

Ouchi, W.G. (Theory Z): Theory Z. How American Business Can Meet the Japanese Challenge, Reading / Mass. 1981.

Pagan, R. (Nestlé Boycott): The Nestlé Boycott: Implications for Strategic Business Planning, in: The Journal of Business Strategy, Vol. 6 (1986), Spring 1986, pp. 12-18.

Pappi, F.U. (Hrsg.) (Wirtschaftsethik): Wirtschaftsethik. Gesellschaftswissenschaftliche Perspektiven, Kiel 1989.

Pascale, R.T. / Athos, A.G. (Management): The Art of Japanese Management, New York 1981.

Pestalozzi, H.A. (Zukunft): Nach uns die Zukunft, Bern 1979.

Peters, B. (Integration): Die Integration moderner Gesellschaften, Frankfurt / M. 1993.

Peters, T.J. / Waterman, R.H. (Search): In Search of Excellence. Lessons from America's best-run companies, New York 1982 (dt.: Auf der Suche nach Spitzenleistungen, Landsberg 1984).

Pfriem, R. (Hrsg.) (Unternehmenspolitik): Ökologische Unternehmenspolitik, Frankfurt / M. 1986.

Piaget, J. (Urteil): Das moralische Urteil beim Kinde, Zürich 1932.

Piore, M.E. / Sabel, Ch.F. (Massenproduktion): Das Ende der Massenproduktion, Berlin 1985.

Piper, T.R. / Gentile, M.C. / Parks, S.D. (Perspectives): Can Ethics Be Taught? Perspectives, Challenges, and Approaches at Harvard Business School, Boston/Mass. 1993.

Popper, K.R. (Utopia): Utopia and Violence, in: Conjectures and Refutations, The Growth of Scientific Knowledge, 3rd ed., London 1969, pp. 355-363.

Popper, K.R. (Zauber): Die offene Gesellschaft und ihre Feinde, 1. Band: Der Zauber Platons, Bern 1957.

Porter, M.E. (Contributions): The Contributions of Industrial Organization to Strategic Management, in: Academy of Management Review, Vol. 6 (1980), pp. 605-620.

Porter, M.E. (Wettbewerbsstrategie): Wettbewerbsstrategie, Frankfurt / M. 1983.

Porter, M.E. (Wettbewerbsvorteile): Wettbewerbsvorteile, Frankfurt / M. 1986.

Powers, Ch.W. / Vogel, D. (Ethics): Ethics in the Education of Business Managers, New York 1980.

Presthus, R. (Organisation): Individuum und Organisation, Frankfurt / M. 1966.

Priddat, B. (Transformation): Transformation der ökonomischen Vernunft? Über P. Ulrichs Vorschlag zur "Moralisierung der Ökonomie", in: Seifert, E.K. / Pfriem, R. (Hrsg.): Wirtschaftsethik und ökologische Wirtschaftsforschung, Bern / Stuttgart 1989, S. 151-164.

Rahmsdorf, D. / Schäfer, H.-B. (Hrsg.) (Grundfragen): Ethische Grundfragen der Wirtschafts- und Rechtsordnung, Hamburg 1988.

Rawls, J. (Gerechtigkeit): Eine Theorie der Gerechtigkeit, Frankfurt / M. 1975.

Recktenwald, H.C. (Würdigung): Würdigung des Werkes, in: Smith, A.: Entstehung und Verteilung des Sozialprodukts. Buch 1 aus "Der Wohlstand der Nationen", neu aus dem Englischen übertragen und mit einer Würdigung von Horst Claus Recktenwald, München 1974.

Reese-Schäfer, W. (Habermas): Jürgen Habermas, Frankfurt / New York 1991.

Reichart, L. (Führungsethik): Führungsethik in der Unternehmenskultur, in: Steinmann, H. / Löhr, A. (Hrsg.): Unternehmensethik, 2. Aufl., Stuttgart 1991, S. 413-426.

Reuter, E. (Verantwortung): Verantwortung im Dialog, in: Stuttgarter Nachrichten vom 21. Februar 1989.

Ricketts, M. (Economics): The Economics of Business Enterprise. New Approaches to the Firm, New York et al. 1987.

Sattelberger, Th. (Organisation): Die lernende Organisation: Konzepte für eine neue Qualität der Unternehmensentwicklung, Wiesbaden 1991.

Schein, E. (Culture): Coming to A New Awareness of Organizational Culture, in: Sloan Management Review, Vol. 25 (1984), pp. 3-16.

Schläfli, A. (Förderung): Förderung der sozial-moralischen Kompetenz: Evaluation, Curriculum und Durchführung von Interventionsstudien, Bern / New York 1986.

Schmidt, W. (Führungsethik): Führungsethik als Grundlage betrieblichen Managements, Heidelberg 1986.

Schmidheiny, St. / Business Council for Sustainable Development (Changing): Changing Course. A Global Business Perspective on Development and the Environment, Cambridge/Mass. and London 1992.

Schneider, D. (Betriebswirtschaftslehre): Betriebswirtschaftslehre, Bd. 1: Grundlagen, München / Wien 1993.

Schneider, D. (Erklärung): Die Erklärung hierarchischer Unternehmensorganisationen aus der Unternehmerfunktion im Wettbewerb: Anfänge einer institutionellen Marktprozeßtheorie?, in: Leipold, H. / Schüller, A. (Hrsg.): Zur Interdependenz von Unternehmens- und Wirtschaftsordnung, Stuttgart 1986, S. 41-65.

Schneider, D. (Geschichte): Geschichte betriebswirtschaftlicher Theorie, München / Wien 1981.

Schneider, D. (Kritik): Wird Betriebswirtschaftslehre durch Kritik an Unternehmensethik unverantwortlich?, in: Zeitschrift für betriebswirtschaftliche Forschung, Jg. 43 (1991), S. 537-543.

Schneider, D. (Marktwirtschaftlicher Wille): Marktwirtschaftlicher Wille und planwirtschaftliches Können: 40 Jahre Betriebswirtschaftslehre im Spannungsfeld zur marktwirtschaftlichen Ordnung, in: Zeitschrift für betriebswirtschaftliche Forschung, Jg. 41 (1989), S. 11-43.

Schneider, D. (Unhaltbarkeit): Die Unhaltbarkeit des Transaktionskostenansatzes für die "Markt oder Unternehmung"-Diskussion, in: Zeitschrift für Betriebswirtschaft, Jg. 55 (1985), S. 1237-1254.

Schneider, D. (Unternehmensethik): Unternehmensethik und Gewinnprinzip in der Betriebswirtschaftslehre, in: Zeitschrift für betriebswirtschaftliche Forschung, Jg. 42 (1990), S. 869-891.

Schreyögg, G. (Implementation): Implementation einer Unternehmensethik in Planungs- und Entscheidungsprozessen, in: Steinmann, H. / Löhr, A. (Hrsg.): Unternehmensethik, 2. Aufl., Stuttgart 1991, S. 257-268.

Schreyögg, G. (Konsequenzen): Zu den problematischen Konsequenzen starker Unternehmenskulturen, in: Zeitschrift für betriebswirtschaftliche Forschung, Jg. 41 (1989), S. 94-113.

Schreyögg, G. (Mythen): Mythen und Magie in der Unternehmensführung, in: Management Forum, Jg. 4 (1984), S. 167-179.

Schreyögg, G. (Unternehmenskulturen): Kann und darf man Unternehmenskulturen ändern?, in: Dülfer, E. (Hrsg.): Organisationskultur. Phänomen - Philosophie - Technologie, Stuttgart 1988, S. 155-168.

Schreyögg, G. / Steinmann, H. (Strategische Kontrolle): Strategische Kontrolle, in: Zeitschrift für betriebswirtschaftliche Forschung, Jg. 37 (1985), S. 391-410.

Schüller, A. (Hrsg.) (Property Rights): Property Rights und ökonomische Theorie, München 1983.

Schultz, B. (Argumentativeness): Argumentativeness: Its Effects in Group Decision Making and Its Role in Leadership Perception, in: Communication Quarterly, Vol. 30 (1982), pp. 368-375.

Schumpeter, J.A. (Theorie): Theorie der wirtschaftlichen Entwicklung, Berlin 1912.

Schünemann, B. (Unternehmenskriminalität): Unternehmenskriminalität und Strafrecht, Köln / Berlin / Bonn / München 1979.

Seidel, E. / Menn, H. (Betriebswirtschaft): Ökologisch orientierte Betriebswirtschaft, Stuttgart et al. 1988.

Seifert, E.K. / Pfriem, R. (Hrsg.) (Wirtschaftsethik): Wirtschaftsethik und ökologische Wirtschaftsforschung, Bern / Stuttgart 1989.

Silberer, G. (Werteforschung): Werteforschung und Werteorientierung im Unternehmen, Stuttgart 1991.

Smith, A. (Sentiments): The Theory of Moral Sentiments, London 1759.

Smith, A. (Wealth): An Inquiry into the Nature and Causes of the Wealth of Nations, London 1776.

Sorg, St. (Informationspathologien): Informationspathologien und Erkenntnisfortschritt in Organisationen, München 1982.

Stahlmann, V. (Fundierung): Fundierung und Entwicklung einer umweltverantwortlichen Unternehmensführung durch umfassende und systematische Bilanzierung mit anschließendem Öko-Controlling, im Druck 1994.

Steger, U. (Umweltmanagement): Umweltmanagement. Erfahrungen und Instrumente einer umweltorientierten Unternehmensstrategie, 2. Aufl., Frankfurt / Wiesbaden 1993.

Stegmüller, W. (Hauptströmungen): Hauptströmungen der Gegenwartsphilosophie, 2 Bände, Bd. II, Stuttgart 1975.

Steinmann, H. (Davoser Manifest): Zur Lehre von der "Gesellschaftlichen Verantwortung der Unternehmensführung" - zugleich eine Kritik des Davoser Manifests, in: Wirtschaftswissenschaftliches Studium, Jg. 2 (1973), S. 467-473.

Steinmann, H. (Handlungswissenschaft): Die Betriebswirtschaftslehre als normative Handlungswissenschaft, in: Steinmann, H. (Hrsg.): Betriebswirtschaftslehre als normative Handlungswissenschaft, Wiesbaden 1978, S. 73-102.

Steinmann, H. / Böhm, H. / Braun, W. / Gerum, E. / Schreyögg, G. (Praxis): Betriebswirtschaftslehre und Praxis - Vorüberlegungen auf der Grundlage der konstruktiven Philosophie und Wissenschaftstheorie, in: Ulrich, H. (Hrsg.): Zum Praxisbezug der Betriebswirtschaftslehre in wissenschaftstheoretischer Sicht, Bern / Stuttgart 1976, S. 51-92.

Steinmann, H. / Gerum, E. (Mitbestimmung): Unternehmensordnung und tarifvertragliche Mitbestimmung, Berlin 1984.

Steinmann, H. / Gerum, E. (Unternehmensordnung): Unternehmensordnung, in: Bea, F.X. / Dichtl, E. / Schweitzer, M. (Hrsg.): Allgemeine Betriebswirtschaftslehre, Band 1: Grundfragen, 5. Aufl., Stuttgart / New York 1990, S. 207-300.

Steinmann, H. / Löhr, A. ("realistische Idee"): Unternehmensethik - eine "realistische Idee", in: Zeitschrift für betriebswirtschaftliche Forschung, Jg. 40 (1988), S. 299-317.

Steinmann, H. / Löhr, A. (Begründungsleistungen): Unternehmensethik. Begriff, Problembestände und Begründungsleistungen, Diskussionsbeitrag Nr. 35 des Lehrstuhls für Allgemeine Betriebswirtschaftslehre und Unternehmensführung der Universität Erlangen-Nürnberg, Nürnberg 1987.

Steinmann, H. / Löhr, A. (Ethik-Kommissionen): Der Beitrag von Ethik-Kommissionen zur Legitimation der Unternehmensführung, in: dies. (Hrsg.): Unternehmensethik, 2. Aufl., Stuttgart 1991, S. 269-279.

Steinmann, H. / Löhr, A. (Grundfragen): Einleitung: Grundfragen und Problembestände einer Unternehmensethik, in: dies. (Hrsg.): Unternehmensethik, 2. Aufl., Stuttgart 1991, S. 3-32.

Steinmann, H. / Löhr, A. (Hrsg.) (Unternehmensethik): Unternehmensethik, 2. Aufl., Stuttgart 1991.

Steinmann, H. / Löhr, A. (Unternehmensverfassung): Unternehmensverfassung und Unternehmensethik - Eine notwendige Abgrenzung, in: Die Unternehmung, Jg. 41 (1987), S.451-457.

Steinmann, H. / Oppenrieder, B. (Unternehmensethik): Brauchen wir eine Unternehmensethik? Ein thesenartiger Aufriß einzulösender Argumentationspflichten, in: Die Betriebswirtschaft, Jg. 45 (1985), S. 170-183.

Steinmann, H. / Schreyögg, G. (Management): Management. Grundlagen der Unternehmensführung, 3. Aufl., Wiesbaden 1993.

Steinmann, H. / Schreyögg, G. (Umsetzung): Zur organisatorischen Umsetzung der strategischen Kontrolle, in: Zeitschrift für betriebswirtschaftliche Forschung, Jg. 38 (1986), S. 747-765.

Steinmann, H. / Zerfaß, A. (Unternehmertum): Privates Unternehmertum und öffentliches Interesse, in: Wagner, G.R. (Hrsg.): Betriebswirtschaft und Umweltschutz, Stuttgart 1993, S. 3-26.

Stewart, L.P. (Incident): The Bay Area Rapid Transit (BART) Whistle-Blowing Incident, in: Hoffman, M. / Mills Moore, J. (eds.): Business Ethics. Readings and Cases in Corporate Morality, New York et al. 1984, pp. 293-302.

Stitzel, M. (Ethik): Ökologische Ethik und wirtschaftliches Handeln, in: Schauenberg, B. (Hrsg.): Wirtschaftsethik. Schnittstellen von Ökonomie und Wissenschaftstheorie, Wiesbaden 1991, S. 101-116.

Stitzel, M. (Ökologie): Ökologie und öffentliche Wirtschaft, in: Die Betriebswirtschaft, Jg. 47 (1987), S. 673-684.

Stone, Ch. D. (Law): Where the Law Ends, New York et al. 1975.

Stone, Ch. D. (Umwelt): Umwelt vor Gericht. Die Eigenrechte der Natur, München 1992.

Strenger, H.J. (Grundsätze): Unternehmensethische Grundsätze in der chemischen Industrie, in: Steinmann, H. / Löhr, A. (Hrsg.): Unternehmensethik, 2. Aufl., Stuttgart 1991, S. 395-402.

Strey, G. (Umweltethik): Umweltethik und Evolution, Göttingen 1989.

Strong, V.D. / Hoffman, A.N. (Relevance): There is Relevance in the Classroom: Analysis of Present Methods of Teaching Business Ethics, in: Journal of Business Ethics, Vol. 9 (1990), pp. 603-607.

Teubner, G. (Recht): Recht als autopoietisches System, Frankfurt / M. 1989.

Teubner, G. / Willke, H. (Selbststeuerung): Kontext und Autonomie: Gesellschaftliche Selbststeuerung durch reflexives Recht, in: Zeitschrift für Rechtssoziologie, Jg. 5 (1984), S. 4-35.

The Conference Board (Codes): Conference Board Research: Codes of Ethics and Educational Programs, New York 1988.

Thiel, Ch. (Grundlagenkrise): Grundlagenkrise und Grundlagenstreit. Studien über das normative Fundament der Wissenschaften am Beispiel von Mathematik und Sozialwissenschaft, Meisenheim 1972.

Thomas von Aquin (Summa): Summe der Theologie, 3 Bde., Stuttgart 1985.

Tjosvold, D. (Decision Making): Effects of Approach to Controversery on Superios' Incorporation of Subordinates' Information in Decision Making, in: Journal of Applied Psychology, Vol. 67 (1982), pp. 189-193.

Tjosvold, D. / Deemer, D.K. (Controversery): Effects of Controversery within a Cooperative or Competitive Context on Organizational Decision Making, in: Journal of Applied Psychology, Vol. 65 (1980), pp. 590-595.

Tolksdorf, M. (Wettbewerbstheorie): Stand und Entwicklungstendenzen der Wettbewerbstheorie, in: Wirtschaft und Wettbewerb, Jg. 30 (1980), S. 785-803.

271

Ulrich, H. / Probst, G. (Werthaltungen): Werthaltungen schweizerischer Führungskräfte. Ergebnisse einer empirischen Untersuchung, Bern / Stuttgart 1982.

Ulrich, P. (Ebenen): Zwei Ebenen unternehmerischer Verantwortung. Eine Replik auf Gerd Habermanns produktivistischen Imperativ, in: Neue Zürcher Zeitung vom 6. Oktober 1993, S. 39.

Ulrich, P. (Ethik): Ethik und Erfolg. Eine Studie im Auftrag von res publica, Zürich 1991.

Ulrich, P. (Grundlagenreflexion): Unternehmensethik - Führungsinstrument oder Grundlagenreflexion?, in: Steinmann, H. / Löhr, A. (Hrsg.): Unternehmensethik, 2. Aufl., Stuttgart 1991, S. 189-210.

Ulrich, P. (Herausforderung): Schwierigkeiten mit der unternehmensethischen Herausforderung, in: Zeitschrift für betriebswirtschaftliche Forschung, Jg. 43 (1991), S. 529-536.

Ulrich, P. (Kulturentwicklung): Systemsteuerung und Kulturentwicklung, in: Die Unternehmung, Jg. 38 (1984), S. 303-325.

Ulrich, P. (Rationalisierungskonzepte): Partizipation als Voraussetzung innovativer betriebswirtschaftlicher Rationalisierungskonzepte, in: Wörz, M. / Dingwerth, P. / Öhlschläger, R. (Hrsg.): Mitgestalten. Innovation und Partizipation als Thema der Wirtschaftsethik, Stuttgart 1991, S. 37-70.

Ulrich, P. (Hrsg.) (Suche): Auf der Suche nach einer modernen Wirtschaftsethik. Lernschritte zu einer reflexiven Ökonomie, Bern / Stuttgart 1990.

Ulrich, P. (Transformation): Transformation der ökonomischen Vernunft. Fortschrittsperspektiven der modernen Industriegesellschaft, Bern / Stuttgart 1986.

Ulrich, P. (Weiterentwicklung): Die Weiterentwicklung der ökonomischen Rationalität - Zur Grundlegung der Ethik der Unternehmung, in: Biervert, B. / Held, M. (Hrsg.): Ökonomische Theorie und Ethik, Frankfurt / New York 1987, S. 122-149.

Ulrich, P. (Wirtschaftsethik): Wirtschaftsethik als Beitrag zur Bildung mündiger Wirtschaftsbürger. Zur Frage nach dem "Ort" der Moral in der Marktwirtschaft, in: Ethica, Jg. 1 (1993), S. 227-250.

Ulrich, P. / Thielemann, U. (Ethik): Ethik und Erfolg. Unternehmensethische Denkmuster von Führungskräften - eine empirische Studie, Bern und Stuttgart 1992.

Ulrich, P. / Thielemann, U. (Manager): Was denken Manager über Markt und Moral? Empirische Untersuchungen unternehmensethischer Denkmuster im Vergleich, Beiträge und Berichte des Instituts für Wirtschaftsethik an der HSG, St. Gallen 1992.

Umweltbundesamt (Hrsg.) (Unternehmensführung): Umweltorientierte Unternehmensführung. Möglichkeiten zur Kostensenkung und Erlössteigerung - Modellvorhaben und Kongreß, Berichte 11/91, Berlin 1991

van Luijk, H. (Developments): Recent Developments in European Business Ethics, in: Journal of Business Ethics, Vol. 9 (1990), pp. 537-544.

Victor, B. / Cullen, J.B. (Work Climates): The Organizational Bases of Ethical Work Climates, in: Administrative Science Quarterly, Vol. 33 (1988), pp. 101-125.

Voigt, R. (Verrechtlichung): Verrechtlichung in Staat und Gesellschaft, in: ders. (Hrsg.): Verrechtlichung, Königstein / Ts. 1980, S. 15-37.

von Hayek, F.A. (Sprachverwirrung): Die Sprachverwirrung im politischen Denken, in: ders.: Freiburger Studien, Tübingen 1969, S. 206-231.

von Portatius, B. (Controller): Der ehrbare Controller, in: Innovatio, Heft 8 / 1991, S. 12-14.

Wagner, G.R. ("Unternehmensethik"): "Unternehmensethik" im Lichte der ökologischen Herausforderung, in: Czap, H. (Hrsg.): Unternehmensstrategien im sozio-ökonomischen Wandel, Berlin 1990, S. 1-20.

Wagner, G.R. (Umwelt): Unternehmung und ökologische Umwelt - Konflikt oder Konsens?, in: ders. (Hrsg.): Unternehmung und ökologische Umwelt, München 1990, S. 1-28.

Waters, J.A. (Catch 20.5): Catch 20.5: Corporate Morality as an Organizational Phenomenon, in: Organizational Dynamics, Vol. 6 (1977 / 78), Spring 1978, pp. 3-19.

Weber, J. (Impact): Measuring the Impact of Teaching Business Ethics to Future Managers: A Review, Assessment, and Recommendations, in: Journal of Business Ethics, Vol. 9 (1990), pp. 183-190.

Weber, M. (Wissenschaft): Vom inneren Beruf zur Wissenschaft (Wissenschaft als Beruf), in: ders.: Soziologie, Universalgeschichtliche Analysen, Politik. Mit einer Einleitung von Eduard Baumgarten, hrsg. und erl. von Johannes Winckelmann, 5. Aufl., Stuttgart 1973, S. 311-339.

Werhane, P. (Smith): Adam Smith and His Legacy for Modern Capitalism, New York 1991.

Westin, A.F. / Aram, J.D. (Dilemmas): Managerial Dilemmas. Cases in Social, Legal, and Technological Change, Cambridge / Mass. 1988.

White, L. (Ursachen): Die historischen Ursachen unserer ökologischen Krise, in: Lohmann, M. (Hrsg.): Gefährdete Zukunft - Prognosen anglo-amerikanischer Wissenschaftler, München 1970, S. 20-29.

Wieland, J. (Hrsg.) (Wirtschaftsethik): Wirtschaftsethik und Theorie der Gesellschaft, Frankfurt / M. 1993.

Wieland, J. (Institutionalisierung): Formen der Institutionalisierung von Moral in amerikanischen Unternehmen. Die amerikanische Business Ethics-Bewegung: Why and how they do it, Bern / Stuttgart 1993.

Wilensky, H.L. (Intelligence): Organizational Intelligence - Knowledge and Policy in Government and Industry, New York / London 1967.

Will, R. / Marlin, A.T. / Corson, B. / Schorsch, J. (Shopping): Shopping for a Better World. A Quick and Easy Guide to Socially Responsible Supermarket Shopping, New York 1988.

Willke, H. (Guidance): Societal Guidance Through Law?, European University Institute Colloquium Papers, Badia Fiesolana, Florence 1985.

Willke, H. (Kontextsteuerung): Kontextsteuerung und Re-Integration der Ökonomie - zum Einbau gesellschaftlicher Kriterien in ökonomische Rationalität, in: Glagow, M. / Willke, H. (Hrsg.): Dezentrale Gesellschaftssteuerung. Probleme der Integration polyzentrischer Gesellschaft, Pfaffenweiler 1987, S. 155-172.

Winter, G. (Unternehmen): Das umweltbewußte Unternehmen, 5. Aufl., München 1993.

Wöhe, G. (Grundprobleme): Methodologische Grundprobleme der Betriebswirtschaftslehre, Meisenheim 1959.

Womack, J.P. / Jones, D.T. / Roos, D. (Revolution): Die zweite Revolution in der Autoindustrie, Frankfurt/New York 1991.

Wood, J. / Longenecker, J. / McKinney, J. / Moore, L. (Attitudes): Ethical Attitudes of Students and Business Professionals: A Study of Moral Reasoning, in: Journal of Business Ethics, Vol. 7 (1988), pp. 249-257.

Wörz, M. / Dingwerth, P. / Öhlschläger, P. (Hrsg.) (Mitgestalten): Mitgestalten. Innovation und Partizipation als Thema der Wirtschaftsethik, Stuttgart 1991.

Wörz, M. / Dingwerth, P. / Öhlschläger, R. (Hrsg.) (Moral): Moral Als Kapital. Perspektiven des Dialogs zwischen Wirtschaft und Ethik, Stuttgart 1990.

Wynd, W.R. / Mager, J. (Attitudes): The Business and Society Course: Does It Change Student Attitudes?, in: Journal of Business Ethics, Vol. 8 (1989), pp. 487-491.

Yukl, G. / Tracey, B. (Peers): Consequences of Influence Tactics Used With Subordinates, Peers, and the Boss, in: Journal of Applied Psychology, Vol. 77 (1992), pp. 525-535.

Zand, D.E. (Trust): Trust and Managerial Problem Solving, in: Administrative Science Quarterly, Vol. 17 (1972), pp. 229-239.

ZBW (Ethik): Zentralbibliothek der Wirtschaftswissenschaften in der Bundesrepublik Deutschland: Ethics and Economics / Ethik und Wirtschaftswissenschaften, bearbeitet von F. Siefkes, Kieler Bibliographien zu aktuellen ökonomischen Themen, Bd. 11, Kiel 1993 (Red.-schluß: 29.7.1993).

Zimmerli, W. (Feindbild): Ohne Feindbild? Zur Kritik der polit-ökonomischen Vernunft in einer technologischen Zivilisation, in: Röttgers, K. (Hrsg.): Politik und Kultur nach der Aufklärung. Festschrift, Hermann Lübbe zum 65. Geburtstag, S. 108-131.

Zinkhan, G. / Bisesi, M. / Saxton, M.J. (Attitudes): MBA's Changing Attitudes Toward Marketing Dilemmas: 1981-1987, in: Journal of Business Ethics, Vol. 8 (1989), pp. 963-974.

Die Autoren

Prof. Dr. Horst Steinmann, geb. 1934, lehrt Allgemeine Betriebswirtschaftslehre und Unternehmensführung an der Universität Erlangen-Nürnberg; nach kaufmännischer Lehre und Studium der BWL in Göttingen erfolgte die Promotion 1962 an der TU Clausthal; Auslandsaufenthalte in London und Frankreich (INSEAD), Habilitation 1967; danach Rufe an die FU Berlin (1968), die Universität Erlangen-Nürnberg (1970), an die GH Paderborn (1973), an die TH Darmstadt (1980) und die FU Berlin (1990). Mitglied im Executive Committee des "European Business Ethics Network" und im Editional Board des "Journal of Business Ethics", sowie erster Vorstandsvorsitzender des 1993 gegründeten "Deutschen Netzwerks Wirtschaftsethik".

Interessengebiete: Strategische Unternehmensführung, Organisationstheorie, Unternehmensverfassung und Unternehmensethik, Wissenschaftstheorie; zahlreiche Aufsätze, in jüngster Zeit insbesondere zu Fragen der Unternehmensethik.

Wichtigste Veröffentlichungen als Autor bzw. Co-Autor:

Das Großunternehmen im Interessenkonflikt (Stuttgart 1969); Planungsmodelle für die Grundstoffindustrie (Würzburg 1970); Arbeitshumanisierung für Angestellte (Stuttgart 1978); Reform der Unternehmensverfassung (Köln u.a. 1978); Unternehmensordnung und tarifvertragliche Mitbestimmung (Berlin 1984); Der mitbestimmte Aufsichtsrat (Stuttgart 1988); Management. Grundlagen der Unternehmensführung, 3. Aufl. (Wiesbaden 1993);

als Herausgeber bzw. Mitherausgeber: Wissenschaftstheorie und Betriebswirtschaftslehre (Bielefeld 1972); Betriebswirtschaftslehre als normative Handlungswissenschaft (Wiesbaden 1978); Unternehmensethik, 2. Aufl. (Stuttgart 1991).

Dr. Albert Löhr, Dipl.-Kfm., Dipl.Soz., geb. 1955, studierte Betriebswirtschaftslehre und Soziologie an den Universitäten Nürnberg und Bamberg; seit 1986 wissenschaftlicher Mitarbeiter am Lehrstuhl für Allgemeine Betriebswirtschaftslehre und Unternehmensführung der Universität Erlangen-Nürnberg; Dissertation zum Thema Unternehmensethik und Betriebswirtschaftslehre (ausgezeichnet mit dem Max-Weber-Preis für Wirtschaftsethik 1992); Mitglied im Editional Board der Zeitschrift "Business Ethics: A European Review"; im Sommer 1993 Gastdozent an der University of Georgia, Athens (USA).

Arbeitsschwerpunkte sind: Unternehmensverfassung und Unternehmensethik, Organisationstheorie, Wissenschaftstheorie der Betriebswirtschaftslehre.

Wichtigste Veröffentlichungen: Unternehmensethik und Betriebswirtschaftslehre (Stuttgart 1991); Unternehmensethik, 2. Aufl. (Stuttgart 1991, als Mitherausgeber); zahlreiche Aufsätze zum Problembereich der Unternehmensethik.

Klassiker aus der Sammlung Poeschel

Jürgen Weber
Einführung in das Controlling
Sammlung Poeschel,
Band 133
5., durchgesehene und
erweiterte Auflage 1994.
405 Seiten.
Kartoniert, DM 39,80/
öS 311,–/sFr 39,80
ISBN 3-7910-9202-2

Sammlung Poeschel

Jürgen Weber
Einführung in das Controlling
5. Auflage

SCHÄFFER
POESCHEL

Theorie und Praxis des Controlling haben sich in den letzten Jahren deutlich weiterentwickelt. Die 4. Auflage der vorliegenden Einführung wird dieser Entwicklung gerecht, indem sie konsequent aus der Sicht des Controlling als Koordinationsinstrument innerhalb der Unternehmensführung aufbaut. Nach bewährtem didaktischen Konzept stehen dabei, trotz gründlicher theoretischer Fundierung, Verständlichkeit und Nachvollziehbarkeit im Vordergrund.

Schäffer-Poeschel Verlag
Postfach 10 32 41
70028 Stuttgart
Tel. (07 11) 2 29 02-0
Fax (07 11) 2 29 02 90

Grundbegriffe der Betriebswirtschaftslehre

Hans Hörschgen
**Grundbegriffe
der Betriebswirt-
schaftslehre**
Sammlung Poeschel, Band 83
3., durchgesehene Auflage
1992. 479 Seiten,
zahlreiche Abbildungen.
Kartoniert, DM 39,80/
öS 311,–/sFr 41,–
ISBN 3-7910-9187-5

Sammlung Poeschel

Hans Hörschgen
**Grundbegriffe
der Betriebs-
wirtschaftslehre**
3. Auflage

SCHÄFFER
POESCHEL

Die vorliegende Einführung in die Allgemeine Betriebswirtschaftslehre hat die in der Lehre bewährte Konzeption beibehalten. Nach den Regeln und Erfahrungen des Keller-Plans (Personalized System of Instructions) erfolgt die Vermittlung des Stoffs einmal anhand der einführenden Studienanleitung, zum anderen durch grundlegende Zitate der für die jeweiligen Fragestellungen zuständigen Autoren im Begriffekatalog. Dies schafft die Möglichkeit zur Erarbeitung der betriebswirtschaftlichen Grundbegriffe in didaktisch sinnvoller Weise.

Schäffer-Poeschel Verlag
Postfach 10 32 41
70028 Stuttgart
Tel. (07 11) 2 29 02-0
Fax (07 11) 2 29 02 90

SCHÄFFER
POESCHEL

Taschenwörterbuch Controlling

Hans-Ulrich Küpper/
Jürgen Weber (Hrsg.)
**Grundbegriffe
des Controlling**
Sammlung Poeschel,
Band 142. 1994.
Ca. 350 Seiten. Kartoniert,
ca. DM 39,80/öS 311,–/
sFr 39,80
ISBN 3-7910-9200-6

In diesem umfassenden Taschenwörterbuch werden ca. 450 Begriffe eingehend erläutert. Da das Fachgebiet systematisch erschlossen wird, erhalten die „Grundbegriffe" nahezu den Charakter eines einführenden Lehrbuches. Dabei werden neben den theoretischen Begriffen auch die in der Praxis angewandten Methoden und Instrumente beschrieben. Damit ist es auch ein wichtiges und fundiertes Nachschlagewerk für den betrieblichen Praktiker, der über die neueste Entwicklung im Controlling auf dem laufenden bleiben muß.

Preisänderung vorbehalten.

Schäffer-Poeschel Verlag
Postfach 10 32 41
70028 Stuttgart
Tel. (07 11) 2 29 02-0
Fax (07 11) 2 29 02 90

SCHÄFFER
POESCHEL